Steh dir nicht im Weg

AF548311

Ulrich Dehner ist Diplom-Psychologe sowie Leiter und Begründer der dehner academy. Seine Arbeitsschwerpunkte liegen in der Ausbildung von Coaches, im Führungs- und Kommunikationstraining, Konfliktmanagement und Coaching. Er ist Gründungs- und Vorstandsmitglied des Deutschen Bundesverband für Coaching (DBVC).

Renate Dehner war Trainerin für Persönlichkeitsentwicklung und führte für die Konstanzer Seminare Trainings, Seminare und Coachings durch.

Renate Dehner, Ulrich Dehner

Steh dir nicht im Weg

Wie Sie mentale Blockaden überwinden und sich das Leben leichter machen

Campus Verlag
Frankfurt/New York

3., komplett überarbeitete und ergänzte Auflage 2019

ISBN 978-3-593-51005-7 Print
ISBN 978-3-593-44121-4 E-Book (PDF)
ISBN 978-3-593-44132-0 E-Book (EPUB)

Das Werk einschließlich aller seiner Teile ist urheberrechtlich geschützt. Jede Verwertung ist ohne Zustimmung des Verlags unzulässig. Das gilt insbesondere für Vervielfältigungen, Übersetzungen, Mikroverfilmungen und die Einspeicherung und Verarbeitung in elektronischen Systemen. Die Beltz Verlagsgruppe behält sich die Nutzung ihrer Inhalte für Text und Data Mining im Sinne von § 44b UrhG ausdrücklich vor. Trotz sorgfältiger inhaltlicher Kontrolle übernehmen wir keine Haftung für die Inhalte externer Links. Für den Inhalt der verlinkten Seiten sind ausschließlich deren Betreiber verantwortlich.
Copyright © 2006, 2019. Alle Rechte bei Campus Verlag in der Verlagsgruppe Beltz, Werderstr. 10, 69469 Weinheim, info@campus.de.
Umschlaggestaltung: total italic, Thierry Wijnberg, Amsterdam/Berlin
Umschlagmotiv: © Shutterstock/Gearstd
Satz: Campus Verlag in der Verlagsgruppe Beltz
Druck und Bindung: Beltz Grafische Betriebe GmbH, Bad Langensalza
Beltz Grafische Betriebe ist ein Unternehmen mit finanziellem Klimabeitrag (ID 15985–2104-1001)
Printed in Germany

www.campus.de

Inhalt

Vorwort

»Das klappt sowieso wieder nicht.« »Wenn wir die Feier draußen planen, regnet es bestimmt.« »Der hat doch eh wieder was an meinem Vorschlag auszusetzen.«

Wie oft machen wir uns durch negative Gedanken das Leben unnötig schwer. Und nicht nur das. Wie sehr uns pessimistische Denkstrukturen sogar regelrecht krank machen, lässt sich an neuen Statistiken erkennen, die eine deutliche Zunahme depressiver psychischer Störungen zeigen. Die großen Krankenkassen haben dazu Studien durchgeführt, die alarmierende Zahlen liefern: So berichtet beispielsweise die DAK im Gesundheitsreport 2018, dass sich zwischen 1997 und 2017 die Fehltage bei den Berufstätigen durch psychische Erkrankungen fast verdreifacht haben.

Nun mag man sagen, das habe doch nichts mit destruktiven und negativen Denkmustern zu tun, sondern sei doch eher der veränderten Arbeitswelt geschuldet. Und doch gibt es einen Zusammenhang. Denn unsere Denkmuster bedingen, ob wir auf äußere Schwierigkeiten mit Ängsten, Mutlosigkeit, Stress oder Depressionen reagieren. Dabei entsteht schnell ein Teufelskreis. Denn wer angesichts seiner Probleme in mutlose, deprimierte Tatenlosigkeit verfällt, statt sie zu lösen, wird sich bald noch viel größeren Problemen gegenübersehen.

Dabei geht es nicht nur um den Beruf: Negative Denkmuster spielen in unseren Augen in sämtlichen Lebensbereichen eine entscheidende Rolle, Partnerschaften werden genauso dadurch beeinträchtigt wie familiäre Beziehungen oder Freundschaften.

Es gibt noch einen weiteren Aspekt, der für die Bekämpfung der negativen Gedanken spricht: Wohl noch kein Mensch hat es bereut, dass es ihm gut ging und er glücklich und beschwingt war, auch wenn hinterher die Zeiten wieder schwerer geworden sind. Aber wenn etwas nicht so lief, wie man es wollte – man bedrückt, hoffnungslos oder verzweifelt war –, hat man sich da, nachdem die Situation sich wieder zum Guten gewendet hatte, nicht oft gefragt, weshalb man sich eigentlich das Leben mit den eigenen Gedanken und Befürchtungen selbst so sinnlos schwergemacht hat? Denn genützt haben die trostlosen Gedanken rein gar nichts! Im Gegenteil, sie haben die Energie geraubt, die man dringend gebraucht hätte, um die anstehenden Probleme zu lösen.

Wir wollen Ihnen in diesem Buch einige Verfahrensweisen zeigen, mit denen Sie Ihren Denkmustern auf die Spur kommen können. Und wir vermitteln Ihnen Techniken, die Sie einsetzen können, um diese Denkmuster in eine gewünschte Richtung zu verändern. Wie man Denkmuster verändern kann, wie man überhaupt Menschen helfen kann, sich zu verändern, ist ein Thema, das uns seit über 30 Jahren beschäftigt. Dieses Buch ist also aufgrund einer sehr langjährigen Erfahrung in Therapie, Seminaren und Coachings entstanden. Diese Erfahrung hat uns auch gelehrt, dass es in den meisten Fällen harte Arbeit ist, wenn man sich verändern will. Manches geschieht, wie schon gesagt, spontan und leicht, fast wie von selbst – doch das sind Glücksfälle, die zu den Ausnahmen zählen. Persönlichkeitsentwicklung, also die Beschäftigung mit sich selbst, ist und bleibt Arbeit. Und dazu gehören eine gewisse Entschlossenheit, Ausdauer, Beharrlichkeit und Geduld.

Immer mehr Menschen sind bereit, etwas zur Verschönerung ihres Körpers zu tun und sich dafür sogar unter das Messer zu legen. Wird es da nicht langsam Zeit, auch etwas zur »Verschönerung« des Geistes zu unternehmen? Was wir unseren Teilnehmern und Lesern vermitteln wollen: Überprüfen Sie Ihren Geist und Ihre Gedanken, wenn Sie merken, dass Sie sich etwas nicht zutrauen, vor etwas zurückschrecken, mit sich unzufrieden oder nicht so erfolgreich sind, wie Sie es sich wünschen, wenn Sie sich unwohl fühlen, blockiert, ängstlich oder dauernd gestresst sind. Finden Sie in sich selbst die nötigen Ressourcen, um daran etwas zu ändern. Wagen Sie den Versuch, mit den alten Denkmustern aufzuräumen! Sie werden sehen, es lohnt sich.

Einleitung

In diesem Buch geht es um das Individuum und seine Möglichkeiten, das Leben zu seiner größeren Zufriedenheit zu bewältigen. Doch welche Möglichkeiten haben Sie und ich, das eigene (Gefühls-)Leben selbst zu gestalten, Schwierigkeiten anzupacken, innere Blockaden zu lösen, lang eingespielte Denk- und Erklärungsmuster zu verändern? Im Prinzip jede Menge! Das erfordert allerdings tatsächlich Arbeit an und mit sich selbst, es funktioniert weder mit »wünschen« noch mit »einfach positiv denken« und schon gar nicht mit tatenlosem Träumen.

An gut gemeinten Aufforderungen, endlich anders, positiver, schöner, lösungsorientierter, zupackender und mutiger zu denken, mangelt es nicht. Doch jeder, der schon einmal versucht hat, seine Denk- und Verhaltensmuster zu verändern, wird wissen, dass dies nicht einfach per Willensbeschluss funktioniert. Die Denkmuster sind schneller als der eigene Wille, und ehe man sich versieht, fährt man wieder auf den alten Gleisen.

Natürlich macht man im Laufe des Lebens die Erfahrung, dass das eigene Denken sich verändert, die Einschätzungen und Einstellungen andere werden. Das kann sogar manchmal sehr plötzlich geschehen, beispielsweise aufgrund eines einschneidenden Erlebnisses, das einem die Augen öffnet, oder einer Begegnung, die neue Horizonte offenbart. Oder man erlebt, wie sich das eigene Denken durch den wachsenden Erfahrungsschatz im Lauf der Jahre verändert. Aber: Dass das Denken sich mit der Zeit ändert, heißt nicht zwingend, dass es sich zum Konstruktiven hin wandelt. Und genau darum geht es bei diesem Buch: Zu lernen, negative durch konstruktive Denkmuster zu ersetzen, um mehr innere Freiheit und mehr Handlungsspielraum zu gewinnen.

Um mit den Techniken, die wir unter dem Begriff »Check your Mind« zusammengefasst haben, zu arbeiten, brauchen Sie keine Vorkenntnisse und keine besonderen Fähigkeiten – es ist in dieser Hinsicht also nicht schwierig. Doch Sie müssen dazu bereit sein, selbst etwas zu tun und aktiv zu werden.

Die meisten Menschen haben gelernt, ihren Arbeitsbereich sauber und ordentlich zu halten – einfach, weil man sich dadurch sehr viel unnötige Arbeit erspart. Der Schreibtisch, die Werkstatt, die Küche, alles wird in Ordnung gebracht. Unnötiges wird weggeworfen, damit es uns nicht länger behindert. Nur unser wichtigstes Werkzeug, unseren Kopf, befreien wir nicht von dem »Müll«, der von falschen Denkstrategien erzeugt wird.

Negative, destruktive Denkmuster hemmen Sie in Ihren Unternehmungen, blockieren Ihre Lebensfreude und rauben Ihnen Energie. Außerdem sorgen sie dafür, dass Sie sich von den Misserfolgen und widrigen Umständen, die jeden einmal treffen, viel länger beeinträchtigen lassen als Menschen mit konstruktiven Denkmustern. Aber ebenso wie Aufräumen ein stetiger Prozess ist, so sollte man auch die Check-your-Mind-Methode immer wieder anwenden, wenn man dauerhaften Erfolg haben will. Denn es wird vermutlich immer wieder Situationen geben, die zunächst einmal negative Gedanken hervorrufen. Doch je öfter Sie dieses Instrument benutzen, desto leichter wird Ihnen seine Handhabung fallen. Und wenn Sie Ihren Geist regelmäßig aufräumen, so wird das ebenso deutlich wahrnehmbare Auswirkungen haben wie das Aufräumen Ihres Schreibtischs oder das Putzen der Küche. Es wird sogar noch unendlich zufriedenstellender sein, denn der Ballast im Kopf wiegt schwerer und belastet Sie mehr als jeder andere Müll. Denn er hindert Sie daran zu handeln!

Vielleicht kennen Sie ja diese Situation: Sie wollen etwas ganz Bestimmtes tun, aber leider »kommen Sie einfach nicht dazu«. Oder Sie nehmen sich etwas ganz fest vor und drücken sich dann doch immer wieder davor, es anzupacken. Das kann natürlich ganz verschiedene Ursachen haben. Es können jedoch auch die negativen Denkmuster dahinterstecken, die sich so automatisiert haben, dass sie noch nicht einmal mehr wirklich bewusst wahrgenommen werden. Mit diesen automatisierten Gedanken schaffen wir es sehr effizient, uns zu blockieren.

Nehmen Sie zum Beispiel Frau H. Sie möchte sehr gern neben ihrer Arbeit ein Fernstudium absolvieren, denn »eigentlich« will sie sich unbedingt weiter qualifizieren. Dafür hat sie alles Nötige im Internet recherchiert, sie weiß jetzt, was sie zu tun hat. Doch wenn es darum geht, sich endgültig anzumelden, damit sie mit dem Online-Studiengang starten kann, »vergisst« sie es immer wieder, oder es kommt ihr etwas ganz Blödes dazwischen. In den solchen Fällen sind es selten die äußeren Zufälle, die ein erfolgreiches Umsetzen des eigenen Wollens verhindern, sondern es sind eher die hemmenden Gedanken, die einen ausbremsen. Und da sich diese Gedanken mehr oder weniger unbewusst abspielen, kann man sich noch nicht einmal wirklich – und wirksam – damit auseinandersetzen.

Die Check-your-Mind-Methode setzt genau an dieser Stelle an. Denn um etwas zu verändern, ist es erforderlich, sich die negativen, destruktiven Gedanken zunächst einmal bewusst zu machen. Erst dann kann man sich mit ihnen beschäftigen. Man kann sie auf ihren Wahrheitsgehalt hin überprüfen, der meistens gar nicht vorhanden ist – oder jedenfalls nicht so, wie die Gedanken selbst das suggerieren. Und man kann mit der Check-your-Mind-Methode Antworten finden, die den negativen Gedanken ihre Wirksamkeit nehmen. Was darauf folgt, ist eine realistische Einschätzung der eigenen Fähigkeiten und Möglichkeiten, ohne dass ein aufgesetztes »positives Denken« einem etwas vorgaukelt, das man im Grunde des Herzens ohnehin nicht glaubt.

Einer der Vorteile der Check-your-Mind-Methode besteht darin, dass man damit recht schnell und ohne großen Aufwand viele negative Denkmuster und inneren Blockaden lösen kann.

Ein Klient zum Beispiel hatte große Schwierigkeiten mit der Akquise neuer Kunden. Obwohl er ein gutes Produkt besaß und auch über gute kommunikative Fähigkeiten verfügte, verschob er Akquisetelefonate von einem Tag auf den nächsten. Er hatte sich bereits entsprechende Adressen besorgt und sich täglich genügend Zeit für Anrufe eingeplant, doch es kam ihm immer etwas Dringendes dazwischen, oder er ließ sich so lange ablenken, bis es wirklich zu spät war, potenzielle Kunden anzurufen. Im Coaching stellte sich heraus, dass immer, wenn er jemanden anrufen wollte, Gedanken auftauchten wie: »Na ja, die werden genau auf einen wie dich gewartet haben!« Allerdings nicht mit dem Unterton von freudiger Gewissheit, sondern im Tonfall von

»Vergiss es, die brauchen dich nicht!« Dazu passten weitere Gedanken wie: »Was ich anbiete, haben die eh schon!« oder »Was ich anbiete, das machen sowieso alle!« Diese drei Gedanken reichten schon aus, um ihn zu entmutigen – warum sollte man auch etwas anfangen, von dessen Scheitern man überzeugt war. Als der Klient sich mittels der Check-your-Mind-Methode mit diesen Gedanken, die ihm vorher gar nicht so deutlich ins Bewusstsein getreten waren, auseinandersetzte, fand er sehr schnell heraus, dass er sehr wohl etwas wirklich Gutes zu bieten hatte und dass es für die potenziellen Kunden von großem Nutzen sein konnte, mit ihm zu sprechen. Als ihm klar wurde, dass er keineswegs jemanden »belästigte«, sondern Nutzen bot, verloren die negativen Gedanken ihre Wirksamkeit, und er war in der Lage, Akquisegespräche zu führen – und das sogar mit großem Spaß an der Sache.

Die Check-your-Mind-Methode hat sich sehr bewährt, wenn es um negative Gedankenmuster geht, die zwar hinderlich, aber nicht zu tief verankert sind, das heißt, die keine Auswirkungen wie Angst- oder Panikgefühle, körperliches Unwohlsein oder großen Stress verursachen. Es kann jedoch vorkommen, dass mit den negativen Gedanken ein regelrechter »innerer Alarm« verknüpft ist, der großen Stress auslöst. Dieser Stress geht immer einher mit einem Adrenalinausstoß, mit allen damit verbundenen körperlichen, emotionalen und mentalen Begleiterscheinungen wie Unwohlsein bis zur Übelkeit, sich kribbelig fühlen, Magendrücken, Kloß im Hals, Anspannung, Angstgefühle oder panischen Gedanken.

All das ist ein sicheres Zeichen dafür, dass in der Vergangenheit im Gehirn ein Alarm angelegt wurde. Das passiert immer dann, wenn ein Mensch sich in irgendeiner Weise in Gefahr glaubt, sei es, dass er sich wirklich körperlich bedroht fühlt oder dass es auf psychologischer Ebene schwierig wird, zum Beispiel, dass man Angst davor hat, sich lächerlich zu machen, vor aller Augen zu versagen, zurückgewiesen oder abgelehnt zu werden.

Wenn solche Fälle drohen, soll der im Gehirn installierte Alarm dafür sorgen, dass wir uns von der bedrohlichen Situation fernhalten. Wie das genau funktioniert und warum solche Alarme einmal überlebenswichtig waren, erfahren Sie ausführlich im Kapitel »Was sind innere Alarme?«.

Bei so tiefsitzenden Mustern, wie sie innere Alarme darstellen, reicht eine rein mentale Vorgehensweise wie Check your Mind allein zur Bewältigung nicht aus. Nur auf gedanklicher Ebene kommt man solchen Alarmen nicht bei. Deshalb arbeiten wir in diesen Fällen mit dem Introvision-Coaching. Introvision-Coaching und die Check-your-Mind-Methode passen inhaltlich sehr gut zusammen, denn bei beiden geht es letztlich um hinderliche innere Muster. Deshalb finden Sie in diesem Buch beide Methoden. Introvision-Coaching ist dazu geeignet, selbst heftige innere Alarme zu löschen, und zwar so gründlich und dauerhaft, dass etwas, das vorher größten Stress verursacht hat, keine negativen Reaktionen mehr auslöst.

Introvision-Coaching ist höchst wirkungsvoll bei Ängsten aller Art, sei es vor dem Scheitern oder davor, nicht anerkannt, nicht geliebt zu werden, oder bei Ängsten vor bestimmten Situationen wie Jobverlust, Prüfungen, öffentlichem Auftreten, Fliegen, nach einem Unfall wieder Auto fahren, Lampenfieber oder worum es auch gehen mag. Das kann sich zum Beispiel auch auf den Umgang mit bestimmten Menschen beziehen. Vielleicht gehören Sie zu den Leuten, die folgende Situation kennen: Kaum hat man es mit einer ganz bestimmten Person zu tun, sind die eigene Souveränität, das ganze Selbstbewusstsein, die Schlagfertigkeit, die man sonst zuverlässig zur Verfügung hat, wie weggeblasen. Das ist ein sicheres Zeichen dafür, dass ein innerer Alarm angesprungen ist. Die Stresshormone, die dabei augenblicklich ausgeschüttet werden, verursachen einen »Tunnelblick«, man verliert den Zugang zu den eigenen Ressourcen und oft auch zum klaren Denken. Hier kann schon vier- oder fünfmaliges Üben mit dem Introvision-Coaching, das täglich nicht mehr als zehn Minuten beansprucht, den Alarm gänzlich löschen.

Unsere Klienten erleben die Arbeit mit Introvision-Coaching als eine innere Befreiung, die sie sich vorher überhaupt nicht vorstellen konnten. Plötzlich sind sie in der Lage, entspannt mit etwas umzugehen, das für sie vorher größte Schwierigkeiten bedeutet hatte. Sie verfügen wieder über all ihre inneren Ressourcen wie Gelassenheit, Selbstsicherheit, Selbstvertrauen, Schlagfertigkeit oder Humor, die vorher wie weggeblasen waren, wenn der Alarm losging.

Introvision-Coaching ist eine Kombination aus der an der Universität Hamburg entwickelten Introvision, der Transaktionsanalyse sowie Achtsamkeitstechniken des Mindfulness-Based-Stress-Reduction-Programms (kurz MBSR) nach Jon Kabat-Zinn. Die Achtsamkeitstechniken, die wir im Introvision-Coaching verwenden, ähneln jenen, die auch in diversen Meditationsschulen gelehrt werden. Es gibt jedoch einen gravierenden Unterschied: Klassische Meditation ist ein zwar wirksames, aber sehr langsames Verfahren, denn man bearbeitet kein definiertes Problem. Um bei einer bestimmten Fragestellung eine konkrete Veränderung zu bewirken, müsste der innere Alarm just dann aktiviert werden, während man meditiert oder unmittelbar vorher. Das wäre rein vom Zufall abhängig. Im Introvision-Coaching wird der Alarm in der Sitzung aktiv ausgelöst, und erst danach wird die achtsame, quasi meditative Haltung eingenommen, mit der der Alarm ausgeschaltet werden kann, und zwar in erstaunlich kurzer Zeit. Es gibt inzwischen sehr viele wissenschaftliche Untersuchungen zum Einfluss meditativer Techniken und zum Thema Introvision, welche die Wirksamkeit nachweisen und auch gezeigt haben, dass sich dadurch nicht nur das innere Erleben, sondern tatsächlich die Hirnstruktur verändern.

Obwohl Introvision-Coaching ein höchst wirkungsvolles Verfahren ist, kann man es, wie auch die Check-your-Mind-Methode, ohne professionelle Begleitung ausprobieren. Doch sicherer kommt man zum Ziel mit einem in Introvision-Coaching ausgebildeten Coach oder Therapeuten an der Seite. Wir schlagen Ihnen vor, ganz pragmatisch vorzugehen und erst einmal mit Check your Mind zu starten. Es ist immer sinnvoll, die Dinge nicht komplizierter zu machen, als sie sind. Wenn Check your Mind Ihnen bringt, was Sie möchten – prima! Nur wenn Sie damit nicht erfolgreich sind, weil immer noch Alarme vorhanden sind, braucht es mehr. Check your Mind kann man allein oder mit Partnern oder Freunden trainieren, indem man sie bittet, jene Schritte mit einem zu gehen, wie sie im Buch beschrieben sind. Das kann Spaß machen, manchmal sogar richtig lustig sein. Beim Introvision-Coaching braucht man hingegen Ruhe für sich selbst, sowohl für die gründliche Analyse, die zunächst erfolgen sollte, als auch für das Üben der Methode.

1. Wie negative Gedanken und Gefühle zusammenhängen

Beispiel Eigentlich ist die Situation für beide die gleiche: Sowohl Robert Neumann als auch Max Paulsen stehen ohne eigenes Verschulden von einem Tag auf den anderen auf der Straße. Die Firma, für die sie gearbeitet haben, wurde von einer anderen übernommen, und im Zuge dieser Fusion wurde ausgerechnet ihre Abteilung aufgelöst. »Mit dem größten Bedauern« wurden sie von ihrer Personalabteilung informiert, dass sie sich auf die Suche nach einem neuen Job machen könnten. Das hat beide zunächst einmal ziemlich umgehauen an jenem Tag. Mit Mitte 40 ist es ja auch gar nicht einfach, wieder etwas zu finden. Beide fühlen sich vom Schicksal schlecht behandelt – in ihrem Job sind sie schließlich gut gewesen und haben so etwas weiß Gott nicht verdient! Sie haben beide eine unruhige Nacht.

Aber schon beim Frühstück am nächsten Tag zeichnet sich ein Unterschied in ihrem Verhalten ab. Robert fühlt sich nach der schlechten Nacht ziemlich zerschlagen und möchte am liebsten überhaupt nicht aufstehen. Er fühlt sich völlig energielos und hängt trübsinnigen Gedanken nach: »Mich braucht sowieso keiner mehr. Wie soll ich denn in meinem Alter eine neue Stelle finden? Es ist ja sogar für die Jungen schwer, etwas Gutes zu finden. Ich habe sowieso keine Chance.« Max jedoch, der auch nicht gut geschlafen hat, beginnt noch während des Frühstücks eine Liste zu erstellen mit den Dingen, die jetzt getan werden müssen. Er hat sich einiges überlegt, das er anpacken will. Drei Wochen später erhalten beide auf eine Bewerbung eine Absage. Robert fühlt sich dadurch in der negativen Beurteilung seiner Lage absolut bestätigt: »Ich hab's doch gleich gesagt. Der Markt ist zu, mich will keiner mehr – was soll ich mich überhaupt noch anstrengen.« Er ist sehr enttäuscht und will eigentlich nur noch eines: Die Flinte ins Korn werfen. Er geht aus dem Haus, weil er einen Spaziergang braucht, um diesen Tiefschlag zu verdauen, nimmt dabei aber nichts von seiner Umgebung wahr, sondern ist ziemlich neben sich.

Max verkraftet die Ablehnung leichter. Er denkt sich: »Na ja, das war ja zu erwarten, dass es nicht gleich hinhaut. Mit weniger als 50 Bewerbungen kommt kaum einer zu einer neuen Stelle, ich muss es halt weiter versuchen.« Er beschließt, einen Teil seiner Abfindung in ein Bewerbungs-Coaching zu investieren, und setzt sich ans Telefon, um jeden anzurufen, der ihm einfällt, der ihm bei der Jobsuche vielleicht behilflich sein kann.

Zufällig treffen sich die beiden am Abend in einem Lokal. Beim Austausch darüber, wie es ihnen geht und was sie machen, ergibt sich folgendes Gespräch:

Robert: »Ach, es hat doch alles keinen Sinn. Schau dir doch die Zeiten an, wir gehören ja schon zum alten Eisen. Da findet man doch im Leben keine Stelle mehr. Unser Wissen gilt doch schon als längst veraltet. Jetzt ärgert es mich richtig, dass ich nicht viel öfter Fortbildungen besucht, sondern immer gearbeitet habe. Immer hab ich mich für die Firma aufgeopfert – und das ist jetzt der Dank!«

Max: »Was hast du denn bisher gemacht?«

Robert: »Ich habe drei Bewerbungen geschrieben, aber schon eine Absage bekommen – na ja, die anderen werden auch noch kommen. Und du?«

Max: »Ich habe auch schon eine Absage geschickt bekommen. Aber ich sehe das nicht so dramatisch. Klar, der Markt ist eng, einfach ist es nicht. Aber wir bringen doch jede Menge Erfahrungen mit – das könnte doch auch für eine andere Branche ganz interessant sein. Ich fände es jedenfalls ganz spannend, auch mal woanders was Neues auszuprobieren. Außerdem habe ich mit einem Bewerbungs-Coaching begonnen. Man muss sich doch schlau machen, worauf es heutzutage ankommt. Und mir tut es auch richtig gut, dass ich mich da so viel mit meinen Stärken beschäftige. Fünfzehn Bewerbungen habe ich bisher geschrieben, aber das ist eigentlich noch nicht viel. Ich habe jedenfalls nicht damit gerechnet, dass es so schnell etwas wird.«

Drei Monate später hat Robert insgesamt zehn Bewerbungen geschrieben, die zu keinem Erfolg geführt haben. Er hat innerlich aufgegeben und sich darauf eingestellt, dass es für ihn vorbei ist mit der Karriere. Er schreibt keine Bewerbungen mehr, denn weitere Absagen verkraften zu müssen, will er nicht in Kauf nehmen. Er hat auch eine ganz gute Entschuldigung dafür, denn seine Gesundheit ist nicht mehr die beste: Er leidet zunehmend unter Magenproblemen und fühlt sich oft erschöpft.

Max hat in derselben Zeit 40 Bewerbungen geschrieben. Er hat ebenfalls jede Menge Absagen kassiert, doch jetzt hat er zwei Gespräche vor sich, die ganz verheißungsvoll klingen. Das Bewerbungs-Coaching hat er abgeschlossen und hat den Eindruck, viel Wichtiges dabei gelernt zu haben. Er ist voller Energie und fühlt sich insgesamt gut.

Wie Sie gesehen haben, sind die Ausgangsbedingungen und die Zukunftsaussichten bei Max die gleichen wie bei Robert. Trotzdem geht es dem einen verhältnismäßig gut und dem anderen verhältnismäßig schlecht. Man kann sich leicht ausrechnen, wer von den beiden wohl die besseren Chancen hat, wieder einen guten Job zu finden. Wie kommen solche Unterschiede zustande? Wieso ist Max zu einer ganz anderen Vorgehensweise in der Lage als Robert? Was bringt ihn dazu, so ganz anders mit einem Problem umzugehen als sein Kollege?

Vielleicht haben Sie das ja auch schon erlebt, bei sich selbst oder bei Menschen, die Sie kennen: In der gleichen Situation sind die einen unverzagt und geben die Hoffnung nicht auf, während die anderen schnell allen Mut verlieren und deswegen auch gar nichts mehr unternehmen. Meist wird das dann damit begründet, dass sich der ganze Aufwand doch gar nicht lohne: »Das kostet nur Kraft und Zeit, die Energie kann man sich sparen.«

Dabei wird aber leider übersehen, dass diese Art des »Energiesparens« sehr schnell in die Hoffnungslosigkeit führt und damit in etwas, was die Psychologen »erlernte Hilflosigkeit« nennen (über die wir im nächsten Kapitel ab Seite 52 noch ausführlicher sprechen). Damit fühlt man sich erstens nicht wohl, weil man nämlich keineswegs mehr, sondern sehr viel weniger Energie hat, und zweitens ist man in diesem Zustand nicht mehr so handlungsfähig – was ebenfalls eher zu Gefühlen von Niedergeschlagenheit, Mutlosigkeit bis hin zur Verzweiflung führt. Diese psychische Belastung kann sogar die körperliche Gesundheit angreifen, was sich dann wiederum negativ auf die gesamte Disposition eines Menschen auswirkt, und so ist man in einem Teufelskreis gefangen, dem man ohne fremde Hilfe kaum entkommt. Dabei fängt alles, wie Sie in diesem Buch noch sehen werden, ganz einfach an: Nämlich mit den falschen Denkstrategien.

Die spielen auch bei einem anderen der häufigsten Phänomene unserer Zeit eine große Rolle: nämlich bei Stress. Stress ist allgegenwärtig, Stress kennt jeder. Vielleicht haben Sie aber auch schon einmal die Erfahrung gemacht, die im folgenden Beispiel geschildert wird, dass Sie eine Situation ganz locker bewältigen, die für einen anderen mit höchster Anspannung verbunden ist. Oder umgekehrt, jemand scheint sogar Spaß zu haben bei etwas, das für Sie Stress pur ist.

Beispiel Marianne Uhland und Gabi Schmidt arbeiten als Kundenbetreuerinnen bei einer Firma, die gerade gravierende Qualitätsprobleme mit einem neuen Produkt hat. Täglich sind sie mit aufgebrachten Kunden konfrontiert, die sich zum Teil lautstark und verärgert beschweren, besonders wenn man ihnen klarmachen muss, dass es gar nicht so einfach sein wird, die Reklamation zu bearbeiten, weil sich das Problem nicht so schnell abstellen lassen wird. Seit drei Wochen geht das schon so, und da der Zulieferer erst in etwa zwei Wochen in der Lage sein wird, die benötigten Ersatzteile zu liefern, wird es auch noch eine ganze Weile so weitergehen.

Gabi hat gerade ein solches »Kundengespräch« hinter sich – es hatte mehr den Anschein eines handfesten Streits und war für beide Beteiligten sehr unerfreulich. Bei einer Zigarette versucht sie, ihre aufgebrachten Nerven wieder zu beruhigen. Marianne, die das Verhalten ihrer Kollegin schon seit einer Weile besorgt beobachtet, fragt sie: »Sag mal, was ist eigentlich los mit dir? Du wirkst vollkommen entnervt und stehst dermaßen unter Dampf. Man traut sich ja kaum, das Wort an dich zu richten!«

Gabi antwortet: »Na, das ist doch auch furchtbar. Wir haben seit vier Wochen nichts als Ärger. Jeder, der kommt, will nur schimpfen und sich beschweren. Ich kann es bald nicht mehr hören! Ich bin doch für den elenden Fehler nicht verantwortlich. Aber die tun alle so, als sei es nur meine Schuld und nur meinem bösen Willen zuzuschreiben, dass ihr blödes Gerät nicht augenblicklich in Ordnung kommt. Alle hacken auf mir rum – jeder lädt seine Wut bei mir ab. Ich kann das nicht, mit so etwas umzugehen liegt mir absolut nicht. Und dafür bin ich, nebenbei bemerkt, auch nicht eingestellt worden. Ich kann nachts schon gar nicht mehr richtig schlafen, so sehr wühlt mich das auf. Vorgestern war ich wegen der Schlafprobleme beim Arzt. Der hat gesagt, ich hätte zu viel Stress, den müsste ich abbauen. Ich wäre ihm am liebsten ins Gesicht gesprungen. Und dazu die ewige Unordnung und das Geschrei der Kinder zu Hause, wir giften uns bald nur noch an. Am Sonntag habe ich deswegen mit meinem Mann gestritten. Er meint, ich solle nicht so ungeduldig mit den Kindern sein. Die paar Spielsachen, die herumliegen, seien doch nicht so schlimm! Ha, ich bin ja auch die Einzige, die immerzu alles aufräumt! Daheim nichts als Ärger und hier nichts als Ärger – irgendwann ist es einfach zu viel.«

Marianne versteht gar nicht so recht, was ihrer Kollegin dabei so zu schaffen macht: »Es stimmt schon, die Reklamationen haben in letzter Zeit zugenommen – aber das sind doch höchstens ein Viertel unserer Kunden. Und außerdem ist das doch in zwei Wochen sowieso vorbei, wenn das Ersatzteil endlich da ist.«

Diese unbeschwerte Haltung ist für Gabi wiederum nicht nachvollziehbar: »Na, du hast gut reden. Aber die Schwierigen, die so richtig unangenehm werden, habe ohnehin immer ich. Allerdings kannst du auch irgendwie besser mit den Leuten umgehen. Da beruhigen sie sich schneller. Ich kriege eben einfach nichts gebacken. Die Kinder sind nervtötend, mit meinem Mann gibt es dauernd Streit, und im Geschäft bringe ich es auch nicht!«

Marianne versucht, sie zu trösten: »Na ja, ein paar schwierige Kunden hatte ich ja auch. Das ist schon sehr lästig. Aber ich sage mir dann immer, dass die wohl gerade sehr schräg drauf sind. Du nimmst dir das einfach zu sehr zu Herzen.« Viel mehr als einen skeptischen Blick und einen tiefen Seufzer bewirkt sie bei Gabi damit allerdings nicht.

Nicht die Situation erzeugt die Gefühle, sondern wie wir darüber denken

Wie würde es Ihnen in einer solchen Situation gehen? Würde ein schwieriger Kunde, der Sie aus Unzufriedenheit über ein Produkt beschimpft, für das Sie doch gar nichts können, Ihren Ärger auslösen? Kämen Sie in Stress, wenn das zum dritten, vierten, fünften Mal an einem Tag passiert? Und wenn es so wäre, dass Sie ebenso wie Gabi an Stress-Symptomen litten, würden Sie glauben, dass das an der schwierigen Situation liegt?

Mit dieser Überzeugung befänden Sie sich im Einklang mit dem, was die allermeisten Menschen glauben – dass gefühlsmäßige Reaktionen jeder Art aus der jeweiligen Situation entstehen: Weil ich so viele schwierige Gespräche führen muss, habe ich Stress. Weil ich so viele Absagen auf meine Bewerbungen bekomme, fühle ich mich niedergeschlagen. Ich fühle mich so schlecht, dass ich gar nicht mehr zur Arbeit gehen, gar keine Bewerbungen mehr schreiben will.

Aber nur, weil die meisten Menschen etwas glauben, muss es noch nicht richtig sein. Schon die alten Griechen – jedenfalls die Weisen unter ihnen – haben erkannt, dass es nicht die Situation ist, die unsere Gefühle erzeugt, sondern das, was wir über diese Situation denken. Sonst müsste ja die gleiche Situation bei allen Beteiligten die gleichen Gefühle auslösen. Das ist aber offensichtlich nicht der Fall. Dass jeder unterschiedlich auf die gleiche Situation reagiert, liegt folglich an den unterschiedlichen Denkstrategien, mit denen Menschen ihre Erlebnisse bewältigen. Bei der Check-your-Mind-Methode geht es unter anderem darum, die eigenen Denkstrategien kennen zu lernen, um sie, wenn sie sich als untauglich oder wenig zufriedenstellend erweisen sollten, zu verändern.

Wie Sie Ihre eigenen Denkstrategien erkennen

Sie sollten sofort damit beginnen, sich mit Ihren Denkstrategien vertraut zu machen. Je besser Sie sich selbst kennen lernen, desto leichter fällt es Ihnen, sich zu verändern, wenn Sie das wollen. Man wird beherrscht von dem, was man nicht kennt, und ist Meister dessen, was man kennt. Da wir jedoch meist keinen direkten Zugang zu unseren Denkstrategien haben, ist es leichter, mit dem zu beginnen, was man unmittelbar erlebt: nämlich mit den Gefühlen. Jede innere Blockade ist mit unangenehmen Gefühlen verbunden, und das genaue Beobachten der Gefühle gibt Ihnen einen Einblick in die dahinter liegenden Denkstrategien. Um den Weg zu erfolgreichen Denkstrategien zu ebnen, müssen Sie sich zunächst darüber klar werden, in welchen Situationen Sie sich blockieren. Wir möchten Sie deshalb bitten, jetzt Ihre Lektüre zu unterbrechen und sich mit sich selbst zu beschäftigen. Nehmen Sie sich die Zeit, in Gedanken die letzten Wochen oder Monate Revue passieren zu lassen, und erinnern Sie sich: Welches war die letzte »Katastrophe«, die Ihnen zugestoßen ist? Welches Ereignis – oder welche Ereignisse, wenn es mehrere waren – haben Sie aus der Fassung gebracht, geängstigt, geärgert, wütend oder niedergeschlagen gemacht? Nehmen Sie nun bitte einen Stift zur Hand und beschreiben Sie alles, was damit zusammenhängt: Schildern Sie die Situation so genau wie möglich.

- Notieren Sie, wie Sie mit der Situation umgegangen sind.
- Beschreiben Sie so detailliert wie möglich, welche Gefühle das Ereignis bei Ihnen ausgelöst hat.
- Schreiben Sie auf, wie lange es gedauert hat, bis Sie sich von diesen Gefühlen wieder lösen konnten.
- Beziehungsweise notieren Sie, was vielleicht noch immer an negativen Gefühlen da ist.

An einem Beispiel möchten wir Ihnen erläutern, wie das aussehen könnte:

Beispiel Ich habe Streit mit meiner Kollegin. Ich habe im Moment sehr viel zu tun. Meine Kollegin soll mich eigentlich unterstützen und mir Arbeit abnehmen. Doch sie verschwendet sehr viel Zeit mit privaten Telefongesprächen. Je länger ich mir das mit ansehen musste, desto wütender bin ich geworden. Eine Zeit lang habe ich nichts dazu gesagt. Aber schließlich habe ich doch eine Bemerkung gemacht, auf die sie total empört reagiert hat. Sie hat mir sogar Mobbing vorgeworfen.

Wie bin ich damit umgegangen: Weil es mir peinlich ist, jemanden zur Rede zu stellen, habe ich zu lange nichts zu ihren privaten Telefonaten gesagt. Als es dann zum Streit kam, habe ich ihr gesagt, dass ich auf ihre Unterstützung in Zukunft verzichte.

Meine Gefühle dabei: Ich habe mich zu lange einfach nicht getraut, ihr etwas zu sagen. Ich hatte Angst, als kleinlich dazustehen. Als sie dann gleich so verärgert reagiert hat, hat sich mein Ärger ebenfalls gesteigert. Außerdem bin ich enttäuscht, dass sie mich so hängen lässt. Ich fühle mich schlecht behandelt, weil sie sich so unkollegial verhält, sie müsste doch sehen, wie viel Stress ich habe. Aber ich habe auch Angst, mich noch weiter mit ihr anzulegen. Solche Auseinandersetzungen sind mir extrem unangenehm.

Von den Gefühlen lösen: Bisher konnte ich mich überhaupt nicht von den Gefühlen lösen, denn jedes Mal, wenn sie wieder privat telefoniert, werde ich innerlich stinksauer. Aber noch überwiegt die Angst, es zu einem neuen Streit kommen zu lassen.

Dieses Beispiel kann Ihnen eine Anregung sein, wie Sie die obige kleine Übung durchführen können. Es geht zunächst einmal noch nicht um Ergebnisse oder Lösungen, sondern es geht einfach darum, Sie darin zu trainieren, Ihre Gefühle und nach Möglichkeit auch die Gedanken dabei bewusst und detailliert wahrzunehmen. Das dient als Vorbereitung für die Check-your-Mind-Methode, denn Sie können Ihre Denkstrategien erst dann verändern, wenn Sie sie bewusst wahrnehmen. Und vielleicht erhalten Sie ja beim Aufschreiben der Situationen und beim Nachdenken über die dabei aufgetretenen Gefühle und Gedanken schon einen ersten Einblick in den Zusammenhang zwischen Ihren Gedanken und den daraus resultierenden Gefühlen.

Sie selbst sind für Ihre Gefühle verantwortlich

Zunächst mag es für viele Menschen ein totales Umdenken erfordern, sich auf die Idee einzulassen, dass die eigenen Gedanken negative Gefühle, den Ärger und den Hass, die Angst, Wut und Niedergeschlagenheit erzeugen. Denn das bedeutet ja nichts weniger, als dass sich die ganze Verantwortlichkeit für unsere Gefühle verschiebt. Wenn man nicht mehr länger die Umstände, die Situation oder andere Menschen für die eigenen Gefühle verantwortlich machen kann – wer trägt dann die Verantwortung dafür, wie man sich fühlt?
Genau – jeder selbst! Und dagegen sträubt man sich sehr gern. Es ist doch eigentlich viel bequemer, sich sagen zu können: »Ich bin deshalb so wütend, weil mein Mann zum hundertsten Mal zu spät zum Essen kommt und mir damit zeigt, dass er meine Arbeit gering schätzt!«, statt zu erkennen, dass man wütend ist, weil man wütend sein will und den ganzen Ärger selbst produziert.

Vielleicht möchten Sie jetzt einwenden: »Aber der Ärger entsteht doch, weil er zu spät zum Essen kommt, obwohl wir eine ganz klare Vereinbarung getroffen haben!« Doch da lohnt es sich, unsere deutsche Sprache ernst zu nehmen, die ist in dieser Hinsicht nämlich sehr präzise: »Ich ärgere mich« sagen wir, wenn uns etwas nicht passt – und in diesem Satz kommt ein anderer Beteiligter überhaupt nicht vor. Wenn ich mich ärgere, geschieht nämlich meistens das Wesentliche, lange bevor der andere die Szene betritt. Das Essen ist fertig, die festgesetzte Zeit verstreicht, und bevor wir noch wissen, was den anderen aufgehalten hat, beginnen in unserem Kopf fantasierte Zwiegespräche, die die Wut schüren – denn sie sind keineswegs liebevoller Natur.

Und wenn man es schließlich dank eines solchen inneren Dialogs so weit gebracht hat, dass man sich richtig schlecht fühlt, hat man die nötige Rechtfertigung, dafür zu sorgen, dass es dem anderen auch schlecht geht, wenn er endlich kommt: Zuerst ärgere ich mich, dann sorge ich dafür, dass sich der andere auch ärgert, damit wir uns in einem Gleichgewicht befinden, das ist schließlich nur gerecht.

Aber was ist tatsächlich passiert? Es gab das Ereignis »später kommen als vereinbart«. Dieses Ereignis kann auf unterschiedlichste Weise interpretiert werden. Man kann dieses Ereignis zum Beispiel dazu benutzen, um ganz haarsträubende Horrorfilme vor dem inneren Auge ablaufen zu lassen, indem man sich Unglücksfälle aller Art ausmalt. Diese innere Bewertung führt vermutlich dazu, dass man sich selbst ängstigt und sich Sorgen macht. Kennen Sie jemanden, dessen Lieblingsgefühle Sorgen sind? Wir kennen einige Menschen, die geradezu darin schwelgen.

Man kann das Ereignis aber auch interpretieren als bewusste Bösartigkeit: »Das macht er absichtlich! Wenn er nur wollte, könnte er schon pünktlich sein. Er will mich verletzen!« Das schürt Wut und Hass. Eine andere Möglichkeit, sich unglücklich zu machen, wäre, sich zu sagen: »Er interessiert sich nicht wirklich für mich. Er liebt seine Arbeit mehr als mich, ich bin ihm völlig gleichgültig.« Man könnte auch der eigenen Eifersucht Nahrung geben, indem man sich sicher ist: »Er kommt zu spät, weil er bei einer anderen ist. Der Kerl betrügt mich!«

Man könnte sich aber auch für eine mitleidige Interpretation entscheiden: »Der Arme! Bestimmt hat ihm sein Chef wieder in letzter Minute noch etwas ganz Dringendes zu erledigen gegeben. Er sitzt bestimmt schon auf glühenden Kohlen.« Die Gefühle, die man nach solchen Gedanken entwickelt, werden sicherlich ganz anderer Natur sein, als wenn man zu den negativen Gedanken neigt.

Man kann also sagen, dass wir die Wahl haben: Je nach Art des inneren Filmes, den wir uns anschauen, wählen wir die Gefühle aus, mit denen wir anschließend klarkommen müssen. So wie eine Herz-Schmerz-Romanze im Kino uns zu Tränen rühren kann, so reagieren wir auch auf unsere inneren Filme. Natürlich bedeutet »eine Wahl treffen« in diesem Zusammenhang nicht, dass wir uns ganz rational und planerisch überlegen: »Möchte ich mich jetzt lieber besorgt fühlen oder eifersüchtig? Ist heute die Wut dran oder der Hass, oder wäre ich doch lieber liebevoll?« Da würden die meisten Menschen einwenden: »So ein Unfug. So etwas mache ich nicht. Meine Gefühle sind einfach da. Sie kommen ohne mein Zutun über mich. Ich habe noch nie auch nur einen Ansatz von Entscheidung getroffen. Meine Gefühle sind spontan!« Womit sie auch fast Recht haben: Es findet sicher keine bewusste Entscheidung statt. Die Gedankenvorgänge, die zu unseren Entscheidungen führen, finden bei Erwachsenen in aller Regel so blitzartig statt, dass sie sich der bewussten Wahrnehmung entziehen. Die inneren Bewertungen, die zu unseren Emotionen führen, sind schon vor so langer Zeit entstanden, dass sie automatisch da sind und wir als Erstes die emotionale Reaktion wahrnehmen. Das heißt aber nicht, dass Sie keinerlei Einfluss darauf haben, diesen Automatismus zu umgehen.

Automatisierte negative Gedanken

Bei kleinen Kindern kann man manchmal beobachten, dass es tatsächlich Entscheidungssache sein kann, ob sie nach einem Sturz zum Beispiel anfangen zu weinen oder zu lachen – je nachdem, was für ein Gesicht die Mama macht. Guckt sie ganz mitfühlend und erschrocken, wird geweint, muss die Mutter angesichts der Situationskomik lachen, kann es sein, dass das Kind mitlacht.

Die innere Einschätzung, ob man eine Situation eher zum Lachen oder zum Weinen findet, läuft irgendwann völlig automatisiert ab. Da wir immerzu alle Situationen und alle Ereignisse innerlich bewerten, entwickeln sich die dazugehörigen Gedanken quasi wie ein Reflex. Das heißt, in Bruchteilen von Sekunden können wir mehrere Bewertungen vornehmen, ohne uns dessen voll bewusst zu sein. Das ist auch in vielen Fällen angenehm, denn es macht den Alltag viel handhabbarer. Es erlaubt uns, Situationen sehr schnell und effizient zu analysieren, ohne erst mühsam jedes Mal mit dem Verstand Fakten zusammentragen zu müssen. So wissen wir zum Beispiel meistens sofort, wie die Stimmung in einem Raum ist, den wir gerade betreten. Wir sind uns häufig augenblicklich darüber im Klaren, wer uns sympathisch ist und wer nicht. Wir bewegen uns im Großen und Ganzen sicher im Straßenverkehr. Vieles von dem, was zu unserer Arbeit gehört, läuft fast von allein. Diese blitzschnellen Einschätzungen auch gänzlich neuer Erfahrungen beruhen auf den vielen vergangenen Erfahrungen und Einschätzungen.

Die Fähigkeit, automatisiert denken zu können, ist also in vielen Situationen von Vorteil, denn sie ermöglicht es uns, unser komplexes Leben zu bewältigen. Doch in bestimmten Fällen erweist sich genau diese Fähigkeit auch als ein Nachteil. Denn wenn wir auf Einschätzungen zurückgreifen, die wir als Kind gemacht haben, mit unseren eingeschränkten Möglichkeiten von damals, wird das längst nicht mehr den Möglichkeiten gerecht, die wir als Erwachsene haben. Mit einem bestimmten Geschehen werden automatisch bestimmte Gedanken verknüpft. »Er kommt nicht pünktlich, weil ich ihm nichts wert bin!«, denkt man vielleicht, weil man als Kind die traurige Erfahrung gemacht hat, dass man in der Familie nicht viel zählte. Solche Bewertungen des Verhaltens eines anderen lösen schließlich unsere Gefühle aus. Und die Gefühle sind der Teil des Vorgangs, den wir wieder bewusst wahrnehmen: Ich fühle mich wütend, ängstlich, traurig und so weiter.

Da die Gedanken, die zu unseren Gefühlen führen, nicht bewusst wahrgenommen werden, sondern automatisiert ablaufen, fehlt uns dieses Stück in der Ereigniskette. So kommt es, dass wir die tatsächliche Ereigniskette »Er kommt nicht pünktlich, das bewerte ich für mich als Lieblosigkeit, und weil ich so darüber denke, fühle ich mich einsam, traurig und wütend« verkürzen zu der Schlussfolgerung »Er kommt nicht pünktlich, das macht mich traurig«. Welche Erfahrungen und Erlebnisse, welche Botschaften unserer Eltern und anderer wichtiger Bezugspersonen in unserer Kindheit dazu beigetragen haben, dass wir jene automatisierten Bewertungen vornehmen, darüber sprechen wir in Kapitel 10, Lebensskript und automatisierte negative Gedanken, und Kapitel 11, Innere »Antreiber« – die Gebote zum Lebensskript, die sich mit den »Einschärfungen« und den »Antreibern« befassen.

Automatisierte Gedanken schießen uns zwar ohne das bewusste Zutun unserer Wahrnehmung durch den Kopf, doch sind sie nicht so verselbstständigt, dass sie dem Bewusstsein überhaupt nicht mehr zugänglich wären. Wenn Sie Ihr Augenmerk darauf richten, ihnen auf die Spur kommen zu wollen, können Sie Ihre automatisierten Gedanken identifizieren. Das ist in etwa mit der Situation vergleichbar, dass Sie Ihre Umgebung und die damit verbundenen Geräusche nicht mehr wahrnehmen, wenn Sie sich sehr konzentriert irgendeiner Tätigkeit widmen, doch sobald Sie sich wieder bewusst auf die Umgebung konzentrieren, können Sie auch wieder alles um sich herum hören.

Wie Sie zwischen Gefühlen und Bewertungen unterscheiden

Machen Sie an dieser Stelle einmal die Probe aufs Exempel und durchdenken Sie für sich selbst, welche Gefühle Sie in verschiedenen Situationen empfinden. Versuchen Sie herauszufinden, welches Ihr eigener Anteil daran ist, was also situationsunabhängig ist. Vermutlich wird Ihnen dabei schnell auffallen, dass Ihr Anteil fast immer in der Bewertung der Situation liegt.
Es lohnt sich für Sie, diese Arbeit systematisch zu betreiben, denn auch das ist ein Teil der Check-your-Mind-Methode: Wenn Sie Zugang bekommen zu den Bewertungen, die Sie vornehmen, wird Ihnen auch klar werden, welche der Bewertungen Sie ändern müssen, um erfolgreicher mit schwierigen Situationen umgehen zu können. Wie Sie zu solchen Veränderungen kommen, darüber werden wir in späteren Kapiteln noch ausführlich sprechen, im Augenblick geht es für Sie zunächst nur darum, sich über Ihre bewertenden Gedanken klar zu werden.

Nehmen Sie bitte Stift und Papier und beantworten Sie folgende Fragen:

- Welche Situationen lösen welche negativen Gefühle bei Ihnen aus?
- Welche Bewertungen stecken Ihrer Ansicht nach dahinter?

Wie das aussehen könnte, sehen Sie in der folgenden Tabelle. Als Anregung finden Sie dort einige mögliche Bewertungen für das vorherige Beispiel, den Streit mit der Kollegin.

Reaktion einer Person mit wenig Gelassenheit

Ausgelöstes Gefühl	Bewertende Gedanken
Angst	• *»Wenn ich das erneut anspreche, wird unser Verhältnis noch schlechter.«* • *»Ich kann mich ja sowieso nicht durchsetzen.«* • *»Sie hält mich sicher für kleinlich und unfreundlich.«*
Ärger	• *»Was erlaubt sie sich eigentlich, ständig privat zu telefonieren, wenn andere in Arbeit ertrinken.«* • *»So etwas Unkollegiales würde ich nie tun.«* • *»Sie ist eine blöde Kuh.«* • *»Sie ist sich wohl zu fein zum Arbeiten.«* • *»Sie hält sich für superwichtig.«* • *»Ich hasse es, in einer solchen Situation zu sein.«*

Wenn Sie das konsequent auch für andere Situationen machen, wird Ihnen der Zusammenhang zwischen Ihren bewertenden Gedanken und Ihren Gefühlen klarer werden. Möglicherweise wird Sie das sogar ein wenig erschrecken, denn die Schlussfolgerung daraus ist: »Sie sind für Ihre Gefühle weitgehend selbst verantwortlich. Nicht die Situation, nicht der andere sorgt für Ihre Gefühle, Sie machen sie durch Ihre Gedanken selbst.« Das ist eine Erfahrung, die selbst für die extremsten Situationen gilt, so erstaunlich das klingen mag. So hat zum Beispiel der Psychoanalytiker und Begründer der Logotherapie, Viktor Frankl, während der Nazi-Schreckensherrschaft zwei Konzentrationslager überlebt, in denen er ständig mit dem Tod konfrontiert war, misshandelt wurde und die Misshandlung anderer mit ansehen musste.

In dieser unvorstellbar entsetzlichen Situation ist ihm bewusst geworden, wie unterschiedlich Menschen auf die äußeren Begebenheiten reagieren und wie das ihre Überlebenschancen beeinflusst. Ihm ist es gelungen, die Situation für sich so zu interpretieren, dass seine Peiniger zwar die Macht haben mögen, über sein Leben und seinen Tod zu bestimmen, aber dass sie keinerlei Macht darüber haben, wie er sich innerlich fühlt und wie er mit dieser Situation umgeht. Er war dadurch in der Lage, selbst inmitten des Grauens und unter diesen extremen Lebensbedingungen intensive Glücksmomente zu erleben, etwa beim Betrachten eines wunderschönen Sonnenaufgangs. Er beschreibt das sehr eindrücklich in seinem Buch *Trotzdem Ja zum Leben sagen*.

Vielleicht möchten Sie jetzt einwenden, dass es doch sicher auch Gefühle gibt, die nicht durch Gedanken, sondern tatsächlich durch eine Situation ausgelöst werden – und damit haben Sie auch Recht. Wenn Sie sich zum Beispiel in einer wirklich gefährlichen Situation befinden und dabei Angstgefühle entwickeln, ist das ein überlebensnotwendiges Gefühl. Die Angst bei einer tatsächlichen Gefahr ist ein Reflex, den Sie zum Selbstschutz brauchen und der Sie vor einem Schaden bewahren soll. Doch wie oft, verglichen mit der Häufigkeit von Angstgefühlen, befindet man sich in einer tatsächlich gefährlichen Situation? In den meisten Fällen sind die Angstgefühle lediglich eine Reaktion auf die inneren Filme oder inneren Bewertungen, die man vornimmt.

Wenn Sie die Sichtweise übernehmen, dass in der überwiegenden Mehrzahl der Fälle Ihre Bewertungen für Ihre Gefühle verantwortlich sind, bedeutet das, dass es die meiste Zeit an Ihnen selbst liegt, wie es Ihnen geht. Damit verlieren Sie zwar die Möglichkeit, die »Schuld« für Ihr Befinden anderen in die Schuhe zu schieben, es eröffnen sich Ihnen aber auch viele neue Perspektiven. Wenn Sie es selbst in der Hand haben, wie es Ihnen geht, haben Sie unendlich viel mehr Möglichkeiten, dafür zu sorgen, dass es Ihnen gut geht, als wenn Sie nur das Opfer von Umständen oder anderen Menschen sind. Das funktioniert zwar nicht von heute auf morgen und ist auch nicht mühelos: Wie jede andere schlechte Angewohnheit lässt sich auch die Eigenschaft, sich von automatisierten negativen Gedanken beherrschen zu lassen, nur mit Arbeit und Anstrengung in den Griff kriegen.

Doch der Lohn, der Sie erwartet, ist die Mühe allemal wert: Innere Ruhe und Gelassenheit können sich einstellen. Ohne die negativen Gedanken, die Sie bremsen, können Sie mehr Zutrauen zu sich selbst entwickeln – auch in Situationen, wo das bisher nicht gelang. Daraus resultiert ein stärkeres Selbstwertgefühl. Außerdem lassen sich äußere Erfolge natürlich sehr viel leichter erzielen, wenn Sie Aufgaben selbstbewusst und voller Zuversicht anpacken und sich durch kleine Misserfolge nicht entmutigen lassen. Das setzt einen positiven Kreislauf in Gang, der ebenfalls dazu beiträgt, dass sich das generelle Wohlbefinden erhöht.

Wie Sie negative Situationen gelassen sehen

Beginnen Sie jetzt damit, sich vorzustellen, wie das aussehen könnte. Nehmen Sie doch bitte noch einmal Ihre Notizen der letzten Übung zur Hand. Sie haben sich aufgeschrieben, welche Situationen welche Gefühle bei Ihnen auslösen, und sich auch überlegt, welche Bewertungen dahinterstecken.
Nun gehen Sie bitte jede einzelne dieser Situationen durch und stellen sich vor, wie jemand, der viel Gelassenheit besitzt, damit umgegangen wäre. Bitte greifen Sie wieder zu Stift und Papier und notieren Sie:

- Wie würde jemand, der viel Gelassenheit besitzt, mit der jeweiligen Situation umgehen?
- Welche anderen Bewertungen würden diesem anderen Umgang zugrunde liegen?

In der nun folgenden Tabelle finden Sie ein Beispiel, in dem mögliche Reaktionen einer Person mit viel Gelassenheit auf den Streit mit einer Kollegin aufgeführt sind.

Reaktion einer Person mit viel Gelassenheit

Reaktion auf Streit mit einer Kollegin	Bewertende Gedanken
Sie hätte die Kollegin viel früher auf die privaten Telefonate angesprochen.	• *»Ich habe das Recht, Unmut zu äußern.«* • *»Ich brauche ihre Hilfe und kann das auch offen und ehrlich sagen.«* • *»Sie hat wahrscheinlich noch gar nicht gemerkt, unter welchem Druck ich bei der Bewältigung meines Arbeitspensums stehe.«*
Sie hätte sich ihren Mobbing-Vorwurf nicht zu Herzen genommen.	• *»Ich habe ruhig und klar gesagt, was ich nicht in Ordnung finde, das hat mit Mobbing nichts zu tun.«* • *»Sie hat sich wohl jetzt über mich geärgert, aber sie regt sich auch wieder ab.«*

Sie hätte sie ruhig aufgefordert, ihren Anteil an der Arbeit zu übernehmen.	• *»Ich weiß, dass es Teil ihrer Aufgaben ist, mich zu unterstützen.«* • *»Wir kommen doch sonst immer gut miteinander klar, das schaffen wir jetzt auch.«*

Nun sollten Sie noch einen Schritt weiter gehen und sich einmal ganz plastisch vorstellen, Sie selbst hätten die entsprechende Situation noch einmal zu bewältigen, diesmal aber mit der erforderlichen Portion Gelassenheit und Souveränität. Wie würden Gelassenheit und Souveränität Ihre Gedanken und damit Ihre Bewertungen beeinflussen? Und welche Gefühle würden diese anderen Einschätzungen erzeugen? Spielen Sie die jeweilige Situation in Gedanken ganz durch und schreiben Sie sich bitte die Resultate auf:

- Welche Gedanken gehen Ihnen durch den Kopf?
- Welche Bewertungen nehmen Sie vor?
- Wie fühlen Sie sich?

Gedanken	Bewertungen	Gefühle
»Ich will, dass sie mich unterstützt.«	*»Ich habe das Recht, das von ihr zu erwarten.«*	*Entschlossenheit*
...	...	...
...	...	...

Wenn Sie die vorangegangenen Übungen für ein paar Situationen nachvollzogen haben und sich jetzt Ihre Aufzeichnungen anschauen, werden Sie feststellen, dass Sie über andere gedankliche Bewertungen auch zu ganz anderen Gefühlen kommen. Daran lässt sich sehr schön erkennen, dass Ihre Gefühle weit mehr durch Ihre bewertenden Gedanken beeinflusst werden als durch die Situation an sich: Wenn Sie über ein Ereignis, über die beteiligten Personen oder über sich selbst anders denken, dann fühlen Sie auch anders. Da unsere Verhaltensweisen sehr stark von unseren Gefühlen geprägt werden, können Sie auch erkennen, wie Sie durch die Veränderung Ihres Denkens zu neuen und konstruktiveren Handlungsweisen kommen können. Anstatt also vor Ärger auf die Mithilfe der Kollegin ganz zu verzichten, können Sie durch ein ruhiges Gespräch viel zu Ihrer eigenen Entlastung tun. Und das wäre doch schon was, oder?

Auch Stress ist eine Frage der Bewertung

Wer sich von der Herrschaft der automatisierten negativen Gedanken befreit, wird sehr viel weniger inneren Stress erleben, denn schließlich entscheidet meist erst die persönliche Bewertung darüber, was als Stress erfahren wird. Auch bei objektiven Stressfaktoren wie Lautstärke, Hitze oder Kälte, auf die der Körper auch ohne entsprechende Bewertungen mit Stress reagiert, verschärfen die inneren Bewertungen das Empfinden von Stress. Über die vielfältigen Arten von Belastungen, denen der moderne Mensch ausgesetzt ist und auf die sein Körper mit teilweise archaischen Mustern reagiert, die noch aus der Frühzeit der menschlichen Entwicklungsgeschichte stammen, ist in den letzten Jahren und Jahrzehnten so viel Gutes und Richtiges veröffentlicht worden, dass wir darauf an dieser Stelle nicht noch einmal eingehen müssen. Was viel mehr interessiert, ist die Frage, wie die Mechanismen funktionieren, mit denen wir uns selbst in Stress bringen, und vor allem, wie wir diese Mechanismen verändern können.

Wie Stress ausgelöst wird

Wie die Stressforschung festgestellt hat, löst selbst eine objektiv gefährliche Situation nur dann eine Stressreaktion aus, wenn man die Gefahr erkennt und glaubt, sie nicht bewältigen zu können. Das heißt, wenn wir Zutrauen zu uns und unseren Fähigkeiten haben, beschert uns selbst eine tatsächliche Gefahrensituation keinen Stress, sondern wir tun einfach, was getan werden muss, um die Situation zu bewältigen!

Andererseits kann eine an sich neutrale Situation als so unangenehm oder bedrohlich erlebt werden, dass sie in uns Stress erzeugt. Besonders wenn jemand glaubt, einer Situation hilflos ausgeliefert zu sein, erlebt er sehr viel mehr Stress, als wenn er sich als Herr der Situation fühlt. Sich hilflos zu fühlen, scheint bei Menschen auch die überwältigendsten Angstgefühle auszulösen, wie Emotionsforscher herausgefunden haben (beispielsweise Paul Ekman in seinem Buch *Gefühle lesen*). Wenn man nichts tun kann als abzuwarten, stellen sich entweder Gefühle von Panik oder von völliger Resignation ein.

Was steckt dahinter, dass sich Menschen hinsichtlich ihrer Stressbelastbarkeit so unterscheiden? Es gibt Menschen, deren Belastungsschwelle sehr hoch ist, die also eine sehr geringe Stressanfälligkeit besitzen. Das heißt, sie reagieren weniger schnell und viel schwächer auf Stress auslösende Situationen und erholen sich schneller davon. Durch ihre Fähigkeit, schnell wieder zu entspannen, erkranken sie deutlich seltener an Stressfolgen.

Menschen mit geringerer Belastbarkeit hingegen scheinen dauernd unter Hochspannung zu stehen. Das schädigt ihren Organismus, der zu schnell, zu lang andauernd und zu intensiv reagiert. Die enge Beziehung zwischen Krankheit und Stress wurde seit den 70er Jahren gründlich erforscht. Dabei wurde eine erhöhte Anfälligkeit für die verschiedensten Erkrankungen als Folge von chronischem Stress festgestellt, zum Beispiel Herz-Kreislauf-Beschwerden, Magenkrankheiten, Rückenschmerzen, Migräne, erhöhte Anfälligkeit für Infektionen, um nur einige zu nennen. Wenn man nun davon ausgeht, dass es nicht die Ereignisse als solche sind, die den Stress verursachen, sondern die inneren Bewertungen dieser Ereignisse, kommt man schnell zu der Erkenntnis, dass es die verschiedenen Denkstrategien sind, die für die Unterschiede verantwortlich sind. Und Stress beginnt ja auch nicht erst in wirklich wichtigen Lebenssituationen, wo es vielleicht um folgenschwere Entscheidungen geht, sondern auch schon bei ganz harmlosen und alltäglichen Dingen. Eine Situation etwa wie in dem folgenden Beispiel:

Beispiel Eine Frau bereitet ein Abendessen mit Gästen vor. Sie möchte, dass dieses Abendessen ein voller Erfolg wird – nicht etwa, weil ihr Chef oder der ihres Mannes käme, sondern weil sie findet, dass alle ihre Freundinnen wunderbare Gastgeberinnen sind und sie da unbedingt mithalten muss. Sie fürchtet aber insgeheim, es nicht zu können, und das setzt sie unter Druck. In ihrem Kopf jagen sich folgende Gedanken: »Hoffentlich gelingt mir der Fisch! Warum habe ich mir aber auch so etwas Heikles wie Fisch ausgesucht! Das Essen bei Juliane neulich war dermaßen lecker, das schaffe ich im Leben nicht, das so hinzukriegen. Und hoffentlich gerät mir der Reis nicht wieder so pappig wie beim letzten Mal – da würde ich mich in Grund und Boden schämen. Habe ich auch genügend Sekt und Wein kalt gestellt? Oh mein Gott, hoffentlich wollen nicht alle Bier trinken – ich glaube, ich habe gar nicht genügend Bier im Haus. Ob die Vorspeisen ausreichen? Nichts ist schlimmer, als wenn zu wenig da ist, sieht ja aus, als würde man knausern! Ich glaube, ich sollte doch noch mal losgehen und beim Italiener zusätzliche Antipasti besorgen. Das wird dann aber sehr knapp mit der Zeit! Warum schaffe ich es eigentlich niemals, so eine Kleinigkeit wie ein Abendessen mit Freunden richtig vorzubereiten? Das kann doch wirklich jeder, nur ich bin unfähig dazu! Schrecklich – ich sollte eigentlich nie mehr jemanden einladen, ich kann das einfach nicht.«

Wenn jetzt noch irgendeine Kleinigkeit schiefgeht oder etwas Unvorhergesehenes dazwischenkommt, ist die »Katastrophe« – denn als solche wird es empfunden – perfekt. Wehe, das Kind braucht ausgerechnet an diesem Tag Hilfe bei den Hausaufgaben oder der Ehemann erwartet, dass man ihn mit dem Auto von der Firma abholt, weil sein Fahrrad einen Platten hat: Die Familie kann sich dann auf einen gefühlsstarken Ausbruch gefasst machen.

Auf diese Art und Weise kann aus einem harmlosen Ereignis ziemlich schnell eine Situation werden, die man nur noch als unangenehm und bedrückend erlebt – purer Stress eben! Die Freundinnen unserer Gastgeberin, die solch ein Abendessen so wunderbar hinkriegen, gehen vermutlich sehr viel lockerer mit der gleichen Situation um, und wahrscheinlich ist das das Geheimnis ihres Erfolgs. Sie machen sich weder Gedanken über ihre vorhandenen oder mangelnden Fähigkeiten noch glauben sie, dass der Erfolg eines Abends mit Freunden davon abhängt, ob der Reis gelungen ist oder nicht. Sie bewerten solch einen Abend nicht als einen Prüfstand für ihr Talent als Köchin und Gastgeberin, sondern freuen sich einfach darauf, mit netten Menschen zusammen zu sein.

Wenn solche belastenden Episoden sich häufen und jemand viele Anforderungen, die an ihn gestellt werden, mit der Denkstrategie »Ich bin unfähig« zu bewältigen versucht, wenn es sogar zur Regel wird, dass man sich derartig unter Druck setzt, dann entsteht ein Dauerstress, der mit der Zeit durchaus dazu führen kann, dass die körpereigenen Abwehrkräfte so geschwächt werden, dass man anfälliger für Krankheiten wird.

Es ist jedoch nicht nur die negative Bewertung der eigenen Fähigkeiten, die Stress verursacht. Auch wenn man andere Menschen oder eine Situation als negativ bewertet, erlebt man Stress und bringt sich innerlich unter Druck. So erging es beispielsweise auch einem neu ernannten Projektleiter, der vor der Aufgabe stand, sein erstes Projekt zu managen:

Beispiel Der Projektleiter wusste, dass er über viele Fähigkeiten verfügte, doch statt sich über diese Chance zu freuen, erhöhte er seine innere Anspannung, indem er sich selbst mit folgenden Gedanken in Aufregung brachte: »Gleich das allerschwierigste Projekt muss ausgerechnet ich schultern! Ein Projekt, das vom Vorstand initiiert wurde! Das dürfte der Entwicklungsabteilung überhaupt nicht gefallen, die sind wahrscheinlich stinksauer auf mich. Da kriege ich Druck ohne Ende. Und auf Unterstützung vom Vorstand kann ich auch nicht bauen – die Herren ordnen ja nur an. Wie man das dann hinkriegen soll, ist ihnen egal. Die wollen ja nur Ergebnisse sehen, die Durchführung interessiert sie nicht. Aber bestimmt lassen sie mich ständig antanzen, um ihnen diese berühmten Ergebnisse zu präsentieren. Das hasse ich am allermeisten! Präsentieren macht mir überhaupt keinen Spaß, und mit denen da oben Süßholz zu raspeln, ist auch nicht mein Ding! Wie viel Arbeit in solch einem Projekt steckt, davon haben diese Leute doch keine Ahnung. Außerdem bin ich mit dieser Sache komplett auf die Jungs von der Technik angewiesen. Dass die sich von niemandem etwas sagen lassen, weiß ja jeder, die kriege ich nie im Leben in Gang!«

Wer so negativ eingestellt an ein Projekt herangeht, bekommt mit Sicherheit Stress. Das liegt aber weder an der Arbeit noch an der Situation, sondern ausschließlich an der inneren Haltung. Schließlich könnte man sich auch sagen: »Ja fantastisch, das ist die Entwicklungschance, auf die ich immer gewartet habe, denn wenn das Projekt gelaufen ist, kennt mich der Vorstand!« Aber das ist für diesen Projektleiter undenkbar, denn seine Denkstrategie lautet: »Die Situation ist schrecklich und eigentlich unlösbar, und die anderen werden es mir schwer machen.« Damit erschafft er für sich einen enormen Druck und hetzt sich selbst, um es trotz der vermeintlich widrigen Umstände doch noch zu schaffen. Es ist die pure Angst, die ihn antreibt, nicht die Freude an der Arbeit. Das macht die Arbeit so beschwerlich, denn Angst kostet ungeheuer viel psychische Energie.

Hinderliche Denkstrategien beziehen sich immer entweder auf die eigene Person, die anderen, die Situation oder auf eine Kombination dieser drei Punkte. Der Projektleiter kombinierte seine negativen Gedanken über die Situation mit jenen über andere Menschen. Diese Bewertung stand für ihn so im Vordergrund, dass ihm das Wissen über seine eigenen Fähigkeiten nicht viel weiterhalf: Er fühlte sich angesichts »der Umstände« fast ohnmächtig. Die gestresste Gastgeberin hingegen bezog ihre destruktive Denkstrategie fast ausschließlich auf sich selbst, denn sie dachte »Ich bin unfähig«.

Manches hinderliche Denkmuster bezieht sich auch auf eine Kombination dessen, was man über sich selbst und über andere Menschen denkt – dann macht man sich selbst klein und die anderen ganz groß. Viele Menschen erschaffen sich auf diese Art und Weise einen hohen Konkurrenzdruck, denn sie gestalten durch ihre inneren Bewertungen jedes Ereignis zu einem Wettbewerb – wie zum Beispiel ein befreundetes Paar von uns:

Beispiel Dieses Paar hat mit großer Freude an einem Tanzkurs teilgenommen. Die Tanzschule, die den Kurs anbietet, veranstaltet jeden Samstagabend eine Tanzparty, zu der die Teilnehmer aller Kurse eingeladen sind. Das Paar war nur ein einziges Mal dabei. Sie würde schon gern wieder hingehen, aber er will nicht, da er behauptet: »Die anderen dort tanzen alle sehr viel besser als wir. Das sind alles alte Hasen. Ich habe keine Lust, mich da zu blamieren.« Er hat nämlich gesehen, dass einige Paare tatsächlich geübter sind im Tanzen, und das macht ihm zu schaffen: »Die anderen Paare können sich ja unglaublich gut bewegen. Daneben fühle ich mich wie ein Trampeltier. So sicher und elegant kriege ich das niemals hin. Bevor ich nicht so gut tanzen kann, zeige ich mich nicht in der Öffentlichkeit. Aber ob ich das jemals schaffe, das ist echt die Frage. Dieses eine Paar war ja wirklich unglaublich!«

Unser Bekannter bewertet sich selbst sehr schlecht und die anderen sehr gut, das ist ein typischer Konkurrenzbezugsrahmen. Wer schon eine Tanzparty mit einem Konkurrenzdenken angeht, wird das im Alltag und bei der Arbeit vermutlich noch viel ausgeprägter tun. So kann man sich ausrechnen, wie viel Stress und Belastung er sich selbst erschafft, indem er alle möglichen Vorkommnisse innerlich zu Hochleistungswettbewerben aufbauscht.

Dass man sich selbst und die eigenen Fähigkeiten gern mit anderen misst und immer wieder die Herausforderung durch Wettbewerbssituationen sucht, ist jedoch nicht das eigentliche Problem. Es sind die blockierenden Gedanken dabei, die solche Situationen zu einer Belastung machen. Man kann eine Konkurrenzsituation durchaus auch dazu nutzen, um sich in positivem Sinne anzuspornen – dazu muss jedoch das Denkmuster ein anderes sein. Mehr zur Wirkung negativer und positiver Denkmuster erfahren Sie im nächsten Kapitel.

Wie Sie mit Stress-Situationen umgehen

Jetzt soll es jedoch zunächst wieder um Sie gehen. In diesem Kapitel können Sie Ihren eigenen Umgang mit Stress analysieren. Nehmen Sie sich genügend Zeit, sich an Situationen zu erinnern, die bei Ihnen Stress auslösen. Überlegen Sie sich bitte, worauf Sie typischerweise mit Stress reagieren. Durchleben Sie diese Situationen in Ihrer Vorstellung noch einmal. Achten Sie bitte auf folgende Punkte und schreiben Sie die Antworten anschließend auf:

- Was sind typische Stress-Situationen für Sie?
- Wo im Körper spüren Sie den Stress am deutlichsten?
- Wie schätzen Sie die Situation ein?
- Was denken Sie über sich selbst?
- Was denken Sie über andere Menschen, die an der Situation irgendwie beteiligt sind?

Übung

Meine typische Stress-Situation

- *Ich habe viel zu tun, zwei Leute wollen gleichzeitig ganz dringend etwas von mir, und dann klingelt auch noch das Telefon.*

Hier spüre ich im Körper Stress

- *Der Atem wird flach, Spannung im Bauch, und ich kneife die Augen zusammen (steile Stirnfalte).*

Meine bewertenden Gedanken über die Situation

- *Heute ist mal wieder ein grässlicher Tag. Typisch, alles kommt auf einmal. Warum ist hier immer Hektik pur? Ich hasse es, wenn ich nicht in Ruhe meine Arbeit machen kann.*

Meine bewertenden Gedanken über mich

- *Wie soll ich das alles schaffen? Jetzt war ich schon wieder so kurz angebunden. Ich müsste das alles besser organisieren. Wenn ich mich nicht beeile, komme ich noch mehr unter Druck.*

Meine bewertenden Gedanken über andere

- *Die meckern bestimmt gleich los, weil sie warten müssen. Die halten sich wohl für ganz wichtig*

Wenn Sie im Geist mehrere Stress-Situationen durchgespielt und die Antworten notiert haben, wird Ihnen der Zusammenhang zwischen bewertenden Gedanken und Stress sicher immer deutlicher. Vielleicht erkennen Sie bei sich ja auch ein Muster, das sich abzeichnet, dass es nämlich immer wieder ähnliche Bewertungen sind, die Sie in Stress bringen. Zunächst brauchen Sie gar nichts weiter zu tun, als auf Ihre Gedanken zu achten. Wie Sie sie Schritt für Schritt verändern können, werden wir im weiteren Verlauf des Buches erklären. Im nächsten Kapitel geht es erst einmal darum, dass Sie ein besseres Verständnis dafür entwickeln, was sich in Ihrem Kopf alles abspielt – und was das bewirkt.

2. Was unsere Denkmuster bewirken können

Wir wollen und können Ihnen kein allgemeingültiges Glücksversprechen geben. Auch Menschen, die schwierige Situationen mit konstruktiven Denkmustern bewältigen, die also entweder keine automatisierten negativen Gedanken entwickelt oder aber gelernt haben, mit diesen umzugehen, können nicht immer nur zufrieden und glücklich durch das Leben gehen. Selbstverständlich lösen schwerwiegende Probleme wie beispielsweise der Verlust eines geliebten Menschen oder der Verlust des Arbeitsplatzes, ein Unfall oder eine Krankheit auch bei ihnen zunächst Gefühle von Niedergeschlagenheit oder Trauer aus. Doch der Unterschied zu Menschen mit automatisierten negativen Gedanken zeigt sich bereits nach einiger Zeit: Wer gewohnheitsmäßig negativ denkt, fühlt sich eher gelähmt und braucht sehr viel länger, um aus einem tiefen Loch wieder herauszukommen, als Menschen mit konstruktiven Denkmustern. Einigen Menschen gelingt das leider überhaupt nicht, und sie verharren dann in ihrem gelähmten, unglücklichen Zustand.

Die Forschungen von Psychologen wie zum Beispiel dem amerikanischen Professor Martin Seligman, der das Phänomen der »erlernten Hilflosigkeit« (mehr dazu in dem gleichnamigen Abschnitt ab Seite 47) als Erster erkannt und erforscht hat, zeigen, dass Menschen mit konstruktiven Denkmustern auch nach schweren Schicksalsschlägen schneller wieder in der Lage sind, ihr Leben in die Hand zu nehmen und sich nicht als Opfer der Umstände zu fühlen (nachzulesen in seinem Buch *Erlernte Hilflosigkeit*, Weinheim 2000).

Umso mehr gilt das erst für die Bewältigung geringerer Schwierigkeiten. Man wird zum Glück nicht wöchentlich mit schweren Schicksalsschlägen konfrontiert, sondern kann den Umgang mit automatisierten negativen Gedanken an den Herausforderungen des Alltags üben. Auch in der Bewältigung alltäglicher Misserfolgserlebnisse und Schwierigkeiten zeigt sich der Unterschied zwischen negativen und positiven Denkmustern. In aller Kürze lassen sich die Unterschiede in den Denkmustern so charakterisieren: Jemand mit einem negativen Denkmuster wird viel und lange über seinen Misserfolg nachdenken, sich selbst die Schuld geben und glauben, dass sich die Dinge auch in der Zukunft schlecht entwickeln werden. Wer hingegen über konstruktive Denkmuster verfügt, hakt vergangene Misserfolge schnell ab, hält sie für ein einmaliges Ereignis und gibt eher äußeren Umständen die Schuld daran als sich selbst.

Denkmuster und der Umgang mit Misserfolgen und Hindernissen

Die Unterschiede bei den Denkmustern machen sich beispielsweise auch bei der Leistungsfähigkeit von Sportlern bemerkbar. So ermittelte Professor Seligman bei amerikanischen Leistungsschwimmern anhand eines Fragebogens deren grundsätzliche Denkmuster. Daraufhin sagte er vorher, dass diejenigen Schwimmer, die sich durch besonders konstruktive Denkmuster auszeichneten, sich von einem Misserfolg sehr schnell erholen und dadurch eher zu besseren Leistungen angespornt würden, während diejenigen mit negativen Denkmustern länger unter einem Misserfolg litten und dadurch erst einmal in der Leistung nachlassen würden. Er bat auch die Trainer der Schwimmer, Vorhersagen zu machen, wer sich ihrer Einschätzung nach von einem Misserfolg eher lähmen ließe und wer davon eher zusätzlich motiviert würde. Es gab also zwei Vorhersagen über das Verhalten der Schwimmer: die der Trainer, getroffen aufgrund ihrer Erfahrung mit den Schwimmern, und die Seligmans, nur basierend auf seiner Denkmusteranalyse.
Überprüft wurde das Ganze mittels eines Experiments. Die Schwimmer mussten unter Wettkampfbedingungen antreten und erhielten ihre Zeiten genannt – jedoch nicht die tatsächlichen, sondern deutlich schlechtere Werte. Alle Schwimmer befanden sich also in dem Glauben, ziemlich schlecht abgeschnitten zu haben. Man kann davon ausgehen, dass das Gefühl, längst nicht das übliche Leistungsniveau

erreicht zu haben, bei den Schwimmern ein Misserfolgserlebnis ausgelöst hat. Nach einer halben Stunde Pause wurden die Schwimmer dann erneut auf die Bahn geschickt.

Beim Messen dieser zweiten Zeiten offenbarte sich, dass die Vorhersagen der Trainer nicht besser waren, als wenn sie gewürfelt hätten! Die Vorhersagen, die Seligman gemacht hatte, trafen hingegen genau ins Schwarze. Einige der Schwimmer mit sehr konstruktiven Denkmustern hatten sich sogar gegenüber dem tatsächlichen Wert des ersten Durchgangs verbessert, während Schwimmer mit negativen Denkmustern noch schlechter abschnitten. Das Experiment hat also belegt, dass die Denkmuster dafür verantwortlich sind, ob uns ein Misserfolg lähmt oder anspornt. Da Misserfolgserlebnisse zum Alltag eines jeden Menschen gehören, ist es folglich wichtig, diese positiv bewältigen zu können, um mit sich und seinem Leben zufrieden zu sein und um allgemeinen Lebenserfolg zu erzielen.

In einem anderen Experiment untersuchte Seligman, wie schnell sich Menschen entmutigen lassen. Welche Menschen suchen hartnäckig nach Lösungen, wenn sie vor einer schwierigen Aufgabe stehen, und welche geben schnell auf? Um das herauszufinden, konfrontierte er Versuchspersonen mit einer unlösbaren Aufgabe. Es wird Sie jetzt nicht mehr überraschen zu erfahren, dass die Versuchspersonen mit konstruktiven Denkmustern sich in die Aufgabe regelrecht verbissen haben und bis zuletzt davon überzeugt waren, noch eine Lösung zu finden, während Menschen mit negativen Denkmustern sehr schnell und frustriert die Flinte ins Korn warfen.

Nun könnte man einwenden, dass die »Negativen« sich doch in diesem Fall den »Konstruktiven« überlegen gezeigt hätten: Sie haben es doch eigentlich ganz geschickt gemacht und unnütz eingesetzte Zeit und Energie gespart. Doch sie haben nicht deswegen so schnell aufgegeben, weil sie klug erkannt haben, dass diese Aufgabe gar nicht lösbar ist. Sie hielten die Aufgabe durchaus für lösbar, aber sie hielten sich selbst nicht für fähig, sie zu lösen. Sie glaubten, dass sie so etwas Schwieriges niemals hinkriegen würden!

Betrachtet man nun wieder den allgemeinen Lebenserfolg, so kann man sagen, dass die Fähigkeit, an der Lösung eines Problems dranzubleiben und sich nicht sofort entmutigen zu lassen, sondern Ausdauer zu zeigen, ein wesentlicher Bestandteil ist, um Zufriedenheit mit sich selbst zu erreichen. Wie viele Forscher, Erfinder und Entdecker mussten sich durch eine Flut von Fehlschlägen kämpfen, bevor endlich glückte, was sie sich vorgenommen hatten! Hätten sie zu früh aufgegeben, hätten sie sich folgende Botschaft vermittelt: »Ich kann es nicht, ich schaffe es nicht!« Keine sehr aufbauende Botschaft für das Selbstwertgefühl, oder? Ohne das nötige Durchhaltevermögen wird man im Leben häufig mit dem Scheitern konfrontiert. Wer viele Misserfolge erlebt und dadurch sein Selbstwertgefühl schmälert, lässt sich daraufhin noch schneller entmutigen und sinkt in diesem Kreislauf immer weiter nach unten. Wer sich dank seiner konstruktiven Denkmuster hingegen nicht entmutigen lässt, der behält sein intaktes Selbstwertgefühl und hat sehr viel größere Aussichten auf Erfolg.

Doch die positiven Auswirkungen konstruktiver Denkmuster gehen noch weiter. Schon Seligman konnte in seinen Untersuchungen zeigen, dass konstruktiv denkende Menschen gesünder sind. Eine Langzeitstudie aus den Niederlanden (GGZ Delfland) konnte ebenfalls nachweisen, dass optimistische Denkmuster gesundheitsfördernd sind. Das Forscherteam um Erik J. Giltay hat knapp 1000 Männer und Frauen zwischen 65 und 85 Jahren zehn Jahre lang (1991 bis 2001) begleitet und dabei festgestellt, dass die »high optimistic« Persönlichkeiten eine um 55 Prozent geringere allgemeine Sterblichkeitsrate aufwiesen sowie ein um 23 Prozent verringertes Herztodrisiko. Erklären lässt sich das vielleicht damit, dass solche Menschen sehr viel weniger inneren Stress erleben, was sich wiederum positiv auf das Immunsystem auswirkt. Dass zu viel Stress im Umkehrschluss das Immunsystem schwächt, hat die Stressforschung immer wieder bestätigt. Menschen mit konstruktiven Denkmustern haben zudem mehr Zutrauen zu sich selbst, und das steigert die Selbstakzeptanz. Sie fühlen sich wohler, und sie gehen gelassener mit ihren Fehlern um, sind dadurch langsamer gereizt und erleben weniger Aggressivität. All das reduziert den inneren Stress drastisch.

Spürbar sind diese positiven Auswirkungen nicht nur im beruflichen Bereich – sie kommen auch dem Privatleben zugute. Ihre Familie wird enorm davon profitieren, wenn Sie gelassen und entspannt den »ganz normalen Wahnsinn« bewältigen können. Wenn Sie sich als junge Mutter oder junger Vater nicht dadurch in Verzweiflung bringen, dass Sie sich fragen: »Hört das denn nie auf? Werde ich niemals mehr auch nur eine halbe Stunde Zeit für mich haben? Jemals wieder eine Nacht durchschlafen?« Oder wenn Sie dem unglaublichen Chaos, das ein einziger Halbwüchsiger anrichten kann, nicht mehr mit hilfloser Wut gegenüberstehen. Dann werden Sie zusätzlich auch Ihren Kindern ein gutes Beispiel für Selbstvertrauen, Selbstakzeptanz, Durchhaltevermögen und Lebenserfolg sein. Letzterer zeigt sich nämlich nicht oder nicht nur durch glänzende äußere Erfolge, wie zum Beispiel durch das Erklimmen der Karriereleiter oder den Kontostand – schließlich kann man mit sehr viel Bravour und Glamour auch sehr unglücklich sein! Lebenserfolg zeigt sich vielmehr darin, wie zufrieden Sie mit sich selbst sind, und dabei spielen Ihre Gedanken die Hauptrolle!

Wie Sie an Probleme und Herausforderungen herangehen

Wie Denkmuster aufgebaut sind und welche Mechanismen dabei eine Rolle spielen, stellen wir Ihnen im Kapitel 3, Die Wirkfaktoren in unseren Denkmustern, ausführlich dar. Doch zunächst geht es wieder um Sie: Gibt es in Ihrem Leben etwas, das Ihnen als »unlösbare Aufgabe« erscheint? Gibt es irgendetwas, das Sie schon immer tun wollten, aber noch nie angepackt haben? Oder ist da etwas, das Sie zwar tun, aber nicht zu Ihrer vollen Zufriedenheit? Aus welchem Grund halten Sie dieses Buch in der Hand? Was wollen Sie an Ihrem Verhalten, Ihren Einstellungen verändern? Bitte greifen Sie wieder zu Papier und Stift und beantworten Sie diese Fragen:

- Mit welchen eigenen Verhaltensweisen sind Sie unzufrieden?
- Was glauben Sie, nicht zu schaffen?
- Gibt es ein Problem, das Ihnen unlösbar erscheint?
- Was würden Sie gern endlich anpacken?
- Worin wollen Sie erfolgreicher werden?
- Was würden Sie gern ändern?

Die Beantwortung dieser Fragen könnte etwa so aussehen:

Übung

Ich bin unzufrieden damit,

- *mich im Team so selten zu Wort zu melden, weil ich Angst habe, mich zu blamieren;*
- *zu oft mit den Kindern herumzumeckern;*
- *zu schnell aggressiv auf meinen Partner zu reagieren.*

Ich glaube nicht zu schaffen,

- *den Stadtmarathon mitzulaufen;*
- *in den Chor aufgenommen zu werden;*
- *die Gehaltserhöhung zu bekommen.*

Es ist ein unlösbares Problem,

- *an Vaters Geburtstag nicht mit meiner Schwester zu streiten;*
- *mit dem Ex eine finanzielle Einigung herbeizuführen;*
- *meinen Chef dazu zu bringen, mir eine andere Arbeit zu geben.*

Was ich gern endlich anpacken würde:

- *regelmäßig Sport treiben;*
- *tanzen lernen;*
- *meine Finanzen in Ordnung bringen.*

Ich will erfolgreicher werden und

- *in meinem Lieblingssport endlich die Meisterschaft gewinnen;*
- *bessere Noten in den Klausuren erreichen;*
- *eine bessere Bewertung im Beurteilungsgespräch erhalten.*

Das will ich ändern:

- *meine Gereiztheit in der Familie;*
- *immer wieder Frustkäufe zu tätigen;*
- *auf Partys zu viel (zu wenig) zu reden.*

»Positives Denken« allein nützt leider gar nichts

Ein berühmt gewordener und gängiger Lösungsansatz, um mit den Widrigkeiten des Lebens und den negativen Gedanken umzugehen, ist das »positive Denken«. Es gibt dazu jede Menge Literatur, und meistens wird dabei auch die richtige Idee vermittelt: dass das Denken das Fühlen beeinflusst. Wenn man sich also durch negative Gedanken unbewusst auf Misserfolg und Unzufriedenheit programmiert, so der naheliegende Schluss, muss man doch einfach die negativen durch positive Gedanken ersetzen, und alles wird gut. In unserem Eingangsbeispiel mit den beiden Gekündigten würde das bedeuten, dass sie sich nun Gedanken machen sollten wie »Ich werde den idealen Job finden!« oder »Der ideale Job wartet schon auf mich!«. Lehren, die solches propagieren, werden gerne gehört, denn sie versprechen sehr schnelle und einfache Hilfe – und wer glaubt nicht gern an Wunder? Wenn einem dann noch vollmundig versprochen wird, dass man einfach alles erreichen kann, und wenn man umschmeichelt wird von Aussagen, dass man es wert ist, sich jedenTraum zu erfüllen: Für wen ist das nicht eine verlockende Vorstellung?

Manchmal kann man sogar ein oder zwei Erfolgserlebnisse dadurch verzeichnen, sich einfach positiv auf etwas zu programmieren. Die meisten Menschen stellen jedoch sehr rasch fest, dass für ihre wirklichen Probleme diese Methode leider nicht richtig funktioniert. Die negativen Gedanken scheinen auf geheimnisvolle Weise bei einem selbst stärker zu sein als bei den Buchautoren, die von ihren sensationellen Erfolgen berichten. Zweifel und Sorgen stellen sich schnell wieder ein, und dann fühlt man sich auch noch mies, weil man offenbar wirklich ein hoffnungsloser Fall ist. Man hat einen kleinen Teufel im Kopf, der bei jedem positiven Gedanken, den man sich macht, hämisch lacht. Außerdem gibt er ganz leise, aber trotzdem unüberhörbar, seine entmutigenden Kommentare zum Besten: »Sich etwas schönreden macht die Sache auch nicht besser.« – »Die rosarote Brille hat noch keinem geholfen.« – »Den Quatsch glaubst du doch selbst nicht.« – »Ausgerechnet du? Da lachen ja die Hühner!« Wenn die Menschen, die es mit dem »positiven Denken« probiert haben, schließlich merken, dass bei ihnen die negativen Gedanken offenbar stärker sind, geben sie den Versuch enttäuscht wieder auf.

Dass das »positive Denken« gelegentlich auch zu einem gewissen Realitätsverlust führen kann, hat eine Untersuchung gezeigt, die mit Studenten durchgeführt wurde. Dabei hat man festgestellt, dass Studenten, die sich Sätze suggerierten wie »Ich werde auf jeden Fall mit einer Eins abschneiden«, bei Prüfungen schlechter abschnitten als andere. Dafür gibt es zwei Erklärungen: erstens, dass sie aufhörten zu lernen – was unmittelbar vor einer Prüfung eigentlich nur mit einem Realitätsverlust zu erklären ist; zweitens, dass sie vom ersten kleinen Misserfolg zurückgeworfen wurden und ihre negativen Gedanken dadurch deutlich stärker als zuvor waren.

Studenten hingegen, die sich Ziele steckten, die für sie selbst glaubwürdig waren, erhielten dadurch einen Ansporn zur Arbeit und wurden mit Erfolg belohnt. Man kann also grob vereinfacht sagen, dass »positives Denken« eher Wunschträume fördert, ein Wunschtraum jedoch keine Handlungen auslöst. Ein erreichbares Ziel hingegen, das man sich gesetzt hat, bewegt einen, tätig zu werden, und motiviert, auch Anstrengungen auf sich zu nehmen, um dorthin zu kommen. Es hilft eben alles nichts: Man muss sich der Erkenntnis beugen, dass es ohne Arbeit nicht geht!

Wenn es nun aber so ist, dass unsere Gedanken wesentlich über unser Wohlbefinden und unseren Erfolg entscheiden, was ist denn dann beim »positiven Denken« schiefgegangen? Warum haben die positiven Gedanken nichts bewirkt? Das liegt daran, dass der direkte Weg vom Negativen zum Positiven, indem man also versucht, positive Botschaften über die negativen Glaubenssätze zu stülpen, einfach nicht funktioniert: Dazu sind die negativen Denkmuster zu tief verankert, als dass sie sich so einfach auslöschen ließen. Sicher, wenn man Glück hat, reicht es bei einer harmlosen Schwierigkeit aus, sich einen Ruck zu geben, mutig zu sein und sich selbst ein paar aufmunternde Worte zu sagen – und dann geht es.

Doch für Probleme, die uns schon länger im Leben begleiten, für hemmende Verhaltensweisen, die wir immer und immer wieder zeigen, oder für Sorgen, die wir uns schon unser ganzes Leben lang machen, braucht es etwas mehr als nur einen neuen »Anstrich« für die alten Gedanken. Das ist vergleichbar mit dem Versuch, durch das Auftragen von Lack eine rostige Stelle zu entfernen: Eine Weile sieht man den Rost nicht mehr, aber er kommt unter Garantie wieder. Gleiches gilt für viele Probleme: Sie sind entstanden aufgrund automatisierter negativer Gedanken, die in unserem Kopf meist schon seit Kindheitstagen so häufig produziert wurden, dass sie jenseits der Wahrnehmungsschwelle auf ihrer gut geölten Spur blitzschnell dahingleiten (welche Erfahrungen in der Kindheit diese negativen Gedanken auslösen können, erfahren Sie in Kapitel 10, Lebensskript und automatisierte negative Gedanken).

Sie bemerken automatisierte negative Gedanken in den meisten Fällen nur dadurch, dass sie Unbehagen, Unruhe und Angst auslösen. Leichte Schwierigkeiten lösen keine Angst aus, sondern eher eine Art inneres Zögern. Das kann überwunden werden, indem Sie mithilfe aufbauender Botschaften bewusst dagegensteuern. Tief sitzende automatisierte Gedankenmuster erfordern zu ihrer Überwindung jedoch etwas mehr Arbeit. Sie führen zu so starken emotionalen Reaktionen, dass Sie nicht mehr so leicht dagegen ankommen. An diesem Punkt setzt die Check-your-Mind-Methode an, denn sie verhilft zu einer gründlichen Auseinandersetzung mit den destruktiven oder blockierenden Gedanken, die die Form von Glaubenssätzen angenommen haben, denen man blind folgt. Dass solche Denkmuster und Glaubenssätze nicht ein für alle Mal festgeschrieben und unveränderlich sind, sondern gelernt werden und damit auch wieder »verlernbar« sind, zeigt das Konzept der »Erlernten Hilflosigkeit«, mit dem sich der nächste Abschnitt befasst. Es stellt in unseren Augen eine wichtige Grundlage dar, um zu verstehen, wie man sich selbst blockiert – und wie man dagegen angehen kann.

Erlernte Hilflosigkeit

Da Denkmuster – egal ob negative oder konstruktive – einen so großen Einfluss auf unser Fühlen und Handeln nehmen, wollen wir auf dieses Thema noch einmal etwas ausführlicher zurückkommen. Die wichtigsten Impulse in der psychologischen Forschung zu den Denkmustern gehen sicher auf den schon erwähnten amerikanischen Psychologen Martin Seligman zurück. Wie die Beispiele aus den ersten Kapiteln bereits illustriert haben, gibt es Menschen, die von schwierigen Lebenssituationen geradezu gelähmt werden, während andere dadurch ungeahnte Kräfte zu entwickeln scheinen. Dadurch werden sie in die Lage versetzt, auch Unangenehmes und Anstrengendes hervorragend zu meistern. Seligman fragte sich, warum die einen angesichts von Schwierigkeiten verzweifeln, während andere aktiv etwas dagegen unternehmen. Bei der Beobachtung eines Verhaltensexperiments, das mit Hunden durchgeführt wurde, kam Seligman die Idee, dass es so etwas wie eine »erlernte Hilflosigkeit« geben könnte. Diese Annahme hat er durch weitere Experimente bestätigt, und die »erlernte Hilflosigkeit« wurde zu einem Schlüsselbegriff für seine weitere Forschung.

Recht vereinfacht kann man seine Experimente so beschreiben: Seligman arbeitete mit zwei Gruppen von Hunden. Die Hunde der einen Gruppe lernten, dass sie durch ihr Verhalten ein negatives Ereignis – nämlich leichte Stromstöße – beeinflussen konnten: Wenn sie mit der Schnauze einen Hebel betätigten, hörten die Stromstöße auf. Die Hunde der anderen Gruppe hingegen hatten keinerlei Möglichkeit, auf das Geschehen einzuwirken, was immer sie taten, sie erhielten Stromstöße. Das heißt, sie lernten, dass sie dem, was geschah, hilflos ausgeliefert waren. Anschließend brachte man die Hunde der beiden Gruppen in einen Käfig, der durch eine niedrige Trennwand geteilt war, die die Hunde aber leicht überspringen konnten. Dort wurden sie erneut den Stromstößen ausgesetzt. (Es liest sich entsetzlich, was mit den armen Hunden alles angestellt wurde! Immerhin muss erwähnt werden, dass Seligman, der sich bei den Tierversuchen selbst nicht wohlfühlte, sie wenigstens direkt in dem Moment beendete, als er seine Annahmen bestätigt sah. Außerdem waren es, wie gesagt, nur schwache Stromstöße.) Die Hunde, die gelernt hatten, dass ihr eigenes Verhalten eine Wirkung hat, hatten schnell herausgefunden, dass sie sich durch einen Sprung über die Trennwand den Stromschlägen entziehen konnten. Die Hunde, die »Hilflosigkeit« gelernt hatten, versuchten gar nicht erst, über die Trennwand zu springen, sondern legten sich ergeben hin und ließen die Stromschläge über sich ergehen.

Auf Menschen übertragen bedeutet das: Wer unter schwierigen Bedingungen aufgibt und das Geschehen einfach passiv über sich ergehen lässt, schätzt auch andere Situationen häufig so ein, dass er ohnehin nichts beeinflussen kann. Er hat keine Hoffnung auf Veränderung, schon gar nicht auf eine Veränderung, die er selbst bewirken kann. Das

Gefühl von Hilflosigkeit gehört zu den lähmendsten Erfahrungen, die ein Mensch machen kann. Wer sich hilflos fühlt, sieht keinerlei Möglichkeiten, irgendwie tätig zu werden. Der Blick ist wie verstellt, denn man sieht einfach keinen Ausweg. Auch der Zugriff auf die eigene Kreativität ist versperrt. Es ist nicht so, dass man »absichtlich« in einem unproduktiven Zustand verharrt: Es fällt einem einfach nichts ein! Im schlimmsten Fall fühlt man sich ausgeliefert, wehrlos und wertlos.

Das Fundament für das Gefühl von Hilflosigkeit wird meist schon in der Kindheit gelegt. Es kann durch immer wiederkehrende Entmutigung entstehen, durch traumatische Ereignisse oder durch gänzlich unberechenbares Verhalten der wichtigsten Bezugspersonen. Die »hilflose« Sichtweise erlernen Menschen aber auch, wenn sie zum Beispiel während ihrer Kindheit nie die Erfahrung gemacht haben, dass sie imstande sind, selbst etwas für sich zu erreichen. Wer etwa von Eltern erzogen wurde, für die ein einmal ausgesprochenes »Nein« auch immer ein Nein bleiben musste, konnte nie die Erfahrung machen, dass man durch gute Argumente ein »Ja« daraus machen kann.

Das heißt natürlich nicht, dass Kinder lernen sollen, dass ein »Nein« mal ein »Nein«, mal ein »Ja« und mal ein »Vielleicht« bedeuten kann. Wenn ein Kind einem »Nein« lediglich ein trotziges »Ich will aber!« entgegensetzt, ist es für die Eltern, die gute Gründe für ein Verbot haben, sicher richtig, beim »Nein« zu bleiben. Aber wenn ein Kind gute Argumente vorbringt, schadet man ihm nur, wenn man um des Prinzips willen beim »Nein« bleibt. Denn dadurch lernt das Kind, dass es nichts verändern kann, egal, wie viel Mühe es sich gibt.

Besser ist es, wenn ein Kind lernt, durch eigene Aktivität etwas bewirken zu können. Unsere Tochter hatte als Zwölfjährige mit ihrer Freundin den Plan ausgeheckt, während der Schulferien ein paar Tage auf einem Campingplatz bei Bregenz zu zelten. Das ist von unserem Wohnort Konstanz aus sehr leicht mit dem Schiff zu erreichen. Unsere erste Reaktion angesichts dieses abenteuerlichen Vorschlags war natürlich trotzdem: »Das kommt überhaupt nicht infrage. Das ist doch viel zu gefährlich!« Doch nach und nach überzeugten uns die Mädchen, dass sie wirklich an alles gedacht hatten und so, wie sie es geplant hatten, von »Gefährlichkeit« überhaupt nicht die Rede sein konnte – sie wollten schließlich nicht in die Wildnis. Wir waren sogar ziemlich beeindruckt von der sorgfältigen Vorbereitung, die die beiden schon geleistet hatten. Wir gaben also, nachdem wir uns noch auf einige Regeln geeinigt hatten, unsere Erlaubnis.

Ein Kind sollte die Gelegenheit haben zu lernen, dass es durch gute Vorbereitung und vernünftige Argumentation (innerhalb seiner Möglichkeiten) auch mit Widrigkeiten wie einem elterlichen »Nein« umgehen kann, dass es sein Leben gestalten kann und dem elterlichen Machtwort nicht hilflos ausgeliefert ist. Hat ein Kind hingegen das Motto »Ich kann doch sowieso nichts bewirken!« verinnerlicht, wird es irgendwann gar nicht mehr versuchen, etwas zu verändern, und aufgeben. Und dann stimmt dieser Glaube auch und beweist sich immer wieder selbst!

Hilflosigkeit kann auch im späteren Leben noch »gelernt« werden – zum Beispiel wenn man das Pech hat, in einer Firma zu arbeiten, in der jede Eigeninitiative der Mitarbeiter unterdrückt wird. Ein Chef, der auf jeden Vorschlag seiner Mitarbeiter negativ reagiert, erreicht sehr schnell, dass sich niemand mehr wirklich Gedanken über seinen Job macht, sondern lieber Dienst nach Vorschrift schiebt.

Das wirklich Sensationelle an Seligmans Forschungen war die Erkenntnis, dass Hilflosigkeit kein unveränderlicher Charakterzug eines Menschen ist, sondern dass es sich tatsächlich um eine »erlernte« Eigenschaft handelt – und somit um etwas, das man auch wieder »verlernen« kann! Er hat nachgewiesen, dass es ganz bestimmte Denkmuster sind, die sich mit Hilflosigkeit verbinden, und dass es wiederum Denkmuster gibt, die es einem erleichtern, schwierige Situationen gut zu bewältigen.

3. Die Wirkfaktoren in unseren Denkmustern

Psychologische Untersuchungen haben gezeigt, dass sowohl bei negativen als auch bei positiven Denkmustern die gleichen Faktoren eine Rolle spielen, nur mit jeweils umgekehrten Vorzeichen. Es ist das Zusammenwirken dreier Faktoren, das darüber entscheidet, ob jemand eher mit konstruktiven oder mit blockierenden Denkmustern durch sein Leben geht. Die drei Wirkfaktoren sind Dauer, Geltungsbereich und Personalisierung.

Der erste Faktor umschreibt die Dauer, die jemand einem Ereignis zurechnet: Neigt man dazu, das, was gerade passiert, in der Zukunft fortgesetzt zu sehen, oder sieht man jedes Ereignis als zeitlich begrenzt an? Der zweite Wirkfaktor, der Geltungsbereich, meint die Bedeutung, die man einem Ereignis beimisst: Ist man salopp gesagt jemand, der aus einer Mücke einen Elefanten macht, oder nicht? Und beim dritten Wirkfaktor, der Personalisierung, geht es schließlich darum, inwieweit man sich selbst als Ursache sieht für das, was gerade passiert.

Es ist erstaunlich, wie viele Vorhersagen man über das Leben eines Menschen treffen kann, wenn man sich dessen Umgang mit positiven und negativen Ereignissen unter Berücksichtigung dieser drei Punkte ansieht. Man kann auf diese Weise mit ziemlicher Sicherheit feststellen, welche Ausdauer ein Mensch im Umgang mit Problemen besitzt, wie leicht oder schwer er sich wieder von Schicksalsschlägen erholt, ob er ein gewisses Grundvertrauen in das Leben hat oder nicht, ob er eher Wohlbefinden erlebt oder dauernd unter Druck steht – und man kann sogar Rückschlüsse auf dessen Gesundheit ziehen.

Mithilfe der Check-your-Mind-Methode können Sie in Bezug auf alle drei Wirkfaktoren die eigenen negativen Gedanken herausfinden und sich konstruktiv mit ihnen auseinandersetzen, und zwar so lange, bis die negativen Gedanken ihre Wirkung verlieren. Erst dann können sie durch hilfreiche, die Handlungsfreiheit erweiternde Gedanken ersetzt werden. Die Check-your-Mind-Methode gibt jedem Anwender Instrumente an die Hand, um die eigenen inneren Kräfte in Problemsituationen zu mobilisieren.

Diese Instrumente kommen aus unterschiedlichen Therapieverfahren der humanistischen Psychologie: teilweise aus der kognitiven Verhaltenstherapie, teilweise aus der hierzulande weniger bekannten »Rational-emotiven Therapie« (RET) von Albert Ellis, teilweise aus der ressourcen-orientierten therapeutischen Tradition von Milton H. Erickson und teilweise aus der »Transaktionsanalyse« von Eric Berne. Das heißt, sämtliche Verfahren, die wir in der Check-your-Mind-Methode einsetzen, sind auf ihre Wirksamkeit geprüft und haben sich schon lange bewährt. Neu an der Check-your-Mind-Methode ist die Kombination der verschiedenen Techniken: Auf diese Weise kann man gleichzeitig auf der Ebene der Gedanken und auf der Ebene der inneren Stärken ansetzen. Und neu ist ebenfalls, dass es uns gelungen ist, Techniken, die ursprünglich aus der Einzeltherapie kommen, in Seminaren umzusetzen.

Da die Methode leicht erlernbar ist und durch die verwendeten Techniken keine »Risiken und schädlichen Nebenwirkungen« zu erwarten sind, zu denen Sie einen Psychologen befragen müssten, eignet sie sich in unseren Augen auch sehr gut dazu, in Buchform vermittelt zu werden. Wenn Sie die einzelnen Übungen in den folgenden Kapiteln Schritt für Schritt nachvollziehen, wird es Ihnen gelingen, Ihren Handlungsspielraum zu erweitern, denn veränderte Denkstrategien ziehen selbstverständlich auch veränderte Verhaltensmöglichkeiten nach sich.

Doch zuvor ist es notwendig, noch einiges zum besseren Verständnis dessen darzustellen, was im Kopf alles passiert, damit daraus Ereignisse werden. Je mehr Sie über sich selbst wissen und über die Logik, nach der Ihre Denkvorgänge ablaufen, desto mehr Entscheidungsfreiheit haben Sie, wenn Sie etwas ändern wollen. Außerdem ist es ein sehr spannender Prozess, sich selbst näher kennen zu lernen. Mit der Darstellung der drei Wirkfaktoren in den Denkmustern wollen wir in diesem Prozess fortfahren.

1. Wirkfaktor: Das Ausdehnen in die Zukunft

Beispiel Wenn Herr X von der Arbeit nach Hause fährt, hat er die Wahl zwischen einem etwas kürzeren Weg, bei dem er eine Bahnschranke überqueren muss, und einem längeren ohne Bahnschranke. Er hat sich heute für den kürzeren Weg entschieden, und gerade, als er auf die Bahnschranke zufährt, schließt sie sich. Herr X ärgert sich: »Es ist doch immer das Gleiche. Jedes Mal, wenn ich hierherkomme, geht die Schranke herunter!«

Frau Y möchte sich ein Kleid nähen. Nach dem Zuschneiden stellt sie jedoch fest, dass sie den Stoff völlig verschnitten hat. So wird zumindest niemals ein Kleid daraus. Sie schimpft vor sich hin: »Schrecklich, diese Schnittmuster! Die sind so kompliziert, ich werde nie dahinterkommen, wie man das richtig machen muss!«

Der Verkäufer Z hat ein ziemlich unangenehmes Gespräch mit einem langjährigen Kunden hinter sich. Zu seiner Frau sagt er am Abend: »Bei diesem Kunden brauche ich mich nicht mehr sehen zu lassen. Der ist so schlecht auf mich zu sprechen, den kann ich ganz von meiner Besuchsliste streichen.«

Bei diesen drei Reaktionsweisen gibt es eine Gemeinsamkeit: Es hat ein einziges schlechtes Ereignis stattgefunden – aber das wird jeweils endlos in die Zukunft ausgedehnt. Alle drei Personen glauben: »Es wird immer so weitergehen, nichts wird sich ändern.« Es mag sein, dass die drei in der Vergangenheit schon einmal ähnlich schlechte Erfahrungen gemacht haben, trotzdem spricht nichts dafür, dass es nun immer so bleiben muss. Dieses innerliche Ausdehnen eines schlechten Ereignisses auf die Zukunft ist einer der drei Wirkfaktoren bei automatisierten negativen Denkmustern.

Die Frau von Herrn X zum Beispiel erlebt die Sache mit der Schranke völlig anders. Sie fährt immer diesen Weg und sie hat den Eindruck, dass die Schranke fast immer offen ist. Sie muss nur gelegentlich einmal warten. Herr X hingegen fährt inzwischen lieber die längere Strecke, denn in seiner Vorstellung ist die Schranke sowieso immer zu. Frau Y wird das Nähen vermutlich bald wieder aufgeben, wenn sie glaubt, dass auch in Zukunft jedes Schnittmuster sie vor unlösbare Probleme stellen wird. Und wenn der Verkäufer Z der Überzeugung ist, dass das nächste Gespräch mit diesem Kunden genauso unangenehm wird wie das letzte, ist es nur logisch, dass er auf einen weiteren Kontakt verzichtet – und sich damit der Chance beraubt, mit diesem Kunden eine andere Erfahrung zu machen.

Wenn man dazu neigt, jedem negativen Ereignis innerlich eine lange Geltungsdauer zu geben, entmutigt das, mögliche Lösungen in Angriff zu nehmen. Wer wird schon Lösungen für Probleme suchen, an denen ohnehin nichts zu ändern ist? Man wird also schneller aufgeben als jemand, der ein negatives Ereignis als etwas Vereinzeltes, Einmaliges auffasst, das nichts über die Zukunft aussagt. Jemand, der durch ein schlechtes Erlebnis oder einen Rückschlag nicht gleich die gesamte Zukunft belastet sieht, wird Probleme mutiger anpacken und auch dann noch dranbleiben, wenn die ersten Lösungsversuche nicht gleich zu Ergebnissen führen.

Wie sieht es bei Ihnen mit dem Wirkfaktor Dauer aus? Wenn Sie sich Ihre bisherigen Aufzeichnungen noch einmal daraufhin anschauen, können Sie vielleicht schon erkennen, ob Sie ein negatives Ereignis weit in die Zukunft hinein ausdehnen oder ob Sie es schnell hinter sich lassen können. Am Ende der Erläuterungen zu den drei Wirkfaktoren werden wir Sie noch einmal ausführlich dazu befragen.

2. Wirkfaktor: Der Geltungsbereich eines Ereignisses

Das innere Ausdehnen auf die Zukunft war der erste Wirkfaktor der automatisierten negativen Gedanken, der zweite Wirkfaktor ist der Geltungsbereich, der einem negativen Ereignis eingeräumt wird. Wenn einem negativen Ereignis ein umfassender oder globaler Geltungsbereich beigemessen wird, könnte das so aussehen:

Beispiel Herr X sagt sich angesichts der geschlossenen Schranke: »So ist es immer in meinem Leben. Ich habe eben immer Pech!«

Frau Y denkt, während sie den nutzlos gewordenen Stoff wegwirft: »Ich bin aber auch entsetzlich ungeschickt! Außerdem zeigt sich mal wieder, dass ich einfach eine schlechte Hausfrau bin!«

Und Verkäufer Z ist sich sicher: »Im Grunde genommen liegt mir das Verkaufen gar nicht, sonst wäre ich mit dem Kunden ja klargekommen!«

Der Fehler, den Herr X, Frau Y und Verkäufer Z machen, liegt in den Schlussfolgerungen, die sie ziehen. Es gab ein einzelnes, begrenztes negatives Ereignis, und sie leiten daraus allgemeingültige Schlussfolgerungen ab: So macht man aus einer Mücke einen Elefanten! Eine geschlossene Schranke macht noch niemanden zum Pechvogel, das leuchtet ein. Frau Y kann vielleicht wirklich noch nicht besonders gut nähen, aber das sagt weder etwas über ihre Geschicklichkeit noch über ihre Qualität als Hausfrau aus. Auch Verkäufer Z holt viel zu weit aus, wenn er seine gesamte berufliche Qualifikation infrage stellt, nur weil er bei einem Kundengespräch vielleicht einen Fehler gemacht hat.

Wenn der Geltungsbereich eines isolierten negativen Ereignisses auf den generellen Lebenserfolg ausgeweitet wird, kann das schon fast bedrohliche Formen annehmen. Kommt dann noch der erste Wirkfaktor hinzu – zum Beispiel »Das wird nun immerzu so weitergehen« –, erscheint es fast logisch, in einer scheinbar so aussichtslosen Situation nichts mehr zu unternehmen. Menschen, die sich mit solchen Denkmustern lähmen, befinden sich in demselben Zustand der »erlernten Hilflosigkeit« wie der bedauernswerte Hund, der sich widerstandslos hinlegt und die Stromstöße über sich ergehen lässt, weil er glaubt, sowieso nichts dagegen unternehmen zu können.

Bei Menschen kommt durch dieses Verhalten der Wirkungskreislauf der »erlernten Hilflosigkeit« erst so richtig in Gang. Wenn man ohnehin schon glaubt, dass es immer so weitergehen wird mit den Schwierigkeiten, sieht man sich bei neuen Problemen in seinen düsteren Aussichten bestätigt und verharrt in der Passivität.

Wie gehen Sie in der Regel mit negativen Ereignissen um, was den Geltungsbereich betrifft? Stellen Sie Ihren Lebenserfolg ganz generell infrage, wenn Ihnen etwas Unangenehmes zustößt? Halten Sie sich innerlich eher für einen Pechvogel oder für einen Glückpilz? Sind Sie der festen Überzeugung, dass es eine Phase ist, die vorübergeht, wenn die Dinge mal nicht so gut laufen, oder sagen Sie sich eher: »Ich habe nun mal kein Glück, das war schon immer so!« Wenn Letzteres der Fall sein sollte, wird es für Sie spannend zu erleben, wie man sich fühlen kann, wenn man diese Denkstrategie ändert.

3. Wirkfaktor: Die Personalisierung

Hierbei geht es darum, wen man für die Ursache eines Misserfolges hält. Um Verwechslungen und Missverständnisse auszuschließen: Wenn man sich in diesem Zusammenhang mit Personalisierung beschäftigt, so geht es nicht um die Verantwortung, die jemand bereit ist, für seine Handlungen zu übernehmen, sondern es geht vielmehr darum, wo die »Schuld« für ein Ereignis gesucht wird.

Manche Menschen suchen die Schuld für einen Misserfolg oder für irgendein negatives Ereignis, mit dem sie konfrontiert sind, ganz automatisch bei sich selbst. Das erscheint ihnen völlig natürlich: Egal, was passiert, sie beschuldigen sich selbst, etwas oder gar alles falsch gemacht zu haben. Diese Sichtweise engt natürlich den Blick ein für mögliche andere Ursachen. Das kann so weit gehen, dass jemand gar nicht erst auf die Idee kommt, dass die Ursache für irgendein Misslingen nicht bei ihm selbst liegt. Sicherlich können Sie sich vorstellen, dass sich diese Art Erklärungsmuster ziemlich verheerend auf das Selbstwertgefühl auswirkt.

Wer ein niedriges Selbstwertgefühl hat, empfindet sich selbst meist als hilflos und klein. Das Paradoxe daran ist jedoch, dass hinter dem Glauben »Das negative Ereignis ist deshalb eingetreten, weil ich alles falsch mache« ein grandioses Denkmuster steckt. Stellen Sie sich folgende Situation vor:

Beispiel Eine Frau hat eine unangenehme Situation mit ihrer Chefin erlebt. Die Chefin war sichtlich verärgert, und man ist mit unangenehmen Gefühlen auseinandergegangen. Die Mitarbeiterin grübelt hinterher stundenlang darüber nach, weshalb sie » wieder einmal« den Mund nicht halten konnte, dass sie »wie immer« zu aggressiv war oder – »typisch für mich« – nicht die richtigen Worte gefunden hat. Das Resultat dieser Grübelei ist, dass sie sich klein und hässlich fühlt, weil sie scheinbar alles falsch gemacht hat.

Das darunter liegende Denkmuster ist deshalb grandios, weil sie durch die Sichtweise, sich als die alleinige Ursache für den Streit zu sehen, ihre Chefin quasi zur Marionette degradiert, die keine eigenen Impulse hat. Im Umkehrschluss besagt dieses Denkmuster: »Hätte ich alles richtig gemacht, hätte meine Chefin diesen Streit konstruktiv beilegen müssen (ob sie wollte oder nicht.). Das sind Allmachtsfantasien, die völlig ausblenden, dass die Chefin ihren eigenen Willen hat. Vielleicht wollte sie in dieser bestimmten Situation gar nicht konstruktiv sein, weil sie selbst unter Spannung stand oder diese Situation dankbar genutzt hat, um der ihr unsympathischen Mitarbeiterin mal so richtig eins auszuwischen?

Das Gleiche gilt für den Verkäufer Z aus dem obigen Beispiel, der sich die ganze Schuld gibt dafür, dass sein Kundengespräch so schlecht verlief. Wenn Verkäufer Z sich immer die alleinige Schuld für das Scheitern eines Verkaufsgesprächs gibt, so impliziert dieses Denkmuster: »Wenn ich immer alles richtig mache, muss jedes Gespräch erfolgreich verlaufen.« Das würde bedeuten, jeder Kunde müsste bei Verkäufer Z kaufen, unabhängig davon, ob er das Produkt braucht oder nicht, ob er gerade genügend Geld zur Verfügung hat oder nicht. Dass das ein unsinniger Gedanke ist, springt ins Auge. Wenn auch Verkäufer Z das so sehen würde, könnte er sich sagen, dass es viele Gründe dafür gibt, weshalb ein Verkaufsgespräch nicht zu einem Abschluss führt.

Dieses Denkmuster kann auch verzweifelte Formen annehmen, wenn man sich mit seiner Liebe abgewiesen fühlt. Da kann es vorkommen, dass sich jemand mit Selbstvorwürfen überschüttet. Als Abgewiesener beißt man sich in der Vorstellung fest, hätte man sich nur anders verhalten, wäre man nur schöner, klüger, jünger, charmanter, schlanker oder was auch immer, dann hätte man den anderen für sich gewinnen oder halten können. Auch dahinter steckt der grandiose Glaube, wenn nur die entsprechenden Bedingungen bezüglich der eigenen Person erfüllt gewesen wären, hätte es klappen müssen. Und bei all dieser Verzweiflung wird überhaupt nicht in Betracht gezogen, dass der andere ja auch wählt und es niemals an einem allein liegt, wenn eine Beziehung nicht zustande kommt oder nicht funktioniert.

Welchen Einfluss haben die Wirkfaktoren bei Ihnen?

- Neigen Sie dazu zu glauben, dass das jetzt immer so weitergehen wird?
- Machen Sie sich Sorgen, wie die Zukunft aussehen soll, wenn das so weitergeht?

- Oder denken Sie eher, dass das jetzt eine vereinzelte Sache war, die sich so schnell nicht wiederholen wird?
- Haben Sie die Tendenz, Ihre Fehler größer zu sehen, als sie von anderen Menschen gesehen werden?
- Erscheint Ihnen ein Fehler, den Sie machen, als ziemliche Katastrophe, auch wenn Sie den gleichen Fehler bei jemand anderem nicht schlimm fänden?
- Wenn etwas schiefgeht, sagen Sie sich dann gerne Dinge wie: »Ich kriege aber auch nie etwas hin!« oder »Ich bin absolut unfähig«?
- Suchen Sie bei einem negativen Ereignis automatisch die Schuld bei sich selbst?
- Beschimpfen Sie sich selbst, egal, was passiert?

Sie haben nun die drei Dimensionen, die zu negativen Denkmustern führen, im Hinblick auf den Umgang mit negativen Erlebnissen kennen gelernt. Beim Umgang mit positiven Ereignissen wird das Muster genau umgedreht. Das heißt, ein Erfolg wird als einmaliger Glücksfall eingeordnet, der keinerlei Vorhersage für die Zukunft zulässt, er wird auch nicht auf die eigenen Fähigkeiten zurückgeführt, sondern darauf, dass man eben ausnahmsweise mal Glück hatte.

Im Alltag ist man meistens mit Mischformen der negativen Gedankenmuster konfrontiert, und oft gibt es Unterschiede in den einzelnen Lebensbereichen: Jemand fühlt sich in bestimmten Kontexten zwar sicher und souverän, in anderen jedoch hilflos und unfähig.

Konstruktive Denkmuster

Menschen mit konstruktiven Denkmustern sind gesünder, sie erholen sich schneller von Schicksalsschlägen, sie halten in Jobs, die immer mal wieder mit Misserfolgserlebnissen verbunden sind, länger durch, und sie sind hartnäckiger bei schwierigen Aufgaben: Sie erleben insgesamt mehr Wohlbefinden. Ihre Erklärungsmuster sind den negativen Denkmustern, die wir bisher beschrieben haben, genau entgegengesetzt. Ein Misserfolg wird als einmaliges Ereignis betrachtet, und es wird ihm kein größerer Geltungsbereich eingeräumt als nötig. Außerdem haben sie großes Vertrauen in sich und in ihre Fähigkeiten.

Konstruktiv denkende Menschen schließen nicht aus einem negativen Einzelereignis, dass das der Anfang vom Ende war. Sie sprechen sich auch nicht ihre eigenen Fähigkeiten ab, sondern sehen ein, dass sie in diesem bestimmten, klar umrissenen Fall einen Fehler gemacht, etwas nicht gewusst oder versäumt haben. Sie suchen die Schuld für ein Missgeschick oder einen Misserfolg nicht automatisch und ausschließlich bei sich, sondern auch bei anderen Beteiligten oder machen die ungünstige Situation dafür verantwortlich. Und sie gehen davon aus, dass der nächste Versuch besser wird.

Das ist vielleicht der wichtigste Unterschied zu Menschen mit negativen Denkmustern, die eine unendliche Kette negativer Ereignisse vor sich sehen: Konstruktive Denkmuster erhalten die Handlungsfähigkeit! Und da sie sich nicht selbst die Schuld für alles in die Schuhe schieben, bleibt ihr Selbstwertgefühl auch dann intakt, wenn sie einen Rückschlag erleiden. So können sie Misserfolge verkraften, denn ihr Vertrauen in sich selbst ist ungebrochen – sie wissen, dass sie es eines Tages schaffen werden!

4. Check your Mind: Identifizieren Sie negative Gedanken

Wenn Sie unseren Anregungen in den vorherigen Kapiteln gefolgt sind, sich Gedanken über Ihre Gedanken zu machen, haben Sie schon einen ganz guten Einblick in Ihre Denkstrategie gewonnen. In diesem Kapitel geht es ganz praktisch darum, ein konkretes Problem mit der Check-your-Mind-Methode zu bearbeiten.

Der erste Schritt besteht darin, zunächst alle automatisierten negativen Gedanken, die in einer bestimmten Situation auftreten, zu identifizieren. Machen Sie sich Ihre negativen Gedanken bewusst, lernen Sie sie kennen – denn einen Feind, den man kennt, kann man leichter besiegen. Gelegentlich hat das bewusste Erkennen der automatisierten negativen Gedanken schon das Problem gelöst: Wenn dem Betroffenen klar wurde, wie absurd diese Gedanken eigentlich sind – gemessen an seiner Kompetenz, Erfahrung, Leistungsfähigkeit und seinem Wissen –, konnte er sich von diesen hemmenden Gedanken leicht trennen. Das waren jedoch Ausnahmen. In der Regel muss man sich mit den automatisierten negativen Gedanken so lange bewusst auseinandersetzen, bis sie ihre Wirksamkeit verloren haben.

Denn dadurch, dass sie so unendlich oft schon gedacht worden sind, besitzen die negativen Gedanken eine Selbstverständlichkeit, die die positiven Gedanken leider noch nicht haben. Wenn man sie nicht durch geeignete Mittel entkräftet, funken die negativen Gedanken ständig dazwischen bei dem Versuch, ein Problem lösungsorientiert anzugehen. Da destruktive Gedanken viel stärkere emotionale Auswirkungen erzielen als die noch ungewohnten konstruktiven Gedanken, setzen sie sich auch gefühlsmäßig schneller wieder durch.

Die bewusste Auseinandersetzung mit den automatisierten negativen Gedanken ist deshalb ein Weg, den man unter Umständen viele Male gehen muss, bis diese Gedanken ihre Wirksamkeit verloren haben. Aber wenn es so weit ist, erhalten die konstruktiven Gedanken plötzlich Kraft und Energie: Sie werden nicht mehr als Schönfärberei angesehen, sondern erscheinen ganz normal und vor allem völlig glaubwürdig. Die innere Stimme, die hämisch vor der rosaroten Brille warnt und damit jede Veränderung im Keim erstickte, ist endlich zum Schweigen gebracht.

In Seminaren haben wir immer die Erfahrung gemacht, dass jemand, der schließlich an diesem Punkt angekommen ist, plötzlich gar nicht mehr verstehen kann, wieso er jemals so negativ gedacht hat. Viele Teilnehmer konnten nicht anders, als über das zu lachen, was vorher so ängstigend erschien, dass es ein echtes Hindernis dargestellt hat.

Manchmal scheitern Gutwillige übrigens auch deshalb am zuvor beschriebenen »positiven Denken«, weil ihnen suggeriert wurde, dass man damit alles erreichen kann. Wenn sich dann aber die Millionen auf dem Konto und die Traumvilla doch nicht einstellen, ruft das berechtigte Zweifel an der Methode auf den Plan. Die Kluft zwischen den grandiosen Vorstellungen und der erlebten Realität führt letztlich zu einer Enttäuschung, die den negativen Gedanken weitere Nahrung gibt.

Deshalb legen wir bei der Check-your-Mind-Methode großen Wert darauf, dass die konstruktiven Gedanken glaubwürdig und realistisch sind. Statt Gedanken zu fördern wie »Ich bin in dieser Hinsicht das größte Talent, das die Welt je gesehen hat, ich kann einfach alles« (für wen ist das schon wirklich glaubwürdig?), unterstützt die Methode die Menschen eher darin, Folgendes zu denken: »Ich kann auch vor dem Vorstand präsentieren, denn ich habe schon oft im Team überzeugend präsentiert. – Ich kann eine Moderation auf Englisch leiten, denn mein Englisch ist in Ordnung. – Ich kann Autofahren lernen, denn ich habe schon oft bewiesen, dass ich lernfähig bin. – Ich kann neue Kunden akquirieren, denn ich habe in der Vergangenheit oft genug bewiesen, dass ich die nötigen Fähigkeiten dazu besitze.«

Und genau das ist der springende Punkt: Die Fähigkeiten, die jemand braucht, um eine für ihn schwierige Situation zu bewältigen, sind für gewöhnlich schon immer vorhanden! Das negative Denkmuster hindert ihn nur daran, sich dieser Fähigkeiten zu bedienen. Man denkt nämlich keineswegs »realistisch«, wenn man die Situation und die eigenen Aussichten darin so negativ einschätzt. Leider ist das aber ein Denkfehler, dem man erschreckend häufig begegnet: Viele pessimistisch eingestellte Menschen halten sich für »Realisten«. Und wenn dann – dank ihrer alles behindernden Geisteshaltung – die Dinge wirklich denkbar schlecht laufen, fühlen sie sich auch noch bestätigt: »Ich habe es doch gleich gesagt, dass daraus niemals etwas werden kann!«

Wer alles nur schwarzsieht, ist genauso wenig realistisch wie jemand, der die Welt nur durch eine rosarote Brille betrachtet. So gesehen sind weder das »positive Denken« noch das »negative Denken« eine adäquate oder »realistische« Reaktion auf die Herausforderungen des Lebens. Beide resultieren ausschließlich aus Fantasien. Es ist vielmehr »konstruktives Denken« notwendig, um Schwierigkeiten gut bewältigen und das eigene Potenzial ganz entwickeln zu können. Und konstruktiv bedeutet, dass Sie alles, was Sie an Fähigkeiten, Fertigkeiten, Wissen und Erfahrungen besitzen, in Ihr Denken über ein Problem oder eine schwierige Situation mit einbeziehen.

Mit veränderten Denkstrategien negative Situationen meistern

Sie haben in den vorangegangenen Kapiteln nun schon einiges erfahren über hinderliche und förderliche Gedankenmuster und ihre Auswirkungen auf Ihr Leben. Beim Lesen und Nachdenken sind Ihnen vielleicht auch schon einige Ihrer eigenen Lebenssituationen bewusst geworden, mit denen Sie nicht zufrieden sind und die Sie gern ändern würden.

Herzlichen Glückwunsch zu diesem Entschluss! Sie können zwar nur sehr begrenzten Einfluss nehmen auf das, was von außen auf Sie zukommt, aber wie Sie mit dem umgehen, was Ihnen im Leben zustößt und geboten wird, das bestimmen allein Sie! Sie können es lernen, jene Denkstrategien, die weder Ihrem Wohlbefinden noch Ihrem Erfolg zuträglich sind, zu verändern. Um Ihnen die Arbeit zu erleichtern, finden Sie am Ende dieses Kapitels eine zusammenfassende Anleitung der Schritte, die Sie benötigen, um Ihre negativen Gedanken zu erfassen. So werden wir es mit allen weiteren Schritten der Check-your-Mind-Methode handhaben. Sie können also zunächst die einzelnen Schritte einfach in Ruhe durchlesen.

Wie bereits geschildert wurde, besitzen negative Gedanken meist eine hohe Glaubwürdigkeit. Sie sind tausend Mal unwidersprochen gedacht worden und haben sich dadurch eine tiefe Spur gegraben. Wenn Sie versuchen, sie einfach durch einen positiven Gedanken aus dieser Spur zu schubsen, kann es passieren, dass sie sich nur noch tiefer eingraben. Unter dem neuen, noch oberflächlichen »positiven« Gedanken meldet sich dann eine perfide kleine Stimme: »Das glaubst du doch selbst nicht! Als ob es schon jemals geholfen hätte, sich etwas schönzureden!« Um mit den negativen Gedanken zurande zu kommen, muss also ihre Glaubwürdigkeit erschüttert werden!

Dazu müssen aber zunächst einmal alle negativen Gedanken, die sich auf eine bestimmte Situation beziehen, identifiziert werden. Und das ist wahrscheinlich der schwierigste Teil der Übung. Denn oft genug ist es nicht leicht, überhaupt zu merken, dass man in einer negativen Situation tatsächlich etwas denkt. Wie gesagt, die Gedanken, die in Wirklichkeit für das Unwohlsein in der Situation verantwortlich sind, laufen so automatisiert ab, dass sie sich der bewussten Wahrnehmung entziehen. Sie spüren für gewöhnlich zunächst einmal nur die Auswirkungen der Gedanken: Blockade, Anspannung, Ängstlichkeit, Gereiztheit, Hektik, einen verkrampften Bauch, ein klopfendes Herz, flachen Atem, Gefühle der Lähmung oder Unsicherheit, um nur einige zu nennen.

Wie Sie Ihre negativen Gedanken erkennen

Wenn Sie Ihren Gedanken auf die Spur kommen wollen, sollten Sie Ihr Vorstellungsvermögen zu Hilfe nehmen. Sorgen Sie dafür, dass Sie eine Weile ganz ruhig und ungestört sein können, denn diese Arbeit erfordert etwas Konzentration. Wenn Sie diese Bedingungen geschaffen haben, sorgen Sie dafür, dass Sie entspannt und bequem sitzen oder liegen – jedoch ohne gleich einzuschlafen: Sie brauchen Ihre bewusste Mitwirkung. Und nun versetzen Sie sich in Gedanken so konkret wie möglich in jene Situation, die Ihnen Schwierigkeiten macht. Um Ihnen Schritt für Schritt darzustellen, wie Sie diesen Teil der Check-your-Mind-Methode für sich einsetzen können, nutzen wir als Autoren jetzt unser Vorstellungsvermögen:

Beispiel Wir stellen uns vor, Sie seien ein nicht mehr ganz junger Mensch auf Stellensuche, der sich davor drückt, weitere Bewerbungen zu schreiben – etwa so wie einer der beiden Männer aus unserem Anfangsbeispiel. Jedes Mal, wenn Sie »eigentlich« eine Bewerbung schreiben wollen, kommt Ihnen irgendetwas dazwischen. Entweder müssen Sie dringend Ihren Schreibtisch, die Küche, den Keller oder die Garage aufräumen, oder Sie müssen eine Besorgung machen oder jemanden anrufen, oder Sie fühlen sich so schlapp, dass Sie ein Stündchen ruhen müssen. Die letzte Situation war gestern Abend: Ihr Partner hat Sie daran erinnert, dass Sie doch eigentlich noch eine Bewerbung für die Firma Schmidt schreiben wollten. Sie fühlten sich schon ganz gereizt und unruhig werden, aber da ist Ihnen zum Glück eingefallen, dass gleich eine neue Folge Ihrer Lieblingsserie im Fernsehen läuft, die Sie natürlich nicht versäumen dürfen.

Sie wollen Ihr Verhalten ändern, denn da Sie ein ehrlicher Mensch sind, kommen Sie nicht umhin, sich selbst gegenüber zuzugeben, dass all diese Vorwände langsam Ihr Selbstbewusstsein untergraben. Also setzen Sie sich bequem hin und versuchen Sie, etwas Ruhe und Entspannung zu finden. Sie schließen die Augen und denken zurück an den gestrigen Abend. Sie lassen ihn wie einen Film vor Ihrem inneren Auge ablaufen: Sie haben zu Abend gegessen, gemeinsam das Geschirr abgeräumt, da fühlten Sie sich noch ganz prima, und dann sagte Ihr Partner: »Jetzt wäre doch ein guter Zeitpunkt, um die Bewerbung zu schreiben.« Peng – prima Gefühl beim Teufel! Was geht Ihnen in diesem Moment durch den Kopf? Welche Gedanken schießen Ihnen blitzschnell durch das Hirn? Versuchen Sie, diese Gedanken möglichst wörtlich zu erfassen, etwa folgenderweise:

- Nein, ich will jetzt nicht.
- Ich weiß eh nicht, was ich schreiben soll.
- Ich kriege sowieso wieder eine Absage.
- Mich will doch sowieso keiner mehr.
- Warum sollte ich denn jetzt noch die zwanzigste Bewerbung schreiben?
- Ich habe Angst vor der Blamage, wenn ich wieder abgelehnt werde.

Vielleicht gehören Sie aber auch zu den Menschen, bei denen erst einmal die Gefühle im Vordergrund stehen. Dann sehen Ihre ersten Antworten bei der Fantasieübung vielleicht eher so aus:

- Ich fühle mich angespannt.
- Ich fühle mich gereizt.
- Mein Magen krampft sich zusammen.
- Ich habe Herzklopfen.

Doch wie Sie in den vorangegangenen Kapiteln gelernt haben, stecken auch hinter diesen Gefühlen Gedanken. Versuchen Sie also noch einmal, indem Sie in Ihrer Vorstellung die unangenehme Situation erneut durchleben, dahinterzukommen, welche Gedanken Ihre Anspannung, Ihre Gereiztheit und alle anderen negativen Empfindungen auslösen. Wenn Sie zum Beispiel das Gefühl haben, überfordert zu sein, wird das vielleicht durch folgende Gedanken hervorgerufen:

- Ich weiß ohnehin nicht, was ich schreiben soll, um überhaupt eine Chance zu haben.
- Wenn ich nur wüsste, nach welchen Kriterien die in der Personalabteilung die Leute auswählen.
- Ich habe keine Ahnung, auf was die Wert legen.
- Ich bin nicht gut genug.
- Ich kann mich schriftlich gar nicht gut ausdrücken.

Wie schon gesagt, dieser Teil ist der wichtigste der Check-your-Mind-Methode. Denn nur, wenn Sie alle Ihre hinderlichen Gedanken erfasst haben, können Sie sicher sein, dass es keine »Stolpersteine« mehr in Ihrem Denken gibt, die später Ihr Handeln zu Fall bringen. Es erfordert sicher sehr viel Aufmerksamkeit und Konzentration, sich bisher unbewusst abgelaufene, automatisierte Gedanken zugänglich zu machen. Doch das Identifizieren der negativen Gedanken ist die Basis für die ganze weitere Arbeit. Wenn Sie allein nicht weiterzukommen glauben, kann es helfen, mit einer Vertrauensperson zu sprechen. Schildern Sie einem Menschen Ihres Vertrauens die Situation, die Sie ändern möchten, und bitten Sie ihn oder sie, alle wesentlichen »Ich«- oder »Du«-Aussagen mitzuschreiben. Meist stehen die hinderlichen

Gedanken dann schon auf dem Papier. Stellen Sie sich vor, Sie erzählen einem Freund oder einer Freundin die Bewerbungssituation:

Beispiel »Klar will ich wieder arbeiten. Aber wer will mich denn noch, in meinem Alter? Natürlich weiß ich, dass ich dafür Bewerbungen schreiben muss, aber wie viele Bewerbungen soll ich denn eigentlich noch schreiben? Verstehst du, ich habe es allmählich satt, dass ich mir immer wieder diese Mühe mache, und dann kommt doch nichts dabei heraus. Und wenn ich eine Bewerbung losschicke, weiß ich genau, dass ich mir wieder unnötige Hoffnungen mache. Das ist das Schlimmste, dann wieder die Enttäuschung zu erleben, wenn die nächste Absage kommt. Außerdem, und das sage ich jetzt nur dir, schäme ich mich dann auch noch dafür, dass keiner mich haben will.«

Aus diesen Aussagen lassen sich leicht die demotivierenden Gedanken herausziehen:

- In meinem Alter habe ich ja doch keine Chance mehr.
- Es ist ohnehin alles umsonst.
- Ich bekomme auf jeden Fall wieder eine Absage.
- Ich ertrage die Enttäuschung nicht.
- Ich bin nicht gut genug.
- Ich bin selber schuld daran, dass ich keine Arbeit bekomme.

Negative Gedankenmuster führen jedoch nicht nur dazu, dass man sich in beruflichen oder familiären Situationen blockiert. Manchmal verhindern sie auch, dass man sich einen Lebenstraum erfüllt. Einer unserer Klienten träumte seit Jahren davon, seinen gesamten Jahresurlaub auf einmal zu nehmen, um in der Lage zu sein, sechs Wochen durch Australien zu reisen. Doch bisher hatte er sich nicht getraut. Schon allein bei der Vorstellung, ins Reisebüro zu gehen und den Flug zu buchen, wurde ihm flau im Magen, und folgende Gedanken schossen ihm durch den Kopf:

- Sechs Wochen allein in einem fremden Land – da ist man schon sehr einsam.
- So besonders gut ist mein Englisch auch nicht.

- Giftige Schlangen und Spinnen gibt es da, das ist gefährlich.
- Es gab da mal einen Überfall – ich wäre das ideale Opfer.
- Bis ich wieder heimkomme, sind alle meine Pflanzen verdorrt.
- Mein Chef lässt mich nie im Leben sechs Wochen weg.
- Wie will ich das alles organisieren?
- Wer soll so eine Reise bezahlen?

Gerade beim letzten Beispiel zeigt sich schön, dass hemmende Gedanken sich manchmal auch als Fragen verkleiden können. Das sind jedoch keine echten Fragen (die Frage »Wie will ich das alles organisieren?« wäre als echte Frage ja eigentlich ganz vernünftig), sondern es stecken negative Aussagen dahinter. Die sollten als solche dann aber auch formuliert werden, damit klar wird, was damit eigentlich gemeint ist. So wird aus »Wie will ich das alles organisieren?« die Aussage »Das schaffe ich gar nicht«, und aus »Wer soll so eine Reise bezahlen?« wird »Das kann ich mir doch gar nicht leisten«.

Negative Gedanken aufschreiben

Wenn Sie in einem Zustand der Entspannung die Situation, die Sie aufarbeiten wollen, in Ihrer Fantasie durchlebt haben, sollten Sie nun alle Gedanken aufschreiben, die Ihnen währenddessen oder danach bewusst geworden sind. Schreiben Sie Ihre Gedanken alle wortwörtlich auf, denn diese Liste brauchen Sie für die spätere Arbeit noch. Da man nicht davon ausgehen kann, dass Sie mit einem Mal sämtliche Gedanken, die mit dieser Schwierigkeit verknüpft sind, zu fassen bekommen haben, sollten Sie diese Übung noch mindestens zwei oder drei Mal wiederholen. Hören Sie mit der Übung erst auf, wenn Sie den Eindruck haben, wirklich alle Gedanken zu Papier gebracht zu haben.

Schon das Aufschreiben hilft manchmal, sich die Absurdität der negativen Gedanken vor Augen zu führen. Es kann wie gesagt schwierig sein, den negativen Gedanken ganz allein auf den Grund zu kommen. Dann ist es besser, jemanden um Unterstützung zu bitten, der Ihnen hilft, Ihre Gedanken zu sortieren. Nehmen wir an, dem verhinderten Australienreisenden aus dem letzten Beispiel sei es so gegangen. Er kommt nicht klar damit, für sich allein nach innen zu hören, und bittet deshalb einen Freund, darauf zu achten, welche negativen Gedanken beim Sprechen über die gewünschte Reise zum Vorschein kommen. Das Gespräch sollte damit beginnen, dass er dem Freund erklärt, weshalb er die Reise bisher nicht gemacht hat:

Beispiel »Ich habe die Reise deshalb noch nicht gemacht, weil ich bisher immer ein bisschen Angst hatte, ob das nicht eine Nummer zu groß für mich ist. Es reizt mich sehr, und ich war immer der Überzeugung, solch eine Abenteuerfahrt sollte man wenigstens einmal im Leben gemacht haben, aber wenn ich daran denke, was alles schiefgehen könnte, verlässt mich wieder der Mut. Außerdem habe ich Angst, dass so eine Reise meinen finanziellen Rahmen sprengt. Flug, Leihwagen, Verpflegung, das allein ist schon ziemlich teuer, eine Reserve für Unvorhergesehenes muss auch dabei sein, und dann will man sich auch noch das eine oder andere gönnen – ich will ja auch keinen Kredit aufnehmen, nur um in den Urlaub zu fahren! Andererseits spare ich schon ziemlich lange darauf und habe schon etliches genau dafür zur Seite gelegt.«

Die Aufgabe des Freundes ist nicht leicht, denn es ist wichtig, dass er möglichst alle Ängste und Bedenken aus dem Gesagten heraushört. Er sollte sich also alles sehr aufmerksam anhören und versuchen, Überschriften zu finden für das, was ihm erzählt wird. Im obigen Fall könnten das die Überschriften sein »Ich habe Angst vor dem, was alles schiefgehen könnte« und »Ich kann mir die Reise gar nicht leisten«. So fasst er jeden negativen Gedanken in einem Satz zusammen. Als Nächstes hört er:

Beispiel »Ich finde es auch schwierig, sechs Wochen nicht in die Firma zu gehen. Meine Arbeit macht bei uns sonst ja keiner. Mein Chef hat zwar schon mal gesagt, das würde durchaus gehen, wenn wir uns rechtzeitig darauf vorbereiten können – aber ob er das wirklich so ernst gemeint hat? Einer Bekannten meines Schwagers hat man während ihres Urlaubs den Stuhl vor die Tür gesetzt. Ich will doch nachher nicht arbeitslos dastehen!«

Daraus macht der zuhörende Freund die Überschrift »Mein Chef wird mich feuern«. Gleichgültig, ob Sie allein oder mit einem Gesprächspartner diese Übung machen: Wichtig ist, dass Sie wirklich die Gedanken identifizieren und nicht nur die Emotionen auf Ihrer Liste haben, die Sie bewegen.

So kann es beispielsweise vorkommen, dass jemand während der Fantasieübung äußert: »Ich denke, ich bin total unsicher in dieser Situation.« Das ist jedoch nicht der Originalgedanke. Um den oder die Gedanken zu finden, um die es wirklich geht, muss man sich dann weiter fragen: »Wie kriege ich es hin, in dieser Situation ein Gefühl von Unsicherheit zu entwickeln? Was sage ich mir, damit ich mich unsicher fühle?« Man muss mit seinen Fragen quasi noch eine Etage tiefer gehen. Der Ursprungsgedanke für die Unsicherheit könnte beispielsweise sein: »Das schaffst du ja doch nicht. Ausgerechnet du! Von dir will doch keiner etwas wissen. Das kannst du nicht.«

Da es wichtig ist, dass Sie alle negativen Gedanken hinsichtlich eines Problems oder einer schwierigen Situation identifizieren, sollten Sie tatsächlich das wortwörtlich aufschreiben, was Sie gedacht haben – auch wenn Kraftausdrücke dabei sein sollten. Scheuen Sie sich nicht, auch die hinzuschreiben – es ist schließlich Ihre private Liste, die sonst keiner zu lesen braucht.

Wie negative Gedanken durch innere Blockaden »vernünftig« erscheinen

Manchmal kann es auch schon schwierig sein, alles negative Denken überhaupt als negativ zu erkennen. Denn es kann vorkommen, dass Ihnen die negativen Gedanken vernünftig, klar und logisch erscheinen – einfach weil sie Ihnen so vertraut sind, weil Sie sie so unendlich oft gedacht haben. Sie scheinen einfach zu stimmen und die Welt so abzubilden, wie sie nun einmal ist. Wenn Sie in solchen Gedankengängen gefangen sind, haben Sie zunächst einmal tatsächlich keinen Zugang zu anderen Informationen – Informationen, die Ihnen ein ganz anderes Bild der Welt und Ihrer Fähigkeiten zeigen. Die durch die negativen Bewertungen ausgelösten Emotionen kommen so rasch und überfallartig, dass Sie in dieser Phase keinen Zugriff haben auf Ressourcen, die Ihnen sonst zur Verfügung stehen. Das zeigt sehr eindrücklich das Beispiel von Herrn Hauptmann, der sein Problem, nicht zufriedenstellend vor der Geschäftsleitung präsentieren zu können, mit der Check-your-Mind-Methode bearbeitete:

Beispiel Herr Hauptmann war ein Abteilungsleiter, mit dessen Arbeit sein Chef sehr zufrieden war. Es gab nur ein Problem: Wann immer Herr Hauptmann eine Präsentation vor der Geschäftsleitung machen sollte, brachte er sich so in Panik, dass er wirklich schlecht präsentierte. Deshalb stand er in schlechterem Ansehen, als er es seinen Leistungen nach eigentlich verdient hätte. Was er darbot, war trocken und langweilig, er verhaspelte sich leicht, und seine Aufregung war ihm deutlich anzumerken. Aus diesem Grund drückte er sich möglichst oft vor Präsentationen, sodass das Augenmerk der oberen Chefs eher seinen Kollegen galt, obwohl er selbst die Arbeit gemacht hatte. Beim Coaching erklärte er das Problem so, wie er es sich selbst und allen anderen, die ihn danach gefragt hatten, seit Jahren schon erklärte: »Ich kann eben nicht präsentieren. Das ist absolut nicht meine Stärke!« Er glaubte felsenfest an dieses Erklärungsmodell, es war ja schließlich auch logisch, man brauchte sich seine Präsentationen ja nur einmal vor Augen zu führen …

Erstaunlicherweise stellte sich bei näherem Nachfragen heraus, dass er vor seinem Team sehr wohl präsentieren konnte. Da gelang es ihm ohne Weiteres, etwas flüssig und interessant darzustellen und sogar mitreißend zu sein. Doch diese Fähigkeiten vergaß er vollkommen, wenn es darum ging, vor der Geschäftsleitung aufzutreten – sei es in Wirklichkeit oder in der Vorstellung. Wenn er wegen einer bevorstehenden Präsentation in Panik war, war ihm überhaupt nicht mehr bewusst, welche anderen Präsentationen er schon gemacht hatte – vorherrschend war nur der Gedanke: »Ich kann das nicht!« Er selbst war völlig überrascht davon, als ihm dieser Widerspruch aufgezeigt wurde – jahrelang hatte er seine Erklärung »Ich kann eben nicht präsentieren« unwidersprochen selbst geglaubt, obwohl er immer wieder auch andere Erfahrungen gemacht hatte.

Die Emotionsforschung hat gezeigt, dass das ein allgemeines und verbreitetes Phänomen ist. Solange wir uns im Griff von negativen Emotionen befinden, scheint es uns unmöglich zu sein, an Informationen heranzukommen, die unsere Lage erleichtern würden. Die Emotionsforscher nennen diese Zeitspanne »Refraktärphase«. Es ist eine Phase, »in der unser Denken keine Informationen verarbeiten kann, die zu dem uns beherrschenden Gefühl nicht passen, es nicht nähren und rechtfertigen« (Paul Ekman, *Gefühle lesen*, S. 56). Die Refraktärphase ist je nach Anlass und bei jedem Menschen unterschiedlich lang.

Die gute Nachricht ist, dass auch die Emotionsforschung davon ausgeht, dass wir Menschen nicht dazu verdammt sind, einmal erworbene emotionale Reaktionen auf immer und ewig zu behalten, sondern dass wir gelernte unangenehme Emotionen auch wieder verlernen können. Der Schlüssel dazu ist Achtsamkeit. Wenn Sie sich auf sich selbst konzentrieren und aufmerksam sind gegenüber Ihren eigenen negativen Gedanken, die zu Ihren Bewertungen und damit zu Ihren negativen Empfindungen führen, haben Sie schon einen großen Schritt getan.

Versetzen Sie sich also so oft wie möglich und nötig in entspanntem Zustand in die Situation, mit der Sie als Erstes arbeiten möchten, und hören Sie aufmerksam nach innen. Schenken Sie jedem Gedanken, der kommt, Ihre Achtsamkeit. Erst wenn Sie so weit sind und eine Liste mit all Ihren negativen Gedanken bezüglich einer bestimmten Situation oder eines bestimmten Verhaltens aufgestellt haben, werden wir uns an den nächsten Schritt der Check-your-Mind-Methode machen. Jetzt geht es zunächst darum, all diese Gedanken zu erfassen.

Wo sich gedankliche Blockaden überall auswirken können

Zur besseren Illustration wollen wir für Sie noch einige Beispiele zitieren, wie Menschen sich mit ihren Gedanken blockieren können. Ein Angestellter litt jahrelang unter seiner Schüchternheit. Es fiel ihm unendlich schwer, den Mund aufzumachen und seine Meinung zu äußern. Bei Arbeitssitzungen zögerte er immer so lange damit, Punkte einzubringen, die er sich überlegt hatte, dass sie regelmäßig von jemand anderem genannt wurden. So hatte er nie eine Chance zu zeigen, was in ihm steckt. Er erkannte folgende Gedanken bei sich:

- Dir hört sowieso keiner zu.
- Wen interessiert schon deine Meinung?
- Die Kollegen machen sich über deine Vorschläge doch nur lustig.
- Was du zu sagen hast, ist so banal, dass du es auch lassen kannst.
- Du machst dich nur lächerlich.

Ein Seminarteilnehmer war wiederum aufgefordert worden, beim runden Geburtstag seines besten Freundes eine Tischrede zu halten. Schon der Gedanke daran löste bei ihm Schweißausbrüche aus, so aufgeregt wurde er. Seine Gedanken waren:

- Das ist ja furchtbar, alle starren mich an.
- Jeder erwartet eine Superrede.
- Ich kann doch gar nicht so witzig sein.
- Ich war noch nie ein guter Redner.
- Ich hasse Tischreden.
- Niemand mag Tischreden.
- Wahrscheinlich bleibt mir die Stimme weg.
- Meine Stimme klingt sowieso so dünn.
- Wenn ich mich verhasple, werden alle denken, dass ich blöd bin.

Ein anderer schob ein notwendiges Gespräch mit seinem Vermieter vor sich her, weil er fürchtete, es könne zu einer Auseinandersetzung kommen. Die dafür verantwortlichen Gedanken lauteten:

- Wenn ich ärgerlich oder wütend werde, blamiere ich mich nur.
- Er wird niemals auf unsere Wünsche eingehen. Warum sollte er auch?
- Er sitzt eh am längeren Hebel, da habe ich keine Chance.
- Zum Schluss bleibt mir nur der Gang zum Rechtsanwalt, das kann ich mir gar nicht leisten.

Eine Teilnehmerin hätte dringend einen Anschaffungskredit von ihrer Bank benötigt. Doch sie hatte es bislang nicht fertiggebracht, einen Termin mit einem Bankberater zu vereinbaren. So hielt sie sich davon ab:

- Ich hasse es, ein Bittsteller zu sein.
- Der Mensch von der Bank denkt wahrscheinlich, ich kann nicht mit Geld umgehen, sonst bräuchte ich ja keinen Kredit.
- Diese missbilligenden Blicke kann ich mir gut vorstellen.
- Er denkt womöglich, ich will mir Sachen kaufen, die ich mir gar nicht leisten kann.

- Es wird mir unendlich peinlich sein, wenn der Kredit abgelehnt wird.
- Habe ich überhaupt das Recht, um Geld zu bitten?

Ein weiterer Teilnehmer konnte es nicht über sich bringen, mit seinem Chef über eine Gehaltserhöhung zu sprechen:

- Ich kann doch nicht dauernd mehr Geld verlangen!
- Mein Chef hält mich bestimmt für unverschämt.
- Er ist mir rhetorisch sowieso überlegen, da schrumpfen meine Argumente zusammen.
- Rechtfertigt das, was ich jetzt mehr mache, wirklich mehr Geld?
- Wahrscheinlich fange ich an, herumzustottern, da mache ich mich bloß lächerlich.
- Eigentlich brauche ich nicht unbedingt mehr Geld.
- Wenn alle wegen mehr Geld zu ihm kämen, könnte er seinen Laden dichtmachen.

Wir hoffen, dass wir Ihnen mit diesen Beispielen zeigen konnten, auf welch unterschiedliche Arten man sich gedanklich blockieren kann. Blockaden können aber auch noch auf eine andere Weise entstehen: nämlich durch Stress. Darauf gehen wir im folgenden Abschnitt ein.

Die Stress auslösenden Gedanken identifizieren

Die bisherigen Beispiele bezogen sich alle auf eine Situation, vor der man sich drückt. Nun ist Ihr Problem aber vielleicht ganz anderer Natur, und Sie sagen sich: »Ich drücke mich vor gar nichts. Im Gegenteil, ich packe alles an. Aber gerade dadurch habe ich reichlich viel Stress in meinem Leben, der macht mich noch ganz krank!« Aber wie wir weiter vorn schon ausgeführt haben: Der meiste Stress ist hausgemacht! Es sind weniger die Last und die Menge der Aufgaben oder die Schwierigkeit der Anforderungen, die Ihren Stress erzeugen, sondern vielmehr die Gedanken, die Sie sich darüber machen. Jemand, der unter dem Druck gewaltiger Anforderungen steht, kann innerlich auch gelassen sein.

Wir stellen Sie uns wieder als jemanden vor, der besser mit seinem Stress zurechtkommen möchte. Sie haben ohnehin viel zu tun, haben am Abend noch dringende private Verpflichtungen, und just an diesem Tag halst Ihnen Ihr Chef noch eine weitere Aufgabe auf. Versuchen Sie nun einmal, entspannt und mittels Ihrer Vorstellungskraft, hinter die Gedanken zu kommen, die Ihren Stress auslösen. Nutzen Sie Ihre Vorstellungskraft und malen Sie sich die Situation, als Ihr Chef in Ihr Büro kam, recht detailliert aus: Wie sahen Sie aus an diesem Tag, welche Kleider trugen Sie, welche Kleider trug Ihr Chef, wie sah Ihr Schreibtisch aus? Je mehr solcher Details Sie sich ins Gedächtnis rufen, desto mehr wird Ihre Erinnerung angereichert, desto lebensnaher wird Ihre Vorstellung. Dann fallen Ihnen die Gedanken ein, die Ihnen in der damaligen Situation durch den Kopf schossen:

- Wie soll ich denn das heute noch schaffen?
- Ausgerechnet heute ist es wichtig, dass ich pünktlich gehen kann!
- Es ist so ungerecht, dass immer alles an mir hängen bleibt.
- Nur weil ich zuverlässig bin, bin ich immer der Dumme.
- Jetzt muss ich aber tierisch schnell machen, sonst schaffe ich das nie.
- Ich habe noch so entsetzlich viel zu erledigen.
- Wenn ich nicht pünktlich nach Hause komme, gibt es eine Katastrophe.
- Heute Abend kann ich bestimmt vor lauter Kopfschmerzen wieder nicht einschlafen.

Glauben Sie, dass Sie dieselbe Hektik und denselben Stress empfunden hätten, wenn Sie stattdessen gedacht hätten: »So, so, jetzt kommt der Chef mit noch einer Aufgabe. Er scheint zu glauben, ich kriege das hin. Weiß ich ja noch nicht, aber jetzt schauen wir halt mal.« Wenn man jetzt davon ausgeht, dass Sie in beiden Fällen gutwillig so viel arbeiten, wie Sie eben können, kann man vermutlich auch davon ausgehen, dass im zweiten Fall das Ergebnis nicht schlechter ist als im ersten. Und dass der Stress, den Sie im ersten Fall erleben, nicht auf die Menge der Arbeit zurückzuführen ist, sondern auf Ihre Gedanken darüber.

Um hinter die negativen Gedanken zu kommen, die Stress verursachen, können Sie sich einer Technik bedienen, die »Symptomverschreibung« heißt. Stellen Sie sich vor, ein ganz entspannter und gelassener Mensch will aus irgendeinem Grund lernen, genauso hektisch, nervös und gereizt zu sein wie Sie. Erklären Sie ihm doch einfach, was er sich alles sagen muss, um seine Gelassenheit zu verlieren. Und schon haben Sie all Ihre negativen Gedanken auf dem Präsentierteller vor sich. So eine Symptomverschreibung könnte sich etwa folgendermaßen abspielen:

Beispiel

Frage: Wie kriegst du das überhaupt hin, dermaßen in Hektik und Stress zu geraten? Wenn ich das erleben wollte, was müsste ich tun?

Antwort: Nun, als Erstes musst du dir sagen: »Muss der Chef ausgerechnet jetzt noch damit ankommen! Ich krieg die Krise! Ausgerechnet heute, wo ich diese wichtige Verabredung habe. Es ist doch wie verhext, heute hat sich aber auch alles gegen mich verschworen! Nur damit ich nicht mit Eva zu diesem Konzert gehen kann. Denn das kann ich mir jetzt ja abschminken. Also, wenn ich das je noch hinkriegen will, muss ich massiv aufs Tempo drücken.«

Frage: Und das reicht dir aus?

Antwort: Nein, du musst zusätzlich ein solches Chaos auf dem Schreibtisch anrichten, dass du die Sachen, die du am dringendsten brauchst, erst nach langem Suchen findest. Dabei musst du dir permanent vorhalten, wie viel Zeit diese Sucherei kostet. Außerdem beschimpfst du dich noch die ganze Zeit dafür, dass du solch ein Chaot bist. Dann machst du in der Eile natürlich einen Fehler und beschimpfst dich daraufhin wieder, unnötig Zeit zu verplempern. Du siehst alle paar Minuten auf die Uhr und sagst dir dabei: Mach schneller, sonst schaffst du es nicht!

Langsam wird klar, wie man sich in Hektik und Stress bringen kann, oder? Und folglich auch, wie man beides einschränken beziehungsweise weitestgehend verhindern kann. Finden Sie in der nun folgenden Übung heraus, wie Sie die negativen Gedanken identifizieren.

Übung

Zur Vorbereitung sollten Sie sich Papier und Stift bereitlegen. Sorgen Sie dafür, dass Sie in dieser Zeit (etwa 15 Minuten) ungestört sind.

- Wählen Sie ein Problem oder eine für Sie schwierige Situation aus, die Sie mit der Check-your-Mind-Methode bearbeiten wollen.
- Setzen Sie sich bequem und entspannt hin und lassen Sie sich die schwierige Situation oder das Problem noch einmal in der Vorstellung erleben. Erinnern Sie sich an möglichst viele Details und spüren Sie den Gedanken nach, die damit verbunden sind.
- Schreiben Sie sich alle negativen Gedanken auf.
- Spielen Sie die Situation in Ihrer Vorstellung mehrmals ab und ergänzen Sie Ihre Liste immer wieder.
- Wenn Sie den Eindruck haben, dass Ihre Liste vollständig ist, gehen Sie sie durch und kontrollieren Sie, ob Sie vielleicht auch Gefühle statt Gedanken aufgeschrieben haben. Wenn ja, untersuchen Sie, welche negativen Gedanken sich hinter den Gefühlen verbergen (Frage: Wie schaffe ich es, dieses Gefühl zu haben?), und schreiben Sie diese ebenfalls auf.
- Äußern sich manche negativen Gedanken als Fragen? Dann wandeln Sie jede Frage in die negative Äußerung um, die eigentlich dahintersteckt.

5. Check your Mind: Die negativen Gedanken logisch überprüfen

Sie wissen inzwischen – und haben vielleicht auch schon selbst die Erfahrung gemacht –, dass es gar nichts nützt, negative Gedanken mit einem positiven Neuanstrich übertünchen zu wollen. Doch es nützt sehr wohl etwas, sie auf den Prüfstand zu stellen, denn die meisten negativen Gedanken halten einer logischen Überprüfung nicht stand. Schon die einfache Frage »Stimmt dieser Gedanke überhaupt?« bringt oft die verblüffende Erkenntnis, dass man einfach viele Informationen, die dem negativen Gedanken und seinen Schlussfolgerungen widersprechen, außer Acht gelassen hat.

Ein Beispiel dafür, wie leicht man wichtige Informationen ausblenden kann, bot jene Seminarteilnehmerin, die mit der Check-your-Mind-Methode folgendes dringliches Problem bearbeiten wollte:

Beispiel Sie hatte sich vorgenommen, für ihren Mann zu seinem runden Geburtstag ein ganz besonderes Fest zu organisieren, und sie wusste auch, dass sich ihr Mann schon darauf freute. Doch sie schob diese Aufgabe immer wieder auf die lange Bank, und allmählich wurde die Zeit knapp. Bisher hatte sie sich immer mit den Gedanken entmutigt: »Wie soll ich das denn bloß machen, dass das klappt mit so vielen Leuten? Hoffentlich fühlen sich dann auch alle wohl (ich fürchte, dass sie sich nicht wohlfühlen)! So viele Leute zufriedenzustellen, ist extrem schwierig, ich habe gar keine Idee, womit ich sie unterhalten soll.«

Bei der Überprüfung dieser Gedanken stellte sich heraus, dass sie für ihren Chef schon bedeutend größere Firmenevents organisiert hatte, die alle großen Anklang gefunden hatten, etliche Teilnehmer hatten ihr gesagt, wie gelungen sie das fanden. Daran hatte sie, wann immer sie sich mit dem Fest für ihren Mann befasste, einfach überhaupt nicht mehr gedacht, weil das zwei gänzlich verschiedene Angelegenheiten für sie waren.

Es kann auch sein, dass man bei der Überprüfung der hinderlichen Gedanken erkennt, dass man ganz falsche Verknüpfungen gemacht hat, indem man Dinge in einen scheinbar logischen Zusammenhang gebracht hat, die gar nicht zusammengehören. So erging es auch folgendem Autoverkäufer:

Beispiel Nach jedem nicht erfolgreichen Verkaufsgespräch war der Autoverkäufer überzeugt, ein schlechter Verkäufer zu sein. Wenn er mit einem Kunden nicht zu einem Abschluss kam, quälte er sich hinterher mit Selbstvorwürfen: »Du hast mal wieder versagt! Ein guter Verkäufer hätte diesen Kunden überzeugt. Du hast deinen Beruf verfehlt!« Er verknüpfte die Ablehnung seines Angebots mit seinen Fähigkeiten als Verkäufer. Dabei ließ er völlig außer Acht, dass sein potenzieller Kunde ganz andere Gründe für seine Ablehnung haben könnte: Er hatte im Moment gar kein Geld für ein so teures Produkt, er brauchte etwas ganz anderes, oder er war zu beschäftigt, um sich um einen solchen Kauf zu kümmern. All diese möglichen Erklärungen kamen dem Verkäufer gar nicht erst in den Sinn.

Bei einer logischen Überprüfung kann einem auch auffallen, dass man von einem einzigen Ereignis auf alle zukünftigen schließt, so wie es einer anderen Seminarteilnehmerin ergangen war:

Beispiel Sie hatte einmal im Zusammenhang mit dem Protokoll einer wichtigen Sitzung, das sie anfertigen sollte, eine schlechte Erfahrung gemacht. Sie hatte geglaubt, ein Ergebnisprotokoll sei ausreichend, doch es war ein ausführliches Protokoll erwartet worden. Die ätzenden Worte ihres Chefs daraufhin hatte sie immer noch im Ohr, obwohl der Vorfall inzwischen Jahre zurücklag. Wann immer sie seither ein Protokoll zu schreiben hatte, bekam sie Bauchgrimmen, denn: »Protokoll schreiben kann ich nicht. Da mache ich nur Fehler!« Bei diesen negativen Gedanken hat sie völlig ausgeblendet, dass die Tatsache, einmal etwas falsch gemacht zu haben, natürlich nicht bedeutet, dass man es nun bis in alle Ewigkeit falsch machen wird. Und sie hat dabei ihre Fähigkeit ausgeblendet, aus Fehlern zu lernen.

Manchmal erkennt man auch, dass man bestimmte Sachverhalte als Tatsachen hinnimmt, obwohl es sich nur um Interpretationen handelt – Interpretationen, die ganz falsch sein können. So wie bei einem weiteren Teilnehmer:

Beispiel Er litt unter der Angst, seine Frau interessiere sich nicht mehr für ihn. Dieser Gedanke war ihm in einer Zeit gekommen, da er sich mit beruflichen Schwierigkeiten herumschlug. Zu Hause war er aus diesem Grund ernst und schweigsam – und wartete sehnsüchtig darauf, dass seine Frau ihn fragte, was los sei. Sie tat es jedoch nicht. Er bewertete das folgendermaßen: »Sie interessiert sich nicht für mich!« Wie sich später herausstellte, brannte sie darauf zu wissen, was los war, und machte sich die größten Sorgen, glaubte jedoch, ihn nicht bedrängen zu dürfen.

Auch der folgende Coaching-Klient hat seine negativen Gedanken und seine Schlussfolgerungen nicht logisch überprüft:

Beispiel Er glaubte, dass sein Chef unzufrieden mit seiner Leistung sei, denn seiner eigenen Einschätzung zufolge hätte er in seiner Position eine Gehaltserhöhung verdient. Dass sein Chef ihm von sich aus keine anbot, konnte aus seiner Sicht nur eines bedeuten: »Ich bin doch nicht gut genug. Mein Chef erwartet mehr von mir.« Tatsache war jedoch, dass sein sparsamer Chef den Standpunkt einnahm: »Solange die Angestellten nichts sagen, sind sie mit ihrem Gehalt zufrieden, also brauche ich nichts zu tun.«

Mit Logik den negativen Gedanken entgegenwirken

Sie sehen, wie wichtig es ist, diesen zweiten Schritt der Check-your-Mind-Methode durchzuführen: nämlich die logische Überprüfung Ihrer negativen Gedanken. Das sollten Sie am besten ebenfalls schriftlich machen, denn die Notizen werden Sie später noch brauchen. Nehmen Sie sich für jeden negativen Gedanken ein eigenes Blatt Papier, auf dem Sie oben Ihren Gedanken wörtlich aufschreiben, darunter notieren Sie alle Gegenargumente zu diesem Gedanken.

Um alle Gegenargumente zu Ihren negativen Gedanken zu erfassen und sie aufschreiben zu können, stellen Sie sich bitte immer wieder folgende Fragen:

- Stimmt die Aussage, die mich behindert, so überhaupt?
- Welche Gegenbeweise zu dieser Aussage gibt es?
- Habe ich nicht schon Erfahrungen gemacht, die gegen diesen Gedanken sprechen?
- Könnte man die Dinge auch ganz anders sehen oder interpretieren?
- Stimmen denn die Schlussfolgerungen, die in dem negativen Gedanken stecken?

Nehmen wir uns zum Beispiel noch einmal den verhinderten Australienreisenden vor. Einer seiner negativen Gedanken, die ihn von der Reise abhielten, lautete: »Mein Chef setzt mich womöglich auf die Straße, wenn ich so lange weg bin.« Mögliche Argumente dagegen sind:

- Mein Chef hat mir schon zugesagt, dass ich sechs Wochen Urlaub am Stück nehmen kann.
- Er hat noch niemals jemanden ohne triftigen Grund entlassen, also wird er mir auch nicht kündigen.
- Er hätte rein rechtlich auch gar nicht die Möglichkeit dazu.
- Ich bin der Einzige, der mit dem neuen Projekt klarkommt.

Das waren Antworten auf die ersten Fragen. Die dritte Frage – »Habe ich nicht schon Erfahrungen gemacht, die gegen diesen Gedanken sprechen?« – ist wichtig, um wieder Zugang zu Informationen über die eigenen Fähigkeiten zu bekommen, die man ausblendet, weil man einen negativen Gedanken so absolut formuliert. »Ich kann eben nicht präsentieren«, dachte der Abteilungsleiter, wenn er vor der Geschäftsleitung sprechen sollte – und vergaß dabei völlig, wie gut er vor seinem Team präsentierte.

Sehen wir uns die vierte Frage an: »Könnte man die Dinge auch ganz anders interpretieren?« Wir nehmen dazu das Beispiel desjenigen, der eine Geburtstagsrede halten soll und sich Magengrimmen verursacht mit dem Gedanken »Wenn ich mich verhasple, werden alle denken, dass ich blöd bin«. Wie könnte man die Folgen des Ereignisses »Ich verhasple mich« noch sehen? Zum Beispiel so:

- Wahrscheinlich werden die meisten das kaum registrieren.
- Die, die es überhaupt bemerken, sind ganz erleichtert, dass das anderen auch passiert.
- Sich zu verhaspeln hat nichts mit Intelligenz zu tun.

Diese letzte Antwort kann sich auch auf die fünfte Frage nach den Schlussfolgerungen beziehen. Es ist ganz und gar keine zwingende Schlussfolgerung, dass andere jemanden für unintelligent halten, nur weil er sich verhaspelt. Da ist die Schlussfolgerung »Sie werden sich solidarisch fühlen und froh sein, dass sie nicht die Einzigen sind, denen das passiert« doch durchaus realistischer.

Menschen neigen dazu, sehr schnell Schlussfolgerungen aus einem einzigen negativen Ereignis zu ziehen, eben weil es ihnen so unangenehm war. Doch wenn sie deshalb eine ähnliche Situation vermeiden, berauben sie sich der Chance, eine andere Erfahrung zu machen. Die Kreditsuchende, die den Termin mit ihrer Bank hinausschob, war einmal bei einem arroganten Bankberater – daher ihre Angst vor »missbilligenden Blicken«. Doch ein solches Erlebnis heißt ja nicht zwingend, dass sie bei einer anderen Bank auch wieder von einem unfreundlichen und arroganten Kerl bedient würde.

Manchmal kann es auch schwierig sein zu erkennen, dass es sich überhaupt um voreilige oder sogar unzulässige Schlussfolgerungen handelt, die in einem negativen Gedanken stecken. Man hält die Implikation für logisch, einfach weil man sich so sehr an den Gedanken gewöhnt hat. Nehmen wir als Beispiel die Angst vor einem Vortrag: »Ich bin bestimmt so aufgeregt, dass ich gar nicht klar denken kann!« Darin steckt die Annahme, dass man nicht klar denken könne, wenn man aufgeregt sei. Prüflinge in egal welchen Examen, Prüfungen oder Klausuren beweisen jedoch täglich das Gegenteil.

Auch der Mieter, der eigentlich mit seinem Vermieter sprechen will, impliziert mit seinem ängstlichen und aggressiven Gedanken »Er sitzt am längeren Hebel, da habe ich eh keine Chance«, dass es auf jeden Fall eine unangenehme Auseinandersetzung geben wird. Er setzt dabei voraus, dass das Gespräch auf einen Kampf hinausläuft, bei dem man eine »Hebelwirkung« braucht, um der Stärkere zu sein. Das ist jedoch noch gar nicht gesagt: Es gibt jede Menge Vermieter, die großen Wert auf ein gutes Verhältnis zu ihren Mietern legen und grundsätzlich sehr entgegenkommend sind, wenn man ihnen ihrerseits freundlich (und nicht auf Streit gebürstet) begegnet.

Der Umgang mit der Frage »Könnte man die Dinge auch ganz anders sehen?« ist vielleicht am schwierigsten. Denn in vielen Menschen sträubt sich innerlich alles dagegen, sich die Welt und ihre Mitmenschen auf gänzlich andere Art zu erklären, als sie das bislang immer gemacht haben. Schließlich geht von einem fest gefügten Erklärungsmuster, von einem unerschütterlichen Weltbild eine identitätsstiftende Wirkung aus: »So bin ich, und so ist die Welt – basta!«

Man kann seinen Blickwinkel leichter erweitern, indem man versucht, sich in eine andere Person hineinzuversetzen: »Wie würde meine Freundin/mein Vater/meine selbstbewusste Kollegin diese Situation interpretieren? Wie würde das jemand sehen, der sehr streitsüchtig ist? Wie jemand, der ein großes Harmoniebedürfnis hat?« Sich intensiv in jemand anderen hineinzuversetzen, führt dazu, dass man sein gewohntes Denkmuster verlassen kann. Dadurch eröffnen sich neue Sichtweisen. Und es tut gut, sich klarzumachen, dass die eigene Sichtweise immer nur eine von vielen möglichen ist – und dass jede andere Sichtweise neue Wege im Umgang mit einer Situation ermöglicht.

Um Ihren negativen Gedanken wirkungsvoll die Glaubwürdigkeit zu entziehen, sollten Sie für jeden negativen Gedanken mindestens drei Gegenargumente finden, die so formuliert sind, dass Sie sie wirklich annehmen können. Übertreibungen und Grandiosität bringen Sie hier nicht weiter. Wenn Sie sich davon abhalten, Bewerbungen zu schreiben, weil der negative Gedanke lautet: »Ich finde eh keinen Job«, dann wäre die Äußerung »Mir stehen alle Jobs offen« vermutlich kein glaubwürdiges Gegenargument. Folgende Aussagen hingegen schon:

- Es gibt auf jeden Fall offene Stellen, auch wenn sich viele darum bewerben.
- Ich besitze eine gute Ausbildung.
- Ich habe etliche Jahre Berufserfahrung.
- Wenn ich lange genug dranbleibe, steigen sicherlich meine Chancen.

Um den negativen Gedanken wirklich auszuhebeln, muss ein Argument realistisch und glaubwürdig sein – ist es das nicht, gibt es eher der negativen Stimme wieder Nahrung. Zerbrechen Sie sich in diesem Stadium der Arbeit an Ihren negativen Gedankenmustern noch nicht den Kopf darüber, dass Ihre Gegenargumente bisher rein von der Verstandesebene herkommen und Ihre Gefühle nach wie vor negativ und pessimistisch sind. Das wird sich erst ändern, wenn Sie das automatisierte negative Muster durchbrechen – und damit beginnen Sie ja gerade erst. Sie haben jetzt aber schon einen wesentlichen Schritt getan, indem Sie die negativen Gedanken ans Licht befördert haben. Finden Sie nun heraus, wie Sie die negativen Gedanken logisch überprüfen können.

Übung

Sie brauchen Ihre Liste mit den negativen Gedanken, einen Stapel Papier und einen Stift.

- Schreiben Sie bitte wörtlich jeden einzelnen negativen Gedanken, den Sie auf Ihrer Liste haben, auf ein eigenes Blatt Papier.
- Darunter notieren Sie bitte alle jeweiligen Gegenargumente, die diesen Gedanken entkräften.
- Achten Sie darauf, dass die Gegenargumente für Sie glaubwürdig und realistisch sind.
- Um Gegenargumente zu finden, stellen Sie sich bitte immer wieder folgende Fragen:
  - Stimmt die Aussage, die mich behindert, so überhaupt?
  - Welche Gegenbeweise zu dieser Aussage gibt es?
  - Habe ich nicht schon Erfahrungen gemacht, die gegen diesen Gedanken sprechen?
  - Könnte man die Dinge auch ganz anders interpretieren?
  - Stimmen denn die Schlussfolgerungen, die in dem Gedanken stecken?

Kleine Hilfestellung zum Finden von Gegenargumenten

Wir haben in unserem Seminar zur Check-your-Mind-Methode »Erfolg beginnt im Kopf« gelegentlich die Erfahrung gemacht, dass es manchen Menschen schwerfällt, überhaupt Gegenargumente zu ihren automatisierten negativen Gedanken zu finden. Es kommt zwar darauf an, dass jeder für sich die individuell richtigen Gegenargumente findet, aber es gibt dennoch bestimmte Fragen oder Anregungen, die dabei hilfreich sein können. Wir haben uns deshalb einige »Klassiker« der negativen Gedanken herausgegriffen, um an diesen zu demonstrieren, wie Sie zu Gegenargumenten kommen können.

Negativer Gedanke: »Dazu bin ich viel zu unsicher«

Um diesem Gedanken beizukommen, sollten Sie sich klarmachen, dass Unsicherheit sehr häufig nur aus mangelnder Praxis resultiert: Man fühlt sich oft nur deshalb unsicher, weil man ungeübt ist. Übung lässt sich jedoch erwerben, und dann kommt die Sicherheit von allein. Mögliche Gegenargumente zu diesem negativen Gedanken:

- »Sicherheit kommt mit der Erfahrung, darum spreche ich jetzt französisch/halte den Vortrag/beginne mit der Telefonakquise, um die nötige Übung zu bekommen.«
- »Es ist nicht das erste Mal, dass ich durch Erfahrung Sicherheit gewinne.«
- »Jeder Mensch darf unsicher sein, wenn er etwas Neues beginnt, es kommt nur darauf an, es trotzdem zu tun.«

Negativer Gedanke: »Das habe ich noch nie gekonnt«

Bei diesem Gedanken hilft es, sich zu fragen: »Ist das wirklich wahr, dass ich das noch kein einziges Mal gekonnt habe? Würden das Menschen, die mir nahestehen, genauso radikal sagen?« Außerdem sollten Sie sich klarmachen, dass diese Aussage eine unzulässige Schlussfolgerung beinhaltet, denn dass Sie es in der Vergangenheit nicht konnten, sagt nichts darüber aus, ob Sie es nicht in der Zukunft können werden. Mögliche Gegenargumente zu diesem negativen Gedanken:

- »Bisher habe ich noch alles, was mir wirklich wichtig war, gelernt, also kann ich das auch lernen.«
- »Ich weiß, dass ich intelligent/sportlich/leistungsfähig/kreativ bin, also kann ich mir das, was noch fehlt, aneignen.«
- »In anderen Bereichen habe ich schon die Erfahrung gemacht, dass es mir Freude macht, etwas Neues kennen zu lernen oder auszuprobieren.«

Negativer Gedanke: »Ich kann nicht präsentieren«

Dabei hilft es manchmal schon, ein »noch« in den Satz einzufügen. Das gilt für sehr viele Sätze, die mit »ich kann nicht« anfangen, weswegen Sie das Wort »präsentieren« hier exemplarisch sehen sollten. Eine gute Frage ist auch: »Gibt es stichhaltige Gründe, weshalb andere es lernen können, aber ich nicht?« Da man in Stress oder Angst auslösenden Situationen oft eigene Fähigkeiten ausblendet, lohnt es sich auch, danach zu fragen: »Kann ich in einem anderen Kontext oder einem anderen Lebensbereich das, was mir jetzt fehlt?« Mögliche Gegenargumente zu diesem negativen Gedanken:

- »Vor Kollegen in einem Kreis, wo ich mich sicher fühle, habe ich bewiesen, dass ich präsentieren kann.«
- »Es mangelt mir bisher nur an Übung.«
- »Ich beherrsche mein Sachgebiet.«
- »Ich kann mich gut ausdrücken.«

Negativer Gedanke: »Das schaffe ich nicht«

Erinnern Sie sich daran, was Sie bisher schon alles geschafft haben: Schule, Ausbildung, Ihren Job, Kindererziehung – das sind alles Leistungen, die Sie anerkennen sollten. Man braucht keine Goldmedaille oder das Bundesverdienstkreuz errungen zu haben: Das alltägliche

Leben zu meistern, ist anerkennenswert genug. Mögliche Gegenargumente zu diesem negativen Gedanken:

- »Ich bin lernfähig, das habe ich schon oft genug bewiesen.«
- »Ich besitze Durchhaltevermögen.«
- »Ich brauche nicht alles auf einmal zu schaffen, sondern kann Schritt für Schritt daran arbeiten.«

Negativer Gedanke: »Jemand mag mich nicht/akzeptiert mich nicht«

Denken Sie an die Menschen, die Sie mögen und akzeptieren. Führen Sie sich dabei besonders vor Augen, dass es bestimmt etliche Menschen gibt, die Sie nicht nur von Ihrer Schokoladenseite kennen – und die Sie trotzdem mögen und akzeptieren! Mögliche Gegenargumente zu diesem negativen Gedanken:

- »Ich bin so, wie ich bin – egal, ob er/sie mich mag oder nicht.«
- »Es ist möglich, dass ich sein/ihr Verhalten ganz falsch interpretiere.«
- »Dass er/sie mich nicht mag, bedeutet nicht, dass ich nicht liebenswert bin.«
- »Die Sache mit der Akzeptanz kann sich ändern, wenn er/sie mich näher kennen lernt.«

Negativer Gedanke: »Die anderen werden schlecht über mich denken, wenn ich … «

Um diesen Gedanken zu entkräften, hilft es oft, sich zu fragen, ob man wirklich Gedanken lesen kann. Außerdem kann man sich klarmachen, dass es wahrscheinlich jedem Menschen so geht, dass ein paar andere ihn nicht mögen. Das lässt sich gar nicht verhindern. Die, die man selbst nicht mag, kommen damit ja meist auch ganz gut klar. Also kann man den umgekehrten Fall wohl auch verkraften. Mögliche Gegenargumente zu diesem negativen Gedanken:

- »Was die anderen denken, kann ich nur herausfinden, indem ich handle.«
- »Ich bin nicht auf das Wohlwollen aller angewiesen.«
- »Auf die wenigen, die dann wohl wirklich schlecht über mich denken, kann ich notfalls verzichten.«

Negativer Gedanke: »Alle werden mich hassen, wenn ich … mache«

Machen Sie sich klar, dass das vermutlich eine maßlose Übertreibung ist. Man muss schon etwas sehr Schreckliches tun, um dafür gehasst zu werden, oder? Und dann auch noch von allen? Extrem unwahrscheinlich! Fragen Sie sich, ob es wirklich realistisch ist zu glauben, dass so viele Leute so stark emotional auf das reagieren werden, was Sie vorhaben. Was könnten denn andere mögliche Reaktionen sein: Überraschung? Irritation vielleicht? Oder Neid? Oder vielleicht gar Verständnis oder Begeisterung? Mögliche Gegenargumente zu diesem negativen Gedanken:

- »Ich werde vielleicht Überraschung oder Irritation auslösen, aber das legt sich auch wieder.«
- »Ich kann damit leben, dass es dem einen oder anderen nicht gefällt.«
- »Was ich vorhabe, ist mir zu wichtig, um mich von der Meinung anderer abhängig zu machen.«
- »Ich bin auch früher schon mit Missfallensäußerungen klargekommen.«

Negativer Gedanke: »Das passt nicht zu mir«

Überlegen Sie einmal, wer eigentlich festlegt, was zu Ihnen passt und was nicht. Ist mit dem Gedanken nicht einfach gemeint: »So kenne ich mich noch nicht, es ist mir noch nicht vertraut, mich so zu sehen!« Fragen Sie sich, ob Sie nicht das Recht haben, auch andere Facetten Ihrer Persönlichkeit als die bisher bekannten zur Entfaltung zu bringen. Und steckt in dem negativen Gedanken nicht auch die falsche Implikation, nur weil etwas noch nie so war, könne es auch nie so werden? Mögliche Gegenargumente zu diesem negativen Gedanken:

- »Es ist mir noch nicht vertraut, aber ich will es ausprobieren.«
- »Ich bin mutig genug, mich auf etwas Neues einzulassen.«
- »Jeder Mensch hat das Recht, sich zu verändern.«

Negativer Gedanke: »Die anderen werden mich für arrogant halten, wenn ...«

Fragen Sie sich, ob es wahrscheinlich ist, dass wirklich alle in Ihrer Umgebung zu einer solchen Bewertung kommen. Gibt es mögliche andere Reaktionen? Und wie sieht es mit den Menschen aus, die Ihnen wohlgesinnt sind? Mögliche Gegenargumente zu diesem negativen Gedanken:

- »Ich habe genügend andere Verhaltensweisen, die diesem Eindruck entgegenarbeiten.«
- »Ich habe keinen Einfluss auf die Bewertungen anderer Menschen. Wer weiß, was sie heute über mich denken!«
- »Ich bin freundlich und verständnisvoll, und das zeige ich auch.«

Negativer Gedanke: »Dafür bin ich zu alt/zu jung«

Fragen Sie sich, ob es für das, was Sie vorhaben, tatsächlich ein Alterslimit gibt. Würden Ihre Freunde das genauso sehen? Was genau hat das, was Sie gern machen wollen, denn mit dem Alter zu tun? Verknüpfen Sie da vielleicht etwas, was gar nicht zusammengehört? Nur um Ihnen einen Anhaltspunkt für die mögliche Spannweite zu geben: Alexander der Große war zum Zeitpunkt seiner ersten großen militärischen Erfolge 18 Jahre alt, und Johannes Heesters stand mit 100 Jahren noch auf der Bühne! Mögliche Gegenargumente zu diesem negativen Gedanken:

- »Ich habe alle Fähigkeiten, die es braucht, beziehungsweise ich bin in der Lage, sie mir anzueignen.«
- »Ich fühle mich vital und lebendig.«
- »Es macht mir so große Freude, und das verschafft mir auch die nötige Energie.«

Die Liste der negativen Gedanken ließe sich sicher noch beliebig fortsetzen. Auch wenn Ihre ganz spezifischen negativen Gedanken nicht dabei waren, hoffen wir doch, Ihnen genügend Anhaltspunkte gegeben zu haben, damit Sie sich selbst erfolgreich auf die Suche nach Gegenargumenten begeben können. Wie Sie diese Gegenargumente am besten zu Ihren Gunsten einsetzen können, erfahren Sie im nächsten Kapitel.

6. Check your Mind: Wie Sie negative Gedanken neutralisieren

Sie kennen nun, bezogen auf ein bestimmtes Problem oder auf eine Angst oder Unbehagen verursachende Situation, Ihre blockierenden, entmutigenden Gedanken. Zu diesen Gedanken haben Sie bereits einige Gegenargumente gefunden und aufgeschrieben. Das genügt jedoch nicht: Um im nächsten Schritt diese Gedanken außer Kraft zu setzen, sollten Sie sich einen Gesprächspartner suchen, zu dem Sie Vertrauen haben. Das kann Ihr Lebenspartner oder ein guter Freund oder Kollege sein, es muss jedoch nicht unbedingt jemand sein, der Sie gut kennt. Sie sollten dennoch offen über das, was Sie bearbeiten möchten, mit diesem Menschen sprechen können.

Sie können sich Ihre negativen Gedanken vorstellen als eine innere Stimme, die zu Ihnen spricht. Eine innere Stimme, die immer da ist, an die man also gewöhnt ist, ist jedoch nicht so leicht zum Schweigen zu bringen. Deshalb ist es hilfreich, wenn man sie nach außen verlagert.

Der Gesprächspartner, den Sie sich gewählt haben, soll genau diese Funktion übernehmen. Er soll die äußere Stimme sein, die wiedergibt, was Ihnen die innere Stimme bisher immer suggeriert hat. Er wird Ihnen laut präsentieren, was sich bisher nur in Ihrem Kopf abgespielt hat. Ihre Aufgabe ist es, jeden negativen Gedanken mit den Gegenargumenten zu beantworten, die Sie zuvor gefunden und notiert haben. Dabei spielt es überhaupt keine Rolle, wenn Sie Ihre Gegenargumente zunächst einmal vom Blatt ablesen müssen.

Wie Sie die negativen Gedanken im Gespräch widerlegen

Dazu nun ein Beispiel: Nehmen wir an, Ihr Problem sei ein Vortrag, den Sie demnächst halten sollen. Die hinderlichen Gedanken dabei sind:

- Ich komme bestimmt aus dem Konzept.
- Ich bin eine schlechte Rednerin.
- Alle sehen mich an, und ich fühle mich hässlich.

Die Gegenargumente, die Sie dazu aufgeschrieben haben, lauten:

- Wenn ich im Familienkreis Reden gehalten habe, habe ich noch nie den roten Faden verloren.
- Jeder gute Redner macht sich einen Spickzettel, also werde ich im Notfall den Faden auch wieder finden.
- Jeder Zuhörer verzeiht es einem Redner, wenn der sagt: »Jetzt habe ich doch glatt den Faden verloren!« und in sein Manuskript schaut. *(alle zum ersten Gedanken)*

- Ich habe im Freundeskreis sogar schon einmal eine Rede aus dem Stegreif gehalten.
- Wenn ich bisher etwas gesagt habe, hat das immer viel Anklang gefunden.
- In Diskussionen werde ich immer als sehr überzeugend erlebt.
- Ein Vortrag, der nicht perfekt ist, macht sympathisch, denn
- das ist menschlich. *(alle zum zweiten Gedanken)*

- Alle schauen mich an, weil es sie interessiert, was ich zu sagen habe – und nicht, um mein Aussehen zu bewerten.
- Entscheidend ist, was ich zu sagen habe – es ist schließlich kein Schönheitswettbewerb!
- Ich werde etwas anziehen, von dem ich weiß, dass es mir gut steht und worin ich mich wohlfühle.
- Bisher ist auch noch niemand schreiend davongelaufen, wenn ich den Raum betreten habe. *(alle zum dritten Gedanken)*

Ihr Gesprächspartner, ausgerüstet mit einer Liste Ihrer hemmenden Gedanken, fängt die Übung nun etwa folgendermaßen an: »Ich habe gehört, du sollst einen Vortrag halten? Ausgerechnet du? Du verlierst doch sowieso gleich den roten Faden!« Darauf antworten Sie mit den jeweiligen Gegenargumenten, und wie gesagt, zur Not lesen Sie sie ab.

Ihr Partner macht daraufhin weiter: »Aber trotzdem – du kannst doch gar nicht reden! Du warst doch noch nie eine gute Rednerin!«

Wenn Sie das beantwortet haben, führt Ihr Gesprächspartner auch noch den dritten Gedanken ins Feld: »Du musst nach vorn auf das Podium, da fällt jedem auf, dass du unmöglich aussiehst. So hässlich kann man doch keinen Vortrag halten!« Und auch diesen Gedanken widerlegen Sie mit Ihren Gegenargumenten.

Vielleicht merken Sie jetzt beim Lesen schon, dass diese kleine Übung gar nicht so harmlos ist, wie sie zunächst einmal klingt. Da Ihre eigene innere Stimme ja auch keineswegs neutral zu Ihnen spricht, sondern eine abwertende ironische oder sarkastische Qualität hat, darf Ihr Gesprächspartner die negativen Gedanken nicht einfach mechanisch und ausdruckslos ablesen. Das würde bei Ihnen gefühlsmäßig eine zu geringe Reaktion auslösen. Ihr Gesprächspartner muss genauso provokativ und gemein sein, wie es Ihre innere Stimme ist, und das ist gar nicht so leicht. Und die Gemeinheit sollte im Lauf der Übung noch gesteigert werden: Die ganze Abschätzigkeit der negativen Gedanken soll deutlich zum Ausdruck kommen. Denn gerade dadurch erhält sie erst ihre Wirkung.

Diese Übung verlangt also einerseits einiges vom Gesprächspartner: Es kostet ihn möglicherweise Überwindung, so brutal mit Ihnen umzugehen. Es verlangt aber auch etwas von Ihnen: Sie müssen aushalten, dass jemand Sie mit Ihren eigensten Gedanken konfrontiert, die sonst niemals an die Öffentlichkeit kommen. Und es kann sich noch eine andere Schwierigkeit ergeben. Wenn Sie Ihre eigenen hemmenden Gedanken zum ersten Mal laut ausgesprochen hören, kann es sein, dass es Ihr erster Impuls ist, dem anderen einfach Recht zu geben. Sie sind schließlich so sehr an diese Gedanken gewöhnt, dass Sie »spontan« die Empfindung haben: »Stimmt, genau so ist es!« Doch wenn Sie so handeln würden, würde sich trotz der vorher gefundenen Gegenargumente gar nichts ändern.

Der wirkungsvollste Schritt in Richtung Veränderung ist das laut ausgesprochene Gegenargument. Es macht nichts, wenn Sie Ihre Gegenargumente am Anfang noch mechanisch und ohne inneres Gefühl vortragen. Das liegt einfach daran, dass diese Art zu denken in Zusammenhang mit Ihrem Problem für Sie noch so ungewohnt ist, dass sich dabei in Ihrem Empfinden noch keine Resonanz zeigt. Da die Argumente, die Sie gefunden haben, aber glaubwürdig und überzeugend sind, werden Sie sie bald mit Energie und Leben füllen.

Wiederholen Sie die Übung auf jeden Fall so oft – und Ihr Gesprächspartner sollte dabei die Reihenfolge der negativen Gedanken variieren –, bis Sie Ihre Gegenargumente mit innerer Überzeugung vortragen! Im Verlauf dieses Prozesses werden Sie merken, dass Ihnen die destruktiven Gedanken zunehmend absurder erscheinen. Wenn es Sie dann verwundert, dass Sie so einen Blödsinn einmal geglaubt haben, dann haben die blockierenden Gedanken ihre Kraft verloren. Auch Ihr Gesprächspartner wird deutlich merken, wie sich Ihre Sprechweise verändert und wie Sie ihm flüssig, voller Energie und Überzeugung, antworten.

Deshalb ist es wichtig zu lernen, diesen Dialog auch allein mit sich selbst durchzuführen. Unsere Erfahrungen mit der Check-your-Mind-Methode haben gezeigt, dass man so beginnende Blockierungen im Entstehen abfangen und auflösen kann. Je öfter Sie diesen Prozess durchlaufen, desto mehr nehmen Sie den hinderlichen Gedanken ihre Energie. Es wird für Sie mit der Zeit immer leichter, gegen das hemmende Gedankenmuster zu argumentieren und aus der negativen Stimmung herauszukommen. Die folgende Übung zeigt Ihnen, wie Sie die negativen Gedanken neutralisieren.

Übung

- Suchen Sie sich einen Gesprächspartner, der die Rolle Ihrer negativen inneren Stimme übernimmt.
- Ihr Gesprächspartner konfrontiert Sie mit jedem einzelnen Ihrer negativen Gedanken, und zwar möglichst wörtlich.
- Er sollte dabei so abwertend, sarkastisch und provokativ klingen wie Ihre innere Stimme, um die gleiche emotionale Reaktion hervorzurufen wie die innere Stimme.

- Sie antworten auf jeden einzelnen Gedanken mit den gefundenen Gegenargumenten.
- Es schadet nichts, wenn Sie die Gegenargumente zunächst vom Papier ablesen.
- Wiederholen Sie die Übung so lange, bis Ihre Gegenargumente mit Überzeugung kommen.

7. Check your Mind: Selbstvertrauen gewinnen

Mangelndes Selbstvertrauen geht immer einher mit negativen Gedanken, weshalb uns das Thema auch hier beschäftigt. Von den drei Wirkfaktoren Dauer, Geltungsbereich und Personalisierung, die darüber entscheiden, ob Denkmuster positiv oder negativ sind (siehe dazu Kapitel 3, Wirkfaktoren in den Denkmustern), ist es vor allem der Punkt Personalisierung, der ausmacht, ob man Selbstvertrauen besitzt oder nicht. Wenn man sich selbst immer als Ursache aller Missgeschicke sieht, aber nicht als Ursache für Erfolge, ist es schwer, Selbstvertrauen zu entwickeln. Denn bei dieser Betrachtungsweise stellt sich die eigene Welt so dar: »Ich mache alles falsch und kann auch nichts richtig machen, weil ich zwar Einfluss auf den Misserfolg habe, aber keinen auf den Erfolg!«

Diese Haltung führt zu etwas, das die Psychologen »Katastrophisieren« nennen: Man malt sich bei allem und jedem die möglichen Katastrophen aus, um gegen alle »Bedrohungen« gewappnet zu sein. Aus dieser Denkstrategie heraus besitzt das auch durchaus eine eigene Logik: Einen Schlag, den ich vorhersehe, kann ich besser verkraften.

Sich in Panik zu bringen, indem man sich das Schlechteste ausmalt, was passieren könnte, scheint zunächst ebenfalls ein sinnvolles Verhalten zu sein, zumal es oft genug tatsächlich zu einer Art Erfolg führt. Vermutlich kennt jeder beispielsweise Menschen, die sich und ihre Umgebung verrückt machen mit Vorhersagen wie »Ich werde garantiert durch die nächste Prüfung fallen« – und die dann eine glatte Eins nach Hause bringen. Solche Menschen sind misserfolgsmotiviert. Das bedeutet, die ständige Angst vor einer »großen Katastrophe« motiviert sie dazu, alles zu tun, um sie zu vermeiden. Ihre Motivation, aktiv zu werden, kommt nicht aus einem erhofften Erfolg, sondern aus dem Versuch, den Misserfolg abzuwenden. Es funktioniert, aber der

Preis für diese Art Erfolg ist relativ hoch, denn sie leiden unter Angst und Stress.

Selbstverständlich spricht überhaupt nichts dagegen, sich im Zuge einer gründlichen Planung systematisch zu überlegen, was bei einem Vorhaben alles schiefgehen könnte. Doch das ist etwas vollkommen anderes, als sich andauernd Katastrophen auszumalen und diese Fantasien für die Wirklichkeit zu halten. Das eine ist eine wichtige und rationale Maßnahme, die zu einer guten Planung dazugehört. Das andere ist irrational und auf automatisierte negative Gedanken zurückzuführen. Den Unterschied erkennt man an den Gefühlen, die mit dem Nachdenken darüber, was schiefgehen könnte, verbunden sind.

Von Selbstvorwürfen zu mehr Selbstvertrauen

Wenn Sie den Eindruck haben, dass Sie zum Katastrophisieren neigen und eher zu den misserfolgsorientierten Menschen zählen, kann es für Sie hilfreich sein, für alle beruflichen und privaten Vorhaben positive emotionale Zielbilder zu entwickeln. Dazu wählen Sie sich eine Situation aus, die Ihnen Stress bereitet, und stellen sich vor, wie Sie diese Situation optimal meistern. Den besten Effekt erzielen Sie, wenn Sie das schriftlich machen. Sie sollten dabei Ihr Zielbild so beschreiben, als sei alles, was Sie sich vorstellen, bereits eingetroffen: »Ich habe das Projekt xy zu meiner vollen Zufriedenheit abgeschlossen. Es ist mir gelungen, alles so zu organisieren, dass …«
Beschreiben Sie alles so emotional wie möglich: Was es für Sie bedeutet, dass alles so prima gelaufen ist, wie sehr Sie sich darüber freuen und wie tief es Sie befriedigt, das geschafft zu haben. Und beschreiben Sie auf jeden Fall auch Ihren eigenen Anteil am Gelingen!

In der Regel lösen solche Zielbeschreibungen sehr positive Reaktionen aus. Außerdem entsteht meist der Wunsch, möglichst sofort anzufangen mit dem, was man vorhat, um rasch das Zielbild erfüllt zu sehen. Die Zielbeschreibung schriftlich zu machen hat den weiteren Vorteil, dass Sie sie zur Hand nehmen können, wenn die Dinge einmal ins Stocken geraten sollten und nicht so laufen, wie Sie sich das wünschen, und Sie deswegen in Gefahr geraten, den Mut zu verlieren. Mit der positiven Zielbeschreibung können Sie sich wieder motivieren, denn es gibt sehr viel mehr Energie, ein attraktives Ziel zu haben, als nur etwas vermeiden zu wollen.

Der Wirkfaktor Personalisierung kann auch noch andere Auswirkungen haben, als Katastrophen herbeizureden. Eine wirksame Methode, sich in depressive Stimmungen zu bringen, ist die Angewohnheit, die Schuld für jedes Missgeschick vor der eigenen Tür zu suchen. Diese Menschen sind oft sehr sympathische Zeitgenossen – nur glücklich werden sie damit nicht! So wie der Mann im folgenden Beispiel:

Beispiel Ein beruflich sehr erfolgreicher Unternehmer hatte seine Firma innerhalb weniger Jahre an die Spitze des Marktes gebracht. Während diverser Krisen der Branche bewies er immer wieder, dass er fähig war, Mittel und Wege zu finden, um gestärkt daraus hervorzugehen. Bei jedem Anzeichen von Schwierigkeiten war er der Erste, der die Ärmel hochkrempelte, aktiv wurde und dadurch die Firma immer weiter optimierte. Als mit der Check-your-Mind-Methode seine Denkmuster analysiert wurden, stellte sich heraus, dass er in den Dimensionen Dauer und Geltungsbereich sehr konstruktive Denkmuster besaß: Ein negatives Ereignis sah er als einzelnes an und nicht als erstes einer fortwährenden Folge negativer Ereignisse. Er grenzte den Geltungsbereich von Fehlschlägen sehr eng ein. Er analysierte gemachte Fehler sehr genau, ohne zu generalisieren. Positive Ereignisse nahm er sofort als Zeichen: »Jetzt haben wir es geschafft!« Ein spezielles Problem gelöst zu haben, führte bei ihm zu der Einschätzung: »Wir sind einfach gut im Problemlösen!« So fand er sein Lebensmotto »Was ich wirklich will, das kann ich auch« immer wieder bestätigt.

Nimmt man nur das bisher Gesagte, könnte man erwarten, einen rundum glücklichen und zufriedenen Menschen vor sich zu haben. Trotzdem ging es ihm häufig nicht gut. Das lag an der dritten Dimension, der »Personalisierung«, wo er ein sehr negatives Denkmuster aufwies. Bei jeder Schwierigkeit und jedem Fehlschlag suchte er die Schuld bei sich, jede Krise legte er sich selbst zur Last, und wenn der Umsatz wegen allgemeiner Wirtschaftsflaute zurückging, machte er allein sich selbst dafür verantwortlich. Das führte dazu, dass er sich selbst unter enormen Druck setzte, immer alles perfekt und richtig machen zu müssen. Durch diesen inneren Druck erlebte er viel Stress, was seiner Lebensfreude abträglich war und sich schließlich auch in gesundheitlichen Problemen niederschlug.

Der erste praktische Schritt, den wir dem Unternehmer empfahlen, um dieses Muster dauerhaft zu verändern, ist ebenfalls Bestandteil der Check-your-Mind-Methode: Er sollte sich jedes Mal genau überlegen, wie viel Prozent der Schuld wirklich bei ihm lagen. Die Schuld wurde von ihm als etwas Absolutes gesehen: Entweder ich oder die anderen haben Schuld. Das ist jedoch ein Denkfehler, denn dieser Fall dürfte äußerst selten sein. Um ein genaueres Bild über den eigenen Anteil an einem unerwünschten Vorfall zu bekommen, ist es besser, Prozente zu verteilen.

Wie Sie sich von eigenen Schuldzuweisungen lösen

Wenn Sie dieses Reaktionsmuster bei sich wiedererkennen, wenn Sie auch dazu neigen, die Schuld ausschließlich bei sich zu suchen, wird es Ihnen helfen, sich die folgenden Fragen zu stellen:

- Wie viel Prozent des Missgeschicks lagen an mir?
- Wie viel Prozent lagen an den anderen Beteiligten?
- Wie viel Prozent lagen an der Situation?

Diese einfachen Fragen halfen auch einer Seminarteilnehmerin – nennen wir sie Frau Müller – weiter, die mit sich selbst sehr unzufrieden war:

Beispiel Frau Müller empfand sich als schlechte Mutter und litt sehr darunter, denn natürlich liebte sie ihre Kinder sehr. Als sie ins Seminar kam, war es wieder so weit, dass sie sich selbst heftige Vorwürfe machte, weil sie »wieder einmal« ziemlich ausgerastet war und mit ihren Kindern, die lauthals im Auto gestritten hatten, die Nerven verloren hatte. Sie gab sich selbst die ganze Schuld daran, dass sie ihre Kinder so angebrüllt hatte. Deshalb war sie ziemlich verzweifelt, denn sie hielt sich für eine Rabenmutter, war einmal mehr entsetzt über sich selbst und forderte von sich zum tausendsten Mal, endlich mehr Ruhe und Gelassenheit an den Tag zu legen. Das brachte sie unter zusätzlichen Druck.

Wahrscheinlich kennen viele Menschen solche Situationen. Wer sie häufiger erlebt und hinterher ganz niedergedrückt ist, weil er glaubt, ganz allein schuld daran zu sein, kennt vermutlich auch die ganze Palette der Forderungen, die man dann an sich stellt. Doch statt sich selbst nutzlose Ratschläge zu geben (»Jetzt sei doch endlich mal geduldig!«), die einen nur zusätzlich deprimieren, ist es wesentlich hilfreicher, wenn man einmal ganz sachlich überlegt, wie viel Prozent der Schuld an solch einem Ausbruch wie dem obigen wirklich auf einem selbst lasten. Um zu zeigen, wie das aussehen kann, gehen wir noch einmal genauer auf das obige Beispiel ein.

Beispiel Die vermeintliche »Rabenmutter« begann damit, sich selbst noch einmal die betreffende Situation bewusst zu machen: Sie hatte einen sehr anstrengenden Arbeitstag hinter sich. Es war einer jener Tage, an denen sie den Eindruck hatte, dass jeder etwas von ihr wollte. Das war so zeitaufwändig, dass sie nicht zu ihrer eigentlichen Arbeit kam, weshalb ihr Chef auch noch an ihr herummäkelte. Am Spätnachmittag musste sie unter Zeitdruck zum Einkaufen fahren, weil sie ihre Kinder anschließend noch zu einer Sportveranstaltung bringen sollte. Aus diesem Grund war sie auch ausgerechnet zum Feierabendverkehr unterwegs und brauchte ihre ganze Konzentration für den Verkehr. Genau diesen Zeitpunkt suchten sich ihre Kinder aus, um auf der Rückbank laut miteinander zu zanken, wobei jedes zu seiner Unterstützung nach der Mutter schrie.

Wenn man den Vorfall unter diesem Blickwinkel betrachtet, wird schon klar, dass ein hoher Prozentanteil der Schuld auf die Situation zurückzuführen war. Als Frau Müller sich dann fragte, wie viel Prozent der Schuld die anderen Beteiligten hatten, hat sie sich erinnert, dass sie die Kinder schon gewarnt hatte, dass sie einen schwierigen Tag hinter sich habe. Sie hatte ihnen auch gesagt, dass sie darauf angewiesen sei, dass jetzt alles reibungslos funktioniere – und die Kinder sind keineswegs mehr so klein, dass sie das nicht verstehen könnten. Da sie darauf trotzdem keine Rücksicht genommen haben, müssen sie wohl oder übel ihren eigenen Anteil schultern.

Als Frau Müller nun bei sich selbst nachschaute, kam als ihr Anteil heraus, dass sie natürlich besser entschieden hätte, den Einkauf auf einen günstigeren Zeitpunkt zu verschieben. Außerdem erkannte sie, dass ihr Perfektionismus – nämlich ihr Anspruch, immer alles optimal zu regeln – ihr wieder einmal einen Streich gespielt hatte. Ein weiterer Punkt war, dass sie sich zu wenige Lösungsmöglichkeiten für solche Situationen erarbeitet hatte. Das alles rechtfertigte jedoch nicht, sich die gesamte Schuld in die Schuhe zu schieben. Frau Müller kam zu der Erkenntnis, dass die Schuld für den Streit im Auto wohl zu gleichen Teilen bei ihr, bei der Situation und bei den Kindern lag. Damit konnte sie sich von dem Vorwurf, eine Rabenmutter zu sein, freisprechen. Das tat ihr gut, aber es kam mit Sicherheit auch ihren Kindern zugute – Kinder lieben entspannte Mütter!

Wenn Sie dazu neigen sollten, sich selbst die Schuld zu geben, ist es auch wichtig für Sie, darauf zu achten, wie Sie mit sich selbst dabei umgehen. Hören Sie gut auf Ihre inneren Dialoge. Was sagen Sie zu sich selbst? Sind das so aufmunternde Sätze wie: »Ich war aber auch zu dämlich! Wie kann man nur alles so verkehrt machen! Du lernst das nie! Warum machst du nur immer solchen Mist!« Solche Selbstbeschuldigungen sind gänzlich ungeeignet, um irgendwelchen Ursachen auf die Spur zu kommen. Wenn Sie eine ungünstig gelaufene Situation wirklich untersuchen wollen, ist es viel besser, sich sachlich zu fragen: »Was habe ich ganz konkret falsch gemacht? Was hätte ich tun können, um die Situation zu verändern?« Das sind konstruktive Fragen, die für das Entwickeln von positiven Denkmustern und für kreative Problemlösungen ganz wichtig sind.

Übung

Wenn Sie dazu neigen, Katastrophen herbeizureden:

- Schreiben Sie auf, welche Situationen, Vorhaben und Probleme Sie gerade belasten.
- Entwickeln Sie für jeden Punkt auf dieser Liste ein positives Zielbild.
- Beschreiben Sie das Vorhaben oder die Situation, als sei es bereits zu Ihrer vollen Zufriedenheit gelöst.
- Beschreiben Sie so emotional wie möglich, was das für Sie bedeutet.
- Beschreiben Sie Ihren eigenen Anteil am Gelingen.

Wenn Sie dazu neigen, sich selbst grundsätzlich die Schuld an allem zu geben, stellen Sie sich folgende Fragen:

- Wie viel Prozent des Missgeschicks lagen an mir?
- Wie viel Prozent lagen an den anderen Beteiligten?
- Wie viel Prozent lagen an der Situation?
- Was habe ich ganz konkret falsch gemacht?
- Was hätte ich tun können, um die Situation zu verändern?

Wenn Sie Ihren Anteil an einem Erfolg zu wenig wahrnehmen, führen Sie ein Erfolgstagebuch:

- Schreiben Sie jeden Abend auf, was Ihnen an diesem Tag geglückt ist.
- Achten Sie dabei besonders auf Ihre Formulierungen: »Ich habe ein gutes Gespräch geführt« statt »Das Gespräch ist gut verlaufen«.

8. Check your Mind: Stellen Sie konstruktive Fragen

Vielleicht haben Sie bei der Auseinandersetzung mit Ihren Denkstrategien und Denkmustern ja bemerkt, ob Sie zu den vielen Menschen zählen, die sich in misslichen Lagen selbst mit niederschmetternden Fragen quälen. Die sehr beliebten Warum-Fragen beispielsweise – »Warum mache ich immer …?«, »Warum lerne ich nie …?« – kommen in solchen Situationen zwar häufig zum Einsatz, helfen nur leider überhaupt nicht weiter. Erstens kann sie kein Mensch beantworten, und zweitens sind es eigentlich keine echten Fragen. Es sind vielmehr Selbstbeschuldigungen, die in Verkleidung daherkommen. Sie sind meist Ausdruck der inneren Hilflosigkeit und verstärken diese häufig noch. Zur Check-your-Mind-Methode gehört deshalb auch, sich von destruktiven Fragen zu trennen und zu lernen, sich durch konstruktive Fragen der Problemlösung näher zu bringen. Am Ende des Kapitels finden Sie eine Liste mit Anregungen zu konstruktiven Fragen.

Was destruktive Fragen bewirken

Beschuldigende Fragen machen deutlich, mit welchen Denkmustern Menschen umgehen. Sie treten sich selbst dann nicht verständnisvoll und als Freund gegenüber, sondern vielmehr als Ankläger. Diese falschen Fragen besitzen eine große destruktive Kraft: Menschen haben oftmals nur deshalb Probleme, weil sie sich Fragen stellen, die nichts weiter bewirken, als sie noch weiter herunterzuziehen! Denn wenn man sich durch solche Anschuldigungen erst so richtig niedergemacht hat, mangelt es an kreativer Energie, um die anstehenden Schwierigkeiten anzupacken und doch noch zu meistern. Solche destruktiven Fragen sind beispielsweise:

- Warum passiert mir das immer wieder?
- Warum gerate ich immer an die falschen Menschen?
- Warum gelingt mir nie etwas?
- Warum mache ich immer alles falsch?
- Warum habe ich immer so viel Pech?

Kennen Sie solche Fragen auch? Um zu verstehen, weshalb diese und ähnliche Fragen so destruktiv wirken, müssen Sie wissen, was solche Fragen in Ihnen auslösen.

Zunächst ist es schon die Art und Weise, in der man sich solche Fragen stellt, die das ohnehin vorhandene negative Gefühl noch verstärkt. Denn man fragt sich ja nicht liebevoll interessiert oder neugierig, so als wolle man tatsächlich etwas herausfinden – der innere Tonfall ist vielmehr anklagend, bitter und vielleicht sogar hämisch. Das löst sofort eine emotionale Reaktion aus. Wir alle kennen das aus der Kindheit, wo entnervte Eltern solche Fragen gestellt haben: »Warum lernst du auch nicht genug? Warum musstest du so eine Schweinerei veranstalten? Kannst du nie einfach mal tun, was man dir sagt? Warum muss man dir alles zehnmal sagen?«

Auch das waren niemals echte Fragen, und die Eltern haben auch nicht mit einer Antwort gerechnet. Es waren Beschuldigungen, und wäre darauf eine Antwort gekommen, hätten die Eltern das vermutlich nur als Frechheit aufgefasst. Hätte man als Kind auf die Frage der Eltern, warum man einem alles zehnmal sagen müsse, mit »Weil ich neunmal keine Lust hatte zu reagieren« geantwortet, so wäre das zwar ehrlich, aber taktisch sehr unklug gewesen. Deshalb schwieg man damals betreten und fühlte sich mies. Beschuldigende Fragen, die man sich im Erwachsenenalter selbst stellt, lösen die gleiche gefühlsmäßige Reaktion aus. Durch innere Anschuldigungen entstehen Gefühle von Hilflosigkeit, Angst, Ärger, Mutlosigkeit oder Scham. Man fühlt sich nicht in der Lage, konstruktiv über die eigene Situation nachzudenken.

Sie können üben, konstruktive Fragen zu stellen.

Übung

Statt sich selbst beschuldigende Fragen zu stellen, die meist mit einem »Warum« beginnen, ist es hilfreicher, ein Problem mit konstruktiven Fragen anzugehen. Als Anregung finden Sie hier einige konstruktive Fragen:

- Was kann ich daraus lernen?
- Wie hätte ich die Situation anders angehen können?
- Was kann ich tun, um die Situation zu verändern?
- Was kann ich beim nächsten Mal besser machen?
- Unter welchem Blickwinkel könnte man die Situation noch sehen?
- Wie hätte mein Freund/Chef/Mutter/Vater/Kind dieses Problem gelöst?
- Was würde ich einem guten Freund empfehlen, der mit diesem Problem zu mir käme?
- Wenn heute Nacht ein Wunder geschähe und mein Problem sich in Luft auflösen würde, woran würde ich das merken?
- Was kann ich verändern?
- Was kann ich konkret tun?
- Woran würde ich merken, dass meine Situation besser geworden ist?
- Woran würden andere merken, dass sie sich positiv verändert hat?
- Was könnte ein erster kleiner Schritt in die richtige Richtung sein?

9. Check your Mind: Ressourcentransport – die eigenen Kräfte verfügbar machen

Wir möchten Sie nun mit einer weiteren Methode vertraut machen, die Sie dabei unterstützt, konstruktive Denkmuster zu entwickeln. Um ein Problem aus der Welt zu schaffen, genügt es oftmals, mit den automatisierten negativen Gedanken zu arbeiten und sie erfolgreich mit glaubwürdigen positiven Gedanken zu beantworten. Doch es gibt auch Probleme oder Situationen, bei denen Sie gleichzeitig unterstützend an der eigenen Gefühlslage arbeiten sollten. Dazu dient der »Ressourcentransfer« oder »Ressourcentransport«. Das ist eine Technik aus der modernen Hypnotherapie, die von dem schon erwähnten amerikanischen Psychologen Milton H. Erickson entwickelt wurde.

Jeder Mensch verfügt über eine große Menge an inneren Ressourcen: Das sind innere Hilfsquellen wie Stärken, Fähigkeiten oder Fertigkeiten, aber auch positive Einstellungen und Glaubenssätze sowie Erinnerungen an Menschen und Begebenheiten, die Kraft verleihen. Alles, was Sie stärkt, motiviert, fördert, unterstützt oder Probleme lösen lässt, ist eine Ressource. Wann immer Sie handelnd Ihr Leben bewältigen, machen Sie das mithilfe der Ressourcen, die Ihnen zur Verfügung stehen. Darum könnte man sagen, dass irgendein Ereignis deshalb zum Problem wird, weil Sie keinen Zugang zu Ihren vorhandenen Ressourcen finden.

Wenn Sie die Ressourcen zur Verfügung haben, meistern Sie auch schwierige Situationen souverän, geistesgegenwärtig und einfallsreich. Ist der Zugang zu den inneren Ressourcen jedoch abgeschnitten, fühlen Sie sich blockiert, unsicher und hilflos. Dass der Zugriff auf die vielen Ressourcen manchmal blockiert ist, liegt zum einen an hinderlichen negativen Gedanken, zum anderen aber daran, dass man sich überhaupt nicht vorstellen kann, sich in einer Problemsituation gut und sicher zu fühlen. Es fehlen die entsprechenden inneren Bilder.

Vielleicht möchten Sie sich innerlich schon auf die Suche nach Ihren eigenen Ressourcen begeben? Was könnte für Sie alles eine Ressource sein? Lassen Sie Ihre Gedanken ein bisschen durch Ihre Erinnerungen wandern und suchen Sie nach allem, was Sie unterstützt und stark macht. Sie können dabei bis in Ihre Kindheit und Jugend zurückgehen – was damals für Sie eine Ressource war, wird es Ihr Leben lang sein! Eine meiner (Ulrich Dehners) starken Ressourcen stammt beispielsweise aus der Zeit, als ich etwa 15 Jahre alt war:

Beispiel Ich war seit kurzem Mitglied eines Judoclubs und besaß gerade mal einen gelben Gürtel, war also ein blutiger Anfänger. Von meiner Statur her hätte ich mich damals hinter einem Laternenpfahl verstecken können. In diesem Club trainierten auch Erwachsene, und einer von ihnen, ein sehr kräftiger Dreißigjähriger, machte sich einen Spaß daraus, den Anfängern immer wieder zu zeigen, was für ein toller Hecht er war: Er beförderte sie recht schmerzhaft mit dem immer gleichen Wurf auf die Matte. Nachdem es mich erwischt hatte, schwor ich mir, dass er das mit mir kein zweites Mal machen würde. Da ich wusste, dass er immer den gleichen Wurf machte, konzentrierte ich mich beim nächsten Mal, als er mich zum Kampf aufforderte, darauf, ihn im richtigen Moment auszuhebeln – und statt meiner landete er auf der Matte! Das war ein sensationeller Erfolg, denn er war mir ja eigentlich haushoch überlegen, aber von da an hatte ich meine Ruhe vor ihm. Alle anderen Jugendlichen im Club, die auch schon unter ihm zu leiden hatten, waren natürlich begeistert über meinen geglückten Coup: Einen Moment lang war ich der Star. Für mich brachte das die Überzeugung: »Wenn ich etwas wirklich will, kann ich das Unmögliche möglich machen!« Dieser Glaubenssatz war mir immer wieder hilfreich. Und wenn es darum ging, schwierige Aufgaben zu bewältigen, tat es gut, diese Art der Entschlossenheit wieder zu spüren und den Triumph, es geschafft zu haben.

Vielleicht hatten Sie ja ähnliche Erlebnisse in Ihrer Kindheit: Es gelang Ihnen etwas, das Ihnen keiner zugetraut hätte, oder Sie erlebten eine Situation, in der Sie unbeschwert, sorglos und fröhlich waren. Während Sie weiterlesen, kann ein anderer Teil Ihrer Aufmerksamkeit immer mehr Ihrer eigenen Ressourcen zusammentragen. Sie müssen sich dabei jedoch nicht auf Ihre Kindheit und Jugend beschränken. Viele Ressourcen entwickelt man auch erst im Erwachsenenalter. Damit etwas zur Ressource wird, reicht es übrigens durchaus, es nur kurz oder nur ein einziges Mal erlebt zu haben – sobald es für Sie erinnerbar ist, wird es auch wieder aufrufbar! Denn darum geht es beim Ressourcentransfer: Ressourcen, die vorhanden, aber nicht abrufbar sind, in die Problemsituation zu transportieren und sie so für sich verfügbar zu machen. Im Extremfall, wenn Sie partout keine eigene Ressource bei sich selbst auftreiben können, können Sie sogar Ressourcen für sich verfügbar machen, die Sie lediglich bei jemand anderem beobachtet haben – wie es folgende Klientin erlebte:

Beispiel Eine überangepasste, sehr unsichere Klientin kam deshalb zum Coaching, weil ihre Situation es erforderte, sich selbstbewusst und deutlich gegen Übergriffe ihrer Kollegin abzugrenzen. Aber trotz einer ausgedehnten Suche fand sie in ihrem Verhaltensreservoir keine einzige Situation, in der sie jemals ein selbstbewusstes Auftreten an den Tag gelegt hätte. Sie war immer schüchtern und unsicher gewesen, jederzeit bereit, den Kürzeren zu ziehen. Das zog sich durch sämtliche Lebensbereiche, nirgendwo war auch nur ein Ansatz von dem zu finden, was sie jetzt ausdrücken wollte. Wir einigten uns schließlich darauf, dass sie sich an all jene Menschen erinnern sollte, die das von ihr gewünschte Verhalten auf gute und souveräne Weise an den Tag gelegt hatten. Als sie genügend Beispiele gesammelt hatte, nutzten wir zunächst eine andere Ressource, die sehr angepasste und schüchterne Menschen eigentlich immer haben: nämlich Einfühlungsvermögen. Das half ihr, eine Vorstellung davon zu entwickeln, wie die betreffenden Personen sich wohl in ihrer Situation verhalten und, vor allen Dingen, wie sie sich dabei fühlen würden. Nach und nach gelang es ihr, in ihrer Vorstellung die anderen Personen durch sich zu ersetzen. So bekam sie Zugang zu einer Ressource, die sie bislang nur beobachtet hatte. Dadurch lernte sie, selbstbewusst und entschieden aufzutreten und nicht mehr klein beizugeben, wenn andere sie mit Forderungen überrannten.

Meistens finden Sie jedoch genügend Ressourcen bei sich selbst. Allerdings ist es den meisten Menschen auf den ersten Blick nicht klar, wie ihnen etwa eine Stärke aus ihrem Privatleben im Beruf nützen kann oder umgekehrt. Aber das geht:

Beispiel Einer unserer Klienten hatte gemerkt, dass seine Kundenkontakte deshalb nicht besonders gut waren, weil er bei solchen Gesprächen viel zu angespannt war. Wir fanden heraus, dass er auf Partys vollkommen locker plaudern konnte, da war er witzig, schlagfertig und unterhaltsam. Nachdem er gelernt hatte, diese Fähigkeit in seine beruflichen Kontakte zu übertragen, waren Kundengespräche kein Problem mehr für ihn.

Und manchmal ist es umgekehrt, da hilft einem etwas, das man für den beruflichen Alltag entwickelt hat, im Privatleben weiter:

Beispiel So erging es einem selbstständigen Landschaftsgärtner, dessen Hauptproblem die schwierige Trennung von seiner Frau war. Er hatte bereits mehrfach die Erfahrung gemacht, dass jedes »klärende« Gespräch mit ihr eskalierte und darin gipfelte, dass einer von beiden Türen knallend die Szenerie verließ. Auf der anderen Seite war es zwingend notwendig, dass sie einiges miteinander abstimmten. Auf der Suche nach Ressourcen stießen wir darauf, dass er als Landschaftsgärtner Projekte immer wieder Gemeinderäten präsentieren musste, die einer anderen Partei angehörten als er selbst. Zwar fand er die Kritikpunkte und Argumente seiner politischen Gegner oft einfach nur haarsträubend. Doch um beruflich überleben zu können, hatte er eine große Gelassenheit im Umgang damit entwickelt, die es ihm erlaubte, sich alles ruhig anzuhören, ohne dabei wütend zu werden. So gelang es ihm, konstruktiv mit den kritischsten Fragen umzugehen. Nachdem er diese Ressource in sein Privatleben übertragen hatte, kam er auch mit seiner Frau zu brauchbaren Lösungen.

Wie Sie Ihre Ressourcen aufspüren

Überlegen Sie: Welche Ressourcen haben Sie inzwischen bei sich selbst gefunden? Denken Sie daran, dass Ressourcen nicht nur Fähigkeiten und Fertigkeiten sind, sondern in erster Linie ein gutes Gefühl: Souveränität, Gelassenheit, Entschlossenheit, Sicherheit, Lockerheit, Witz, Humor, Selbstvertrauen, Lebensfreude, Freude – all diese Eigenschaften sind Quellen, aus denen Sie schöpfen können, um Probleme zu lösen. Um Ihre vorhandenen Ressourcen in den Problemzustand zu transportieren und damit für sich nutzbar zu machen, sind drei Schritte erforderlich.

Im ersten Schritt müssen Sie herausfinden, welche Ressource Ihnen fehlt. Um diejenige Ressource zu identifizieren, die Sie zum Lösen Ihres Problems brauchen, stellen Sie sich am besten folgende Fragen:

- Was müsste ich innerlich fühlen oder erleben, um die schwierige Situation optimal bewältigen zu können?
- In welchem inneren Zustand müsste ich sein?

Die am häufigsten gebrauchten Ressourcen sind sicherlich Selbstsicherheit, Gelassenheit, innere Ruhe, Schlagfertigkeit sowie die Fähigkeit, einer Forderung deutlich Nachdruck zu verleihen oder Ärger angemessen zum Ausdruck zu bringen.

Im zweiten Schritt suchen Sie entsprechende Situationen, in denen Sie all das zur Verfügung hatten, was Sie jetzt gebrauchen könnten. Das können durchaus Situationen aus ganz anderen Lebensbereichen sein, die in keinerlei Zusammenhang mit der Problemsituation stehen.

Im dritten Schritt schließlich erwecken Sie diese Ressource wieder zum Leben, indem Sie sich intensiv in die entsprechende Situation hineinversetzen. Dazu sollten Sie entspannt sein und dafür Sorge tragen, dass Sie eine Weile gänzlich ungestört sind.

Eine Möglichkeit dazu besteht darin, sich auf den Rücken zu legen, die Augen zu schließen, den Atem locker fließen zu lassen und einfach in den Körper hineinzuspüren. Rücken Sie sich so lange zurecht, bis Sie sich wohlfühlen. Wenn Sie wollen, können Sie auch die Vorstellung zu Hilfe nehmen, dass Sie mit jedem Ausatmen Spannung loslassen und sich mit jedem Einatmen die Entspannung weiter in Ihrem Körper ausbreitet. Wenn Sie sich angenehm entspannt fühlen, erinnern Sie sich zurück an die Situation, als Sie die gesuchte Ressource ganz zu Ihrer Verfügung hatten.

Nehmen wir einmal an, Sie brauchen die Ressource Gelassenheit. Dann vergegenwärtigen Sie sich in der Entspannung möglichst detailliert die Szenerie, in der Sie so gelassen waren, wie Sie es sich für die andere Situation wünschen. Am Anfang mag es noch ein bisschen schwierig sein, sich die Ressource so zu vergegenwärtigen, als hätten Sie es gerade erlebt. Auch hier gilt: Übung macht den Meister.

Wie Sie mithilfe Ihrer Sinne Situationen wiedererleben

Es gibt eine kleine Technik, mit der Sie sich das Wiedererleben bestimmter Situationen erleichtern können. Da Sie alles, was Sie aufnehmen und erfahren, über Ihre Sinne aufnehmen, ist es hilfreich, mindestens die drei wichtigsten Sinne – nämlich Sehen, Hören und Fühlen – anzusprechen. Um den Gesichtssinn zu aktivieren, können Sie sich fragen:

- In welcher Räumlichkeit befinde ich mich?
- Wie sieht der Raum aus?
- Mit welchen Möbeln ist er ausgestattet?
- Wie ist das Licht?
- Wer ist außer mir noch alles anwesend?
- Wie bin ich angezogen?
- Wie sind die anderen Beteiligten gekleidet?

Um den Gehörsinn anzusprechen, fragen Sie sich:

- Welche Geräuschkulisse gibt es?
- Wer sagt was?
- Wie klingen die Stimmen?
- Wird Dialekt gesprochen oder Hochdeutsch?
- Wie klingt meine eigene Stimme, ruhig oder aufgeregt, klangvoll oder brüchig, volltönend oder piepsig?

Als Drittes erfragen Sie gründlich Ihr Körpergefühl. Wenn es Ihnen schwerfallen sollte, das Gefühl im Körper zu lokalisieren, gehen Sie in Gedanken durch den Körper und fangen Sie mit den eher unwahrscheinlichen Orten an. Gehen Sie mit Ihren Fragen so weit wie möglich ins Detail. Fragen Sie sich:

- Wo spüre ich das Gefühl von Gelassenheit am deutlichsten im Körper?
- Spüre ich das Gefühl von Gelassenheit im großen Zeh?
- In der Nasenspitze?
- Wie fühlt sich die Gelassenheit genau an?

- Ist es ein Gefühl von Weite? Von Wärme?
- Ist es ein fließendes Gefühl, das durch den ganzen Körper zieht?
- Fühlt sich mein Körper eher leicht an oder schwer?

Mit jeder Abgrenzung wird deutlicher, wo und wie Sie die Gelassenheit im Körper spüren können. Je genauer Sie es beschreiben können, desto intensiver können Sie es wieder verspüren. Achten Sie auch auf Ihre Atmung:

- Wie geht mein Atem, wenn ich so gelassen bin?
- Atme ich flach oder tief?
- Atme ich nur bis zur Brust oder bis in den Bauch hinein?

Das Ziel dieser Übung ist, dass Sie das gewünschte Gefühl im Hier und Jetzt ganz intensiv erleben, es so deutlich spüren wie damals in der auslösenden Situation. Erinnern Sie sich dazu immer wieder systematisch an die Sinneskanäle, denn diese bringen Ihre inneren Bilder hervor, die wiederum das damit verbundene Gefühl auslösen.

Wenn Sie zwar sehr plastische innere Bilder hervorrufen können, aber trotzdem keinen Zugang zu dem damals verspürten Gefühl bekommen, kann das daran liegen, dass Sie sich selbst wie in einem Film wahrnehmen. Sie sehen sich von außen zu, genauso wie den anderen beteiligten Personen. Das hilft Ihnen jedoch nicht weiter, denn es geht ja darum, wieder das zu spüren, was Sie als Ressource brauchen. Sie müssen sich also in die erinnerte Szene hineinkatapultieren. Das funktioniert, wenn Sie die Szene so lange durchleben, bis Sie sich innerlich sagen können: »So, wie ich mich jetzt fühle, so habe ich mich damals auch gefühlt!« Dann haben Sie die Ressource wiederbelebt.

Werden Sie Ihr eigener Regisseur

Um mit diesem Ressourcengefühl etwas anfangen zu können, werden Sie nun zu Ihrem eigenen Regisseur. Das heißt, Sie werden die gleiche Technik benutzen, wie Regisseure sie im Film anwenden. Diese Technik besteht im schnellen, übergangslosen Szenenwechsel. So etwas Ähnliches kennen Sie aus Spielfilmen.

Beispiel

1. Szene: Man sieht eine Familie im Auto auf der Landstraße fahren, die Eltern im Gespräch, die Kinder streiten, Schnitt.

2. Szene: Ein Zug, der mit hohem Tempo fährt, Menschen im Speisewagen schauen auf die vorbeirasende Landschaft, Schnitt.

3. Szene: Das Auto mit der Familie nähert sich einer Bahnlinie, Schnitt.

Allmählich wird klar, dass es demnächst zu einem Zusammenstoß kommen wird. Diese scharfen Schnitte, die im Film so gern genommen werden, um das Unheil anzukündigen, nutzen Sie nun zu einem ganz und gar positiven Zweck, nämlich um das intensive Ressourcengefühl in die Problemszene einzuführen.

Nehmen wir an, dass Sie die Gelassenheit deshalb brauchen, weil Sie sich demnächst einer recht heiklen Diskussion stellen müssen. Sie müssen damit rechnen, scharf angegriffen zu werden, und für Sie geht es darum, Ihre Position zu verteidigen. Schon allein der Gedanke an die Diskussion und die Angriffe versetzt Sie in Unruhe und Anspannung. Sie erleben ein Gefühl von Hilflosigkeit und denken: »Ich habe keine Chance!« Sie wissen genau, wenn Sie sich so angespannt und hilflos fühlen, können Sie nicht mehr angemessen und kreativ reagieren, sondern neigen eher dazu, aggressiv zu werden. Und Sie wissen auch, dass Sie sich mit dieser Wut der Verzweiflung nur in noch größere Schwierigkeiten bringen.

Gelassenheit hingegen würde Ihnen helfen, zunächst einmal in aller Ruhe die Argumente Ihrer Gegner anzuhören, um dann überzeugend dagegen zu argumentieren. Ihre Wirkung auf alle Diskussionsteilnehmer wäre ungleich positiver. Sie haben herausgefunden, dass Sie diese Art von Gelassenheit und Überzeugungskraft am stärksten verspüren, wenn Sie Ihren Kindern bei den Hausaufgaben helfen (lachen Sie nicht, es ist ja nur ein Beispiel). Sie haben entdeckt, dass Sie bei diesen Gelegenheiten am besten Ihre natürliche Autorität vermitteln und selbst bei quengelnden und aggressiven Fragen Ihrer Kinder ruhig und gelassen bleiben.

Das ist also Ihre Ressourcensituation, in die Sie sich hineinversetzen, um sie so intensiv wie möglich zu erleben. Sie sehen den Raum um sich herum, Sie sehen und hören Ihre Kinder und Sie fragen sich, wo im Körper Sie das Gefühl von Gelassenheit am deutlichsten spüren können. Wenn das Gefühl intensiv da ist, machen Sie einen inneren Filmschnitt und stellen sich vor, Sie befänden sich mit diesem guten Gefühl in der schwierigen Diskussion.

Beim ersten Mal werden Sie dieses gute Gefühl von Ruhe und Gelassenheit in der Vorstellung vermutlich nicht lange halten können. Deshalb wechseln Sie, sobald es nachlässt, wieder zurück in die andere Szene mit Ihren Kindern und verweilen da so lange, bis Sie die Gelassenheit wieder ganz präsent haben. Wenn es so weit ist, machen Sie wieder einen Schnitt und versetzen sich mit dem positiven Gefühl in die Diskussion und erleben sich, wie Sie ruhig und gelassen argumentieren. Sobald Ruhe und Gelassenheit wieder nachlassen, kehren Sie in der Vorstellung in die Ressourcensituation zurück, um da das gute Gefühl wieder aufzutanken.

Möglicherweise müssen Sie diesen raschen Szenenwechsel etliche Male wiederholen, doch Sie werden feststellen, dass sich das gute Gefühl in der Problemsituation immer länger halten lässt. Dadurch wird sich Ihr innerer Film der schwierigen Situation positiv verändern: Sie werden immer mehr innere Bilder entwickeln, wie Sie die Problemsituation bewältigen können. Dadurch verschwindet das Gefühl von Hilflosigkeit.

Diesen Ressourcentransport machen Sie sinnvoller Weise so lange, bis Sie sich gut vorstellen können, die ganze schwierige Situation zu durchlaufen und zu einem guten Ende zu bringen. Es empfiehlt sich, nicht erst am Abend vorher damit anzufangen, denn meist weiß man ja schon einige Zeit im Voraus, dass etwas Belastendes auf einen zukommt. Am besten ist es, den Ressourcentransport einige Tage lang zu trainieren. Das kostet längst nicht so viel Zeit, wie Sie jetzt vielleicht befürchten, und wenn Sie sich gar keine Extra-Zeit dafür genehmigen können oder wollen, können Sie die Einschlafphase dafür nutzen. Das bietet den zusätzlichen Vorteil, dass Ihr Unbewusstes in aller Ruhe an den positiven Strategien weiterfeilen kann, während Sie schlafen.

Übung

Um sich zusätzliche Ressourcen in Problemsituationen nutzbar zu machen, arbeiten Sie bitte in folgenden Schritten:

- Finden Sie heraus, welche Ressource Ihnen fehlt. Stellen Sie sich dazu folgende Fragen: In welchem inneren Zustand müsste ich sein? Was müsste ich innerlich fühlen oder erleben, um die schwierige Situation optimal bewältigen zu können?
- Suchen Sie in Ihrer Erinnerung eine Situation, in der Sie das, was Sie jetzt als Ressource brauchen, möglichst optimal zur Verfügung hatten.
- Versetzen Sie sich in einen Zustand der Entspannung und erwecken Sie diese Ressource wieder zum Leben. Lassen Sie sich die Situation so plastisch wie möglich in der Vorstellung erleben. Nutzen Sie dabei all Ihre Sinne, lassen Sie sich sehen, hören und fühlen, wie Sie in der Situation waren.
- Wenn Sie die Ressource sehr lebhaft fühlen können, bedienen Sie sich der Filmschnitt-Technik und wechseln Sie in Ihrer Vorstellung in die Problemsituation. Nehmen Sie dabei das gute Gefühl mit.
- Wiederholen Sie diese Filmschnitte so oft, bis Sie sich das gute Gefühl auch in der Problemsituation erhalten können.
- Bewältigen Sie in der Vorstellung die Problemsituation so, wie Sie es sich wünschen.

10. Das Lebensskript und automatisierte negative Gedanken

Die automatisierten negativen Gedanken speisen sich meist aus alten Kindheitsmustern. Und jedes Mal, wenn Sie in den alten Mustern denken, verfestigen Sie diese Muster, so als würde sie sich immer tiefer einfräsen. Aus diesem Grund müssen die negativen Gedanken meistens auch mehr als einmal bearbeitet werden, um sie ihrer Wirksamkeit zu berauben. Wenn Sie mehrfach an belastenden Situationen mit der Check-your-Mind-Methode arbeiten, werden Sie wahrscheinlich die Feststellung machen, dass Sie immer wieder auf ähnlich geartete Schwierigkeiten stoßen. So schaffen Sie es beispielsweise, sich gegen eine ungerechtfertigte Forderung Ihres Nachbarn zu wehren, doch bei überzogenen Anforderungen Ihres Kollegen trauen Sie sich nicht, Nein zu sagen, und geben immer wieder klein bei.

Manche Probleme sitzen offensichtlich einfach tiefer, und bei manchen Problemen ist die Check-your-Mind-Methode deshalb auch nicht die wirkungsvollste Herangehensweise, weshalb wir Ihnen im weiteren Verlauf des Buches auch das Introvision-Coaching vorstellen.

Über die Entstehung der negativen Grundmuster hat in den 60er Jahren der amerikanische Psychiater Eric Berne mit der Transaktionsanalyse eine Theorie entwickelt, die das sehr einleuchtend und eingängig erklärt. Berne geht davon aus, dass Kinder bis etwa zum siebten Lebensjahr aufgrund bestimmter Botschaften, die sie von ihren Bezugspersonen bewusst oder unbewusst erhalten, so etwas wie ein »inneres Drehbuch« (amerikanisch »script«) schreiben, nach dem sie dann ihr Leben gestalten.

Berne sieht die negativen Botschaften, die Eltern oder andere wichtige Bezugspersonen ihren Kindern mit auf den Weg geben, als unbewusste Verbote an. Den klassischen Verboten, auf die er bei seiner

Arbeit mit Menschen immer wieder gestoßen ist, hat er treffende Namen wie etwa »Schaff's nicht« oder »Sei nicht wichtig« gegeben. In der Transaktionsanalyse hat sich für diese Verbote auch die Bezeichnung »Einschärfungen« etabliert. Ein Kind hat nach Berne zwei Möglichkeiten, mit den ihm gegebenen Einschärfungen umzugehen: Entweder es übernimmt sie einfach, oder es kämpft permanent dagegen an, ohne sich jedoch wirklich davon lösen zu können.

Wie ein Lebensskript entsteht

Einem Skript zu folgen bedeutet nicht, dass man alle genannten Einschärfungen verinnerlicht haben muss. Auch ein Teil davon ist ausreichend, um ein Lebensskript zu bilden. Ob eine Botschaft zu einer Einschärfung wird, hängt davon ab, wie häufig oder wie intensiv wir sie erhalten haben. Die meisten Einschärfungen erhalten wir sicherlich in der Kindheit, doch man kann auch als Erwachsener noch ein Ereignis wie eine Einschärfung verarbeiten. Aus diesen verinnerlichten Einschärfungen, die ja im Grunde Verbote sind, entwickeln wir ein Glaubenssystem mit Glaubenssätzen, nach denen wir uns verhalten müssen: das Skript. Der Schwerpunkt liegt dabei auf dem Müssen, und deshalb ist ein Skript per Definition etwas Negatives.

Innerhalb der Transaktionsanalyse wurde diskutiert, ob es nicht auch möglich sei, von einem positiven Skript zu sprechen. Wir glauben das nicht, weil ein Drehbuch immer einschränkend ist. So wie ein Schauspieler sich an das festgelegte Drehbuch halten muss, so sind die Akteure auch beim Lebensskript an ganz bestimmte Rollen gebunden – beschränkt auf das, was die Verbote ihnen vorgeben.

Um ein Skript positiv zu machen, wäre eine Erlaubnis nötig. Doch wenn man die Erlaubnis hat, dann hat man die freie Wahl – und ist eben an kein Skript mehr gebunden. Die Check-your-Mind-Methode soll dazu dienen, die persönlichen Wahlmöglichkeiten zu erweitern, indem sie die Macht der negativen Gedankenmuster außer Kraft setzt.

Es ist ein Unterschied, ob man unbedingt erfolgreich sein muss oder ob man die innere Erlaubnis besitzt, im Beruf Erfolg zu haben. Im ersten Fall erreicht man den Erfolg, koste es, was es wolle – auch wenn Familie und Gesundheit dabei draufgehen. Im zweiten Fall kann man sich zum Beispiel dafür entscheiden, auf einen Karriereschritt zu verzichten, wenn man andere Werte höher einschätzt – und zwar ohne sich danach als Versager zu fühlen! Oder man entscheidet sich dafür, für den Erfolg alles zu geben. Gehört es jedoch zum Skript, den eigenen Erfolg dauernd unter Beweis stellen zu müssen, hat man keine Wahl, und wenn es einem nicht oder nicht mehr gelingt, erfolgreich zu sein, leidet man unter dem Gefühl, versagt zu haben.

So wie Eltern ihren Kindern negative Botschaften geben, geben sie ihnen natürlich auch positive Botschaften. Die wirken jedoch wie eine Erlaubnis und nicht wie Gebote – es erscheint uns also unlogisch, von einem positiven Skript zu sprechen. Hinter dem Skript und den Einschärfungen steht immer auch eine Bedrohung: Sich nicht an das Skript zu halten, wird negative Konsequenzen haben! Würde ein Schauspieler von sich aus das Drehbuch verändern, würde der Regisseur ihn feuern. Hält ein Kind sich nicht an die Einschärfungen, droht Liebesentzug! Also folgt es.

Nun ist das Skript aber natürlich nicht bei jedem Menschen gleich stark ausgeprägt. Manche Skriptglaubenssätze wirken sich stärker aus, manche schwächer. Das kommt auch dadurch zustande, dass ein Skript nicht nur von den Eltern vermittelt wird, sondern auch von allen anderen Personen, die wichtig für das Kind sind. Außerdem spielt es eine Rolle, wie intensiv die Botschaften an das Kind gegeben wurden und ob alle wichtigen Bezugspersonen »in die gleiche Kerbe gehauen haben« oder ob es auch Gegenbotschaften gab.

Beispiel In einem Seminar berichtete eine unserer Teilnehmerinnen, dass sie als Kind zwar von ihrer Mutter sehr massiv die Einschärfung »Sei nicht wichtig« erhalten, doch von ihrem geliebten Großvater, den sie fast täglich sah, ganz andere Botschaften bekommen hatte, zusätzlich mit der Aufforderung: »Hör bloß nie auf das, was deine Mutter sagt!« Das hat den Einfluss der Mutter natürlich relativiert und dem Kind die Möglichkeit gegeben, sich freier zu entwickeln.

Wir haben für Sie im Folgenden diese Einschärfungen skizziert, damit Sie, wenn Sie irgendein Problem oder eine schwierige Situation mit der Check-your-Mind-Methode bearbeiten und auf entsprechende negative Gedanken stoßen, einen Anhaltspunkt dafür haben, wie es zu diesen Glaubenssätzen gekommen sein könnte. Die zwölf Einschärfungen, die Berne definiert hat, sind:

- Schaff's nicht
- Sei nicht
- Sei nicht wichtig
- Denk nicht
- Zeig keinen Ärger
- Gehör nicht dazu
- Werd nicht erwachsen
- Zeig keine Gefühle
- Sei kein Kind
- Sei nicht gesund
- Sei nicht du
- Komm mir nicht zu nahe

Die verschiedenen Einschärfungen

Wenn Sie immer wieder in gleiche oder ähnliche Schwierigkeiten stolpern, ohne recht zu wissen warum, wenn Sie sich manche Dinge »unerklärlicherweise« nicht zutrauen, wenn Sie dazu neigen, immer wieder die gleichen Fehler zu machen, ist die Wahrscheinlichkeit groß, dass Einschärfungen dahinterstecken. Wenn Sie die Beschreibung der einzelnen Einschärfungen und die Beispiele der negativen Gedanken, die damit verbunden sind, lesen, erkennen Sie vielleicht das eine oder andere wieder, das Sie bei sich selbst schon beobachtet haben. Und vielleicht gelingt Ihnen dann ja auch eine ganz neue Sicht auf die Dinge, sodass sich Ihnen ganz neue Handlungsmöglichkeiten eröffnen. Durch gezielte Übungen können Sie lernen, sich die Erlaubnis zu geben, entgegen diesen Einschärfungen zu handeln und zu leben.

Bei allen Einschärfungen, die Eltern ihren Kindern mitgeben, gilt, was hier einmal explizit gesagt werden soll: Eltern handeln in aller Regel nicht in böser Absicht! Die vergleichsweise wenigen Fälle, wo Eltern tatsächlich in sadistischer Weise ihre Kinder körperlich und psychisch quälen, sollen nicht Gegenstand dieses Buches sein. Hier geht es um alle eigentlich liebevollen Eltern, die sich so verhalten, wie sie es eben tun, weil sie nicht anders können! Sie haben es selbst nicht anders gelernt, leiden unter eigenen seelischen Nöten, schlagen sich mit den Anforderungen des Alltags herum und glauben, so das Beste für ihr Kind zu erreichen. Sie wissen gar nicht – können es oft auch gar nicht wissen –, was sie mit ihren Botschaften anrichten, und geben sich in der Regel große Mühe, ihr Kind zu einem Menschen zu erziehen, der gut durch das Leben kommt. Es geht hier also nicht darum, Eltern zu Schuldigen zu machen, es sollen nur die Mechanismen aufgezeigt werden, wie Menschen zu ihren automatisierten negativen Denkmustern kommen.

Schaff's nicht

Stellen Sie sich ein Kind vor, mit dessen Leistungen die Eltern niemals zufrieden sind. Der Junge hat aus Bauklötzchen ein Haus gebaut, und statt ihn dafür zu loben, zeigen Mutter oder Vater ihm, wie er es viel besser hätte machen können. Bis zum Eintritt in die Schule hat er schon jede Menge Botschaften erhalten, die ihm sagen, dass er etwas nicht gut genug macht. Nun ist er in der Schule, und um ihn zu ermutigen, recht fleißig zu lernen, geben die Eltern immer wieder ihrer Befürchtung Ausdruck, er würde schlechte Noten bekommen oder sitzen bleiben. Tragischerweise meinen die Eltern das vermutlich gar nicht böse, doch was als »Ansporn« gedacht ist, kommt beim Kind als folgende Botschaft an: »Du schaffst es nicht.« Nun hat sicherlich jedes Kind irgendwann einmal die Erfahrung gemacht, dass man ihm etwas nicht zugetraut hat, was es dann doch geschafft hat – aber es ist ein großer Unterschied, ob das ein gelegentlich auftretendes oder vielleicht sogar einmaliges Erlebnis ist oder aber eine Botschaft, die quasi fortwährend eingebläut wird. Vereinzelte Erlebnisse mögen schmerzhaft in Erinnerung bleiben, doch wirkliche Skriptglaubenssätze entwickeln sich nur dann, wenn Botschaften immer wiederkehren oder wenn sie häufig in emotional verletzender, stark abwertender Art und Weise zum Ausdruck gebracht werden. Dann verfestigen sie sich zu jenem Drehbuch, nach dem der Mensch schließlich sein Leben lebt.

Die Botschaft »Du schaffst es nicht« wird manchmal auch von überängstlichen Eltern vermittelt, die ihr Kind vor allem bewahren wollen und immer gleich das Schlimmste befürchten. Um das Kind vor vermeintlichem Unglück zu beschützen, malen sie ihm aus, was bei den verschiedenen Unternehmungen Schreckliches passieren kann – und ohne es zu wollen, sagen sie dem Kind auf diese Weise: »Wir trauen dir das nicht zu (sonst müssten wir dich ja nicht so warnen).«

Ein Kind hat entweder die Möglichkeit, die Einschärfung für sich zu akzeptieren, oder sie zwar zu übernehmen, aber andauernd dagegen anzukämpfen und auf diese Weise daran gebunden zu bleiben. Im ersten Fall übernimmt es natürlich auch die Zweifel an den eigenen Fähigkeiten. So schleichen sich dann automatisierte negative Gedanken ein wie:

- Das schaffe ich sowieso nicht.
- Ich kann das nicht.
- Dafür bin ich nicht gut genug.
- Das ist mir natürlich mal wieder danebengegangen, typisch.
- Jeder andere kriegt das hin, bloß ich nicht.

Jedes Mal, wenn jemand mit der Einschärfung »Schaff's nicht« vor einer neuen Aufgabe, einer Herausforderung steht, werden solche Gedankenmuster aktiviert. Um die alten Skriptglaubenssätze zu aktivieren, brauchen das keineswegs wirklich schwierige Sachen zu sein: Die alten Muster greifen auch, wenn man eigentlich kein Problem mit einer Aufgabe haben müsste. Zum Glück haben sich Menschen mit dieser Einschärfung meistens aber auch irgendwelche Gebiete erarbeitet, wo sie sich sicher fühlen. So bezieht sich ihr »Schaff's nicht« vielleicht auf den beruflichen Erfolg, aber sie sind sehr gut in irgendeiner Sportart. Oder sie behindern sich mit ihren Glaubenssätzen selbst, was den Umgang mit einem Computer oder Technik generell betrifft, doch sie wissen einfach, dass es ihnen leichtfällt, Sprachen zu lernen – und dann fällt es ihnen auch leicht.

Wenn jemand sich dafür entscheidet, gegen die Einschärfung anzukämpfen, so ist er trotzdem nicht frei davon. Man kämpft zwar und erringt dabei auch äußere Erfolge, doch im Grunde bleibt die Einschärfung bestehen, denn man fühlt den inneren Zwang, permanent zu beweisen, dass man es doch schafft. Man orientiert sein Leben also genauso stark an der Einschärfung wie jemand, der sie ohne Widerstand annimmt. Menschen, die unter dauerndem Erfolgsdruck stehen, die mit nichts, was sie erreicht haben, zufrieden zu sein scheinen und keinen Erfolg wirklich genießen können, leiden meist unter einem »Schaff's nicht«-Skript, das die eigentliche Triebfeder all ihrer Anstrengungen ist.

Beim kleinsten Misserfolg lebt dieser alte Skriptglaube wieder auf, um danach umso entschiedener wieder bekämpft zu werden. Und da es niemals einen endgültigen Beweis dafür gibt, dass sie es doch schaffen, wird jede Hürde, die sie genommen haben, nur zur Ausgangsbasis für die nächsthöhere. Statt den Erfolg zu genießen, leben diese Erfolgsgetriebenen in der ständigen Sorge, dass irgendwann einmal herauskommt, dass sie »eigentlich gar nicht können, was sie so erfolgreich tun«. Begleitet wird das von automatisierten negativen Gedanken, die sich etwa so äußern:

- Ich muss das schaffen, sonst halten mich alle für einen Versager.
- Wenn ich das nicht hinkriege, wird jeder mich verachten.
- Ich werde beweisen, dass ich das packe, koste es, was es wolle.
- Wenn ich nicht … schaffe, ist das eine Katastrophe/das Ende.
- Hoffentlich merkt keiner, dass ich das eigentlich gar nicht kann/ gar nicht qualifiziert genug bin.
- Ein Misserfolg in dieser Sache wäre das Schlimmste, was ich mir vorstellen kann.

Sei nicht

Die zerstörerischste Botschaft, die ein Kind bekommen kann, lautet »Sei nicht«. Vermittelt wird diese Botschaft natürlich in erster Linie durch schwere Misshandlungen, aber das ist nicht das Einzige, wodurch ein Kind zu dem Skriptglauben kommen kann, es wäre besser nicht auf der Welt. Eine Klientin, deren Mutter bei ihrer Geburt starb, nahm die ganze »Schuld« für dieses Unglück auf sich und verinnerlichte, dass sie besser nie hätte geboren werden dürfen.

Auch wenn es emotional vernachlässigt wird und sich niemand interessiert, spürt das Kind, dass man es gar nicht haben will und es nur stört und lästig ist. In jüngster Zeit warnen Wissenschaftler davor, dass durch die ständige Beschäftigung mit dem Handy, die die Eltern ganz gedankenlos betreiben, beim Kind genau diese emotionale Vernachlässigung erzeugt wird. Die Eltern sind zwar physisch anwesend, aber mit ihrer Aufmerksamkeit ganz woanders. So macht das Kind immer wieder die Erfahrung, dass es nicht beachtet wird und jedes Handyklingeln wichtiger ist als es selbst.

Oder wenn Eltern dem Kind immer wieder vermitteln, dass es durch seine bloße Existenz jede Menge Probleme erzeugt hat und man ohne das Kind viel besser dran wäre: »Wenn du nicht wärst, hätte ich niemals diesen Mann/diese Frau geheiratet; hätte ich mein Studium abschließen können; hätte ich Karriere gemacht; hätte ich ein ganz anderes, ein schönes Leben geführt …«. Solche Äußerungen erlebt das Kind als grundlegende Ablehnung.

Damit wird dem Kind die Schuld an jedem Unglück gegeben, mit dem die Eltern zu kämpfen haben – und implizit auch die Schuld daran, dass es auf die Welt gekommen ist. So, als ob das Kind selbst in bösartiger Weise entschieden hätte, allein durch seine Geburt das Leben dieser armen Menschen zur Hölle zu machen. Ein Kind verarbeitet die oben beschriebenen Botschaften in der Tat so, dass es sich selbst die Schuld dafür gibt, zum falschen Zeitpunkt bei den falschen Menschen auf die Welt gekommen zu sein.

Es ist daher nicht verwunderlich, dass diese Botschaften auf ein Kind massive Auswirkungen haben, die bis zur Selbstmordgefährdung reichen können, denn die psychischen Schmerzen, die dadurch ausgelöst werden, sind fast unerträglich. Wer als Erwachsener unter einer »Sei nicht«-Einschärfung leidet, hat möglicherweise mit Depressionen zu kämpfen. Selbstmorde und Selbstmordversuche können auf das Konto dieser Einschärfung gehen, und oft genug führt sie auch dazu, dass Menschen indirekte Wege wählen, sich umzubringen. Wer etwa über 20 Zigaretten pro Tag raucht, kann sich heutzutage nicht mehr einbilden, er schade nicht seiner Gesundheit. Wer zu viel trinkt, zu viel isst, aber auch höchst riskant Auto oder Motorrad fährt, sich halb tot arbeitet oder sich immer wieder den gefährlichsten Situationen aussetzt, wird möglicherweise von der Einschärfung »Sei nicht« dazu getrieben, sein Leben auf diese Art vorzeitig zu beenden.

Eine andere Möglichkeit, mit dieser Einschärfung umzugehen, kann darin bestehen, den Glauben zu entwickeln »Wenn ich immer besonders liebenswürdig, hilfsbereit und gefällig bin, werden meine Eltern/wird die Welt mein Dasein akzeptieren«. Wer diesen Weg für sich gewählt hat, wird immer sehr viel für andere tun – ist aber auch abhängig davon, permanent die Bestätigung zu erhalten, gebraucht zu werden. Wenn diese Bestätigung ausbleibt – sei es, dass die ehemals hilfsbedürftigen Kinder jetzt ohne weiteres für sich selbst sorgen können, dass der Mensch, den man gepflegt hat, gestorben ist, oder die Firma auch ohne einen sehr gut zurechtkommt –, so bricht für den Betroffenen die Welt zusammen, denn jetzt hat er seine »Lebensberechtigung« verloren. Das Erbringen von Spitzenleistungen kann ebenfalls ein Weg sein, sich seinen Platz im Leben zu ertrotzen. Dahinter steckt der Glaube »Wenn ich der Beste bin, dann müssen sie mich doch lieben«. Das funktioniert aber nur, solange man seine volle Leistungsfähigkeit hat und nichts Unvorhergesehenes dazwischenkommt. Kann man aus irgendeinem Grund nicht mehr zur Spitze zählen – vielleicht weil eine Krankheit die Kraft raubt oder weil man durch die wirtschaftliche Situation seinen Arbeitsplatz verliert –, so wird daraus eine wahrhaft existenzielle Bedrohung, denn dann wird die Einschärfung mit ihrem vollen Gewicht spürbar. Die Folge ist, dass man sich absolut wertlos fühlt, da man nichts mehr leisten kann. Auch das kann zur Selbstmordgefahr führen, denn man sieht plötzlich keinen Sinn mehr im Leben.

Beispiel Einen solchen Fall erlebten wir mit einer ehemaligen Chefsekretärin. Sie hatte mit 35 Jahren einen Schlaganfall erlitten, doch dabei Glück im Unglück gehabt. Als einzige Folge davon blieb bei ihr zurück, dass sie von ihrer weit überdurchschnittlichen Merk- und Konzentrationsfähigkeit so viel einbüßte, dass sie jetzt auf Normalmaß war. Da sie aber ihre ganze Lebensberechtigung aus ihrer Leistungsfähigkeit bezog, fühlte sie sich durch diese Einbuße, die ein anderer Mensch noch nicht einmal bemerkt hätte, nun vollkommen wertlos – so wertlos, dass sie selbstmordgefährdet war.

Automatisierte negative Gedankenmuster, die aus der »Sei nicht«-Botschaft resultieren, sind:

- Ich wollte, ich wäre tot.
- Dieses Leben ist nichts für mich.

- Wenn das Leben nur schon vorbei wäre.
- Mir tut das Leben nur weh.
- Wenn ich nicht mehr gebraucht werde, bin ich völlig nutzlos.
- Wenn ich nichts mehr leisten kann, bin ich nichts mehr wert/ hat das ganze Leben keinen Sinn mehr.
- Das Leben ist sowieso total sinnlos.

Gedanken dieser Art, auch wenn sie gar nicht mehr oder nicht immer bewusst wahrgenommen werden, erzeugen immer wieder aufs Neue den alten Schmerz aus der Kindheit.

Sei nicht wichtig

Die Einschärfung »Sei nicht wichtig« wird Kindern häufig von unsicheren Eltern vermittelt. Eltern, die wahrscheinlich selbst Angst vor Ablehnung haben, finden alles peinlich, was irgendwie aus der Rolle fallen oder von der Norm abweichen könnte. Kinder, die ein Bedürfnis danach haben, Aufmerksamkeit zu erlangen, die lautstark auf ihre Bedürfnisse hinweisen und ungeniert das tun, wonach ihnen der Sinn steht, sind aus ihrer Sicht ganz besonders peinlich. Deshalb erziehen ihre Eltern sie schon sehr früh dazu, bescheiden und unauffällig zu sein, sich im Hintergrund zu halten, möglichst gar nicht in Erscheinung zu treten. Einem Kind, das so erzogen wird, wird nicht gestattet, die eigenen Wünsche durchzusetzen, denn »was sollen denn die Leute denken!«. Also lernt das Kind recht schnell, dass die eigenen Bedürfnisse nichts zählen. Daran kann man frühestens denken, wenn die Interessen aller anderen berücksichtigt und befriedigt sind. Bald hat das Kind den Glauben verinnerlicht, dass es selbst ganz unwichtig ist.

Ein Kind mit diesem Hintergrund versucht mit allen Kräften, sich an seine Umgebung anzupassen. Nach Möglichkeit möchte es erahnen, was die anderen von ihm erwarten. Dieses Verhalten setzt sich natürlich auch im Erwachsenenalter fort. Die Einschärfung »Sei nicht wichtig« findet sich bei den ganz unauffälligen Typen, die man kaum wahrnimmt, weil sie sich bevorzugt im Hintergrund aufhalten. Sie hassen es, im Mittelpunkt zu stehen oder gar einmal gefeiert zu werden. Sie wünschen und fordern schon gar nichts für sich. Es fällt ihnen schwer, sich abzugrenzen, und es muss wirklich hart auf hart kommen, bevor sie jemandem eine Bitte abschlagen. Kämpferisch erlebt man sie höchstens, wenn sie als Robin Hood für die anderen streiten. Wenn es um die gerechte Sache eines anderen geht, sind sie sogar bereit, eigene Nachteile in Kauf zu nehmen.

Beispiel So erging es einer Teilnehmerin, die sich sehr für Asylsuchende engagierte. Für ihre Schützlinge kämpfte sie wie eine Löwin, und sie war auch sehr erfolgreich darin, ihnen Jobs zu verschaffen – da konnte sie mit Engelszungen reden. Nur für sich selbst fand sie keine Stelle, weil sie es partout nicht fertigbrachte, »sich anzupreisen«, wie sie es nannte. Das innere Verbot, einmal ihre eigenen Fähigkeiten in den Mittelpunkt zu stellen, war einfach zu groß.

Die Bedeutsamkeit der eigenen Person kann mit einer ganzen Reihe automatisierter negativer Gedanken immer wieder heruntergespielt werden:

- Ich darf nicht so egoistisch sein.
- Was ich denke, ist doch eigentlich gar nicht wichtig.
- Was ich zu sagen habe, interessiert eh keinen.
- Ich hasse es, wenn alle auf mich schauen, denn sie finden mich bestimmt unmöglich.
- So im Mittelpunkt zu stehen, ist einfach nur peinlich.
- Sei bloß still, sonst blamierst du dich noch.
- Ich müsste mich viel mehr um x, y und z kümmern.
- Ich sollte meine Frau/meinen Mann/meine Eltern/meine Kinder (die Liste kann beliebig verlängert werden) mehr unterstützen.
- Ihn/sie jetzt auch noch um Hilfe zu bitten, wäre wirklich eine Zumutung.

Jemand, für den alle anderen immer am wichtigsten sind, tut sich sehr schwer damit, Nein zu sagen. Die Forderungen der anderen haben Priorität, denn:

- Für den anderen ist das jetzt so wichtig, da muss ich mich mal zurückstellen.

- Ich kann ihn in der schwierigen Situation doch nicht hängen lassen.
- Das kann ich nicht verantworten, ihm das zu verweigern, was soll er denn von mir denken?
- Wenn ich Nein sagen würde, wäre er bestimmt stinksauer, das halte ich nicht aus.
- Wenn ich ablehne, will sie bestimmt nie wieder etwas mit mir zu tun haben.
- Wenn ich nicht mithelfe, hält man mich für arrogant.

Aber wenn es darum geht, etwas für sich selbst zu fordern, wird der Mensch mit der »Sei nicht wichtig«-Einschärfung durch negative Gedankenmuster blockiert. Ähnliche Gedanken wie die folgenden könnten sich zum Beispiel einstellen, wenn es darum geht, ein Gehaltsgespräch zu führen:

- Das steht mir gar nicht zu.
- Was wäre denn, wenn jeder so etwas fordern würde – das kann man doch nicht machen.
- Was ich da will, ist ja eigentlich gar nicht wichtig.
- Man würde mich für gierig und unbescheiden halten, wenn ich das verlangen würde.
- Einfach frech zu sagen, was ich will, ist ein unmögliches Benehmen.

Auch wenn man als Jobsuchender oder als Selbstständiger eigentlich darauf angewiesen ist, »sich gut zu verkaufen«, hat man mit dieser Einschärfung sehr schlechte Karten:

- Wenn ich das alles erzähle, hält man mich doch für einen Angeber.
- Jetzt übertreibe bloß nicht, wenn du aufzählst, was du schon alles gemacht hast.
- So toll ist das jetzt auch wieder nicht, da haben andere wahrscheinlich bedeutend mehr drauf.
- Auf das bisschen, was ich kann, brauche ich mir wahrhaftig nichts einzubilden, verglichen mit anderen ist das gar nichts.
- Ich hasse es, mich so anpreisen zu müssen.

Wenn man selbst glaubt, gar nicht wichtig zu sein, hat man der eigenen Ansicht nach auch kein Anrecht darauf, sich einmal etwas ganz Besonderes zu gönnen, auch wenn man noch so gern möchte:

- Was sollen denn die Leute von mir denken?
- Damit sehe ich aus wie ein Angeber.
- Das wirkt ja, als wollte ich um jeden Preis auffallen.
- So etwas Schönes habe ich eigentlich gar nicht verdient.
- Das ist eigentlich viel zu fein für mich.
- Passt das überhaupt zu mir?

Leistet man sich trotzdem das schicke Outfit, das teure Auto, den exklusiven Schmuck oder das Designermöbel, zahlt man mit dem schlechten Gewissen und legt noch Zins und Zinseszins drauf.

Denk nicht

Die Einschärfung »Denk nicht« ist paradoxerweise besonders bei sehr intelligenten Menschen zu finden. Als sie noch Kinder waren, wurden ihre Intelligenz und ihr analytisches Denkvermögen von vielen Eltern als Bedrohung empfunden. Denn wo bleiben Autorität und Überlegenheitsgefühl, wenn das Kind klüger ist als man selbst? Wenn das Kind mehr versteht als Mutter oder Vater, wird es kurzerhand dafür bestraft, meist mit Entzug der Aufmerksamkeit – und da das Kind so gescheit ist, hat es sehr schnell raus, dass die Eltern viel liebevoller und zugewandter sind – oder zumindest nicht so unangenehm –, wenn es mit seiner Intelligenz hinterm Berg hält.

Manche Eltern haben schlicht Angst davor, ihre Kinder zu verlieren, wenn sie merken, dass die Kinder sich in einer ganz anderen geistigen Welt bewegen als sie selbst. Sie fürchten, nicht mithalten zu können und für das Kind keine Rolle zu spielen. Also tun sie alles dafür, sich und das Kind auf einer Ebene zu halten. Das könnte eine unsichere Mutter sein, die ihre Daseinsberechtigung daraus bezieht, für ihr Kind zu sorgen.

Oder es handelt sich um einen Vater, der nie die Position erreicht hat, die er irgendwann einmal angestrebt hat, der sich darum insgeheim als Versager fühlt. Der aber intelligent genug ist, um zu merken, dass sein Kind, der einzige Mensch, der zu ihm aufschaut, ihm intellektuell überlegen ist! Wenn dann noch ein paar entsprechende Wesensmerkmale hinzukommen, wird dieser Vater, statt stolz zu sein auf seinen Sprössling, das Kind entmutigen, es lächerlich machen und ihm mit hämischer Freude kindliche Denkfehler nachweisen. Er wird sich dann am umgänglichsten zeigen, wenn er dem Kind die Welt erklären kann. Das Kind begreift schnell: Je dümmer die Fragen, desto besser die Stimmung. Es wird dadurch natürlich sehr verunsichert bezüglich seiner eigenen Denkfähigkeiten. Im schlechtesten Fall hat es sich das Selberdenken irgendwann ganz abgewöhnt und reagiert mit Verwirrung auf intellektuelle Anforderungen.

Als Erwachsener hat ein Mensch mit der »Denk nicht«-Einschärfung es immer dann besonders schwer, wenn er etwas Neues lernen oder sich einer neuen Aufgabe widmen soll. Da ihm die innere Erlaubnis fehlt, auf sein eigenes Denken zu vertrauen, schaltet er sein logisches Denkvermögen ab und bringt sich mit folgenden Gedanken in Unsicherheit und Verwirrung:

- Wie ging das noch mal?
- Ich kann mir einfach nicht merken, wie ich das machen muss.
- Bestimmt mache ich alles verkehrt.
- Ich habe keine Ahnung mehr, wie das funktioniert.
- Ich bin aber auch zu blöd.
- Ich habe das wahrscheinlich mal wieder nicht richtig verstanden.
- Ich glaube, ich habe mir die Anweisung ganz falsch aufgeschrieben.

Wenn man sich mit einer Reihe solcher Gedanken gänzlich in Panik gebracht hat, bittet man schließlich aus Verzweiflung zum x-ten Mal um Erklärung oder Anleitung und erhält dann auch von der Umgebung die Bestätigung, dass man wohl ziemlich dumm ist. Das unterminiert das Vertrauen in die eigene Denkfähigkeit noch weiter, und vor lauter Angst vor weiteren Fehlern kommt gar kein klarer Gedanke mehr zustande.

Beispiel Genau diese Erfahrungen hatte eine junge Frau gemacht, die als Auszubildende in einem mittelständischen Betrieb arbeitete und kurz davor war, ihre Stelle zu verlieren. Sie stellte immer wieder die gleichen Fragen, die ihr Meister ihr schon oft beantwortet hatte, und ging damit allen ziemlich auf die Nerven. Zusätzlich zur Arbeit an ihren automatisierten negativen Gedanken haben wir ihr zu Folgendem geraten: Sie sollte sich jedes Mal, wenn sie eine Frage hatte, diese Frage aufschreiben und versuchen, sie selbst zu beantworten. Erst wenn ihr das nicht gelang, sollte sie ihren Meister fragen. Das stärkte einerseits ihr Selbstvertrauen – denn die meisten Fragen erledigten sich dadurch von selbst, und sie merkte, dass sie wirklich denken konnte –, andererseits wurde so sichergestellt, dass sie das, was sie als Berufsneuling wirklich noch nicht wissen konnte, auch erfragte.

Zeig keinen Ärger

Wenn Eltern schlecht mit Ärger umgehen können, wenn sie selbst ein inneres Verbot haben, Ärger zu äußern, geben sie dieses Verbot mit der Einschärfung »Zeig keinen Ärger« an ihre Kinder weiter. Solchen Kindern fehlt es an einem Modell, wie man Ärger angemessen zum Ausdruck bringt – denn sie dürfen selbst dann nicht zeigen, dass sie sauer oder wütend sind, wenn sie einen guten Grund dafür haben. Da sich die Eltern auch ihrerseits keinen offenen Ärger gestatten, wird das Kind für Ärgerreaktionen mit Liebesentzug bestraft. So lernt es, dass Ärger zeigen nur Scherereien einbringt und man schon gar nicht das bekommt, was man möchte.

Andererseits kann niemand Ärger immer nur schlucken, ohne dass er irgendwann aus ihm herausbricht. Denn keinen Ärger zu zeigen ist ja keineswegs gleichbedeutend damit, keinen zu empfinden. Es kann den Eltern also passieren, dass der angestaute Ärger sich irgendwann – aufgrund eines möglicherweise unbedeutenden Ereignisses – explosionsartig und völlig unangemessen entlädt. Das Kind lernt dadurch zusätzlich, dass Ärger wirklich eine schlimme Sache ist, wenn er so bedrohliche Ausmaße annehmen kann. Man sollte also wirklich alles daransetzen, ihn zu unterdrücken!

Die natürliche Funktion von Ärger ist einerseits, dass man damit seine Bedürfnisse und Interessen durchsetzen kann, zum anderen dient er dazu, sich gegen andere abzugrenzen. Wenn jemand als Kind keinen angemessenen Umgang mit dem eigenen Ärger in sein Verhaltensrepertoire aufnehmen konnte, fehlt ihm ein wesentliches Ausdrucksmittel. Man muss neue Mittel und Wege finden, wie man mit den Situationen klarkommt, die einen im Lauf des Tages ärgerlich werden lassen.

Dabei kommt es oft zu einem Verhalten, das in der Transaktionsanalyse »Rabattmarkensammeln« genannt wird. Bei jedem Vorfall, über den man sich heimlich ärgert, »klebt« man eine Ärgerrabattmarke in sein Rabattmarkenheft. Die letzte Marke, die eingeklebt wird, gibt die Berechtigung, das ganze Heft einzulösen: Auch wenn das ein kleines Ärgernis war, kommt der ganze angestaute Ärger an die Luft. Die Folge ist ein dem Ereignis total unadäquater Wutausbruch, der alle Beteiligten erschreckt – auch den, der gerade so unbeherrscht explodiert. Nur kurze Zeit später wird man sich für sein Verhalten entsetzlich genieren und wieder eine Bestätigung dafür haben, dass es wirklich nicht in Ordnung ist, seinen Ärger zu zeigen! Und man fängt ein neues Rabattmarkenheftchen an …

Auf die Idee, dass es besser ist, gleich zu sagen, was einem nicht passt, kommt man nicht so ohne weiteres, wenn man folgende Gedankenmuster verinnerlicht hat:

- So schlimm ist es jetzt auch wieder nicht.
- Verkneif dir deinen Ärger.
- Es stinkt mir, aber das zu sagen, gehört sich nicht.
- Du solltest dich schämen, wegen dem bisschen so einen Aufstand zu machen.

Da man nie gelernt hat, wie man angemessen und im richtigen Verhältnis zum Anlass Verärgerung äußert, gibt es für diese Menschen nur entweder die trügerische Ruhe vor dem Sturm oder den Sturm – alle Zwischenstufen fehlen.

Menschen mit der Einschärfung »Zeig keinen Ärger« unterscheiden sich in ihrem Empfinden deutlich von Menschen, die alles gelassen und locker nehmen können: Die erleben tatsächlich keinen Ärger, während die anderen ihn nur so lange zudeckeln, bis der Punkt erreicht ist, an dem sie sagen können: »Jetzt reicht's!« Wer Gelassenheit zu seinen Wesensmerkmalen zählt, hat meist auch kein Problem damit, sich durchzusetzen. Doch wer der Einschärfung »Zeig keinen Ärger« folgt, erlebt Situationen, in denen es darum geht, sich zu behaupten, durchaus als problematisch oder hat vielleicht sogar Angst davor, denn ihn beherrschen negative Gedankenmuster, die ihn entmutigen:

- Wenn ich jetzt versuche, mich durchzusetzen, endet das bestimmt peinlich.
- Ich trau mich nicht, ihm so richtig die Meinung zu sagen.
- Jetzt laut zu werden gehört sich nicht.
- Ich darf nicht so überempfindlich sein.
- Ich muss den Mund halten, sonst raste ich noch aus, und dann akzeptiert mich hier keiner mehr.
- Ich darf nicht unfreundlich werden.
- Ich muss eben verständnisvoller sein.
- So einen Aufstand zu machen wäre doch geradezu kindisch, was sollen die anderen von mir denken.

Die Einschärfung »Zeig keinen Ärger« geht des öfteren einher mit der Einschärfung »Sei nicht wichtig«. So war es auch bei einer Teilnehmerin, die einen Konflikt mit ihrer Schwester bearbeitete:

Beispiel Ihre Schwester, die in ihrer Nähe wohnte, hatte beschlossen, eine Wochenendreise mit ihrem Mann zu unternehmen, und diese Reise auch schon gebucht. Der siebzehnjährige Sohn sollte das Wochenende bei seiner Tante – unserer Teilnehmerin – verbringen. Die wurde gar nicht erst gefragt, sondern vor vollendete Tatsachen gestellt. Da unsere Teilnehmerin sowohl ihre Schwester als auch ihren Neffen sehr gern mochte, nahm sie das auch widerspruchslos hin. Im Grunde ihres Herzens ärgerte sie sich aber – nicht darüber, den siebzehnjährigen Jungen zu betreuen, sondern über das Verhalten ihrer Schwester, das sie als Übergriff empfand. Sie wäre gern wenigstens gefragt worden, ob ihr das überhaupt recht sei. Aber da sie keine innere Erlaubnis besaß, ihren Ärger zum Ausdruck zu bringen, empfand sie auch noch Schuldgefühle, dass sie überhaupt ärgerlich geworden war. Das drückte sich in folgenden Gedanken aus: »Jetzt sei doch nicht so kleinlich und gönne ihr das Wochenende. Ist doch nicht so schlimm, dass sie nicht gefragt hat, schließlich ist sie deine Schwester. Du solltest dich schämen, dass du so kleinkariert bist!«

Es tat ihr gut, ihre negativen Gedanken bezüglich der Erlaubnis, Ärger zu äußern, mit konstruktiven Gegenargumenten zu beantworten. Da ihr Verhaltensrepertoire aber in Bezug auf Ärger stark eingeschränkt war, wusste sie einfach nicht, wie sie sich angemessen Luft machen konnte. Das ist ein Problem, das viele Menschen mit der »Zeig keinen Ärger«-Einschärfung haben: Sie haben keinerlei Vorstellung davon, wie sie sich in der problematischen Situation adäquat äußern können. Ihre Verhaltensbandbreite ist sehr eng: Sie können entweder nur sehr indirekt mitteilen, dass sie etwas stört – meist so indirekt, dass der Empfänger der Botschaft sie gar nicht versteht –, oder sie haben nach langem Rabattmarkensammeln einen plötzlichen Wutausbruch.

Angemessen seinem Ärger Ausdruck zu verleihen, lässt sich jedoch schnell und einfach mit einem Verhaltenstraining lernen.

Gehör nicht dazu

Die Einschärfung »Gehör nicht dazu« gibt es in zwei unterschiedlichen Erscheinungsformen, quasi mit einem positiven beziehungsweise negativen Vorzeichen. Bestücken sie es mit dem positiven Vorzeichen, vermitteln Eltern ihren Kindern: »Du bist zu gut für die anderen, also spiel nicht mit den Schmuddelkindern!« Wird die Einschärfung mit dem negativen Vorzeichen vorgebracht, so lautet sie: »Die anderen sind zu gut für dich.« Beiden gemeinsam ist, dass die betroffenen Kinder das Gefühl entwickeln, isoliert zu sein und nicht dazuzugehören.

Diese Einschärfung wird Kindern unter Umständen auch von der Umwelt mitgegeben, wobei die Eltern das häufig dadurch unterstützen, dass sie sich ebenfalls nicht zugehörig fühlen. Nach dem Zweiten Weltkrieg waren zum Beispiel viele Flüchtlingsfamilien in der Situation, von der Gemeinde, in die es sie verschlagen hatte, ausgegrenzt zu werden, und heute ist es mit der sozialen Akzeptanz dessen, was als fremdartig empfunden wird, leider immer noch nicht so weit her: Immigranten, Asylsuchende und andere können ein trauriges Lied davon singen.

Kinder fallen aus mannigfaltigen Gründen auch manchmal aus dem Klassenverband heraus. Sie werden vielleicht aufgrund ihres Äußeren, ihres Verhaltens, ihrer Interessen oder ihrer Talente von den anderen nicht angenommen. So kann beispielsweise eine ausgeprägte Begabung zu einem tatsächlichen Handicap für soziale Beziehungen werden. Manchmal ist es auch das Kind selbst, dem schlagartig klar wird, wie viel es von den anderen trennt, sodass es sich zurückzieht mit dem Gefühl »Ich gehöre nicht dazu«. Das kann zum Beispiel passieren, wenn ein Kind nach der vierten Klasse die Schule wechselt und im Gymnasium plötzlich mit anderen Kindern konfrontiert wird, die aus wohlhabenden und »gebildeten« Familien kommen, und sich daraufhin unterlegen oder als Außenseiter fühlt.

Im Erwachsenenalter hat jemand mit der Einschärfung »Gehör nicht dazu« entsprechend Schwierigkeiten, sich in eine Gruppe zu integrieren. Er neigt dazu, sich abzusondern, und hat zumindest nach außen hin kein Interesse an Gruppenaktivitäten. Aufgrund der negativen Erfahrungen haben sich automatisierte negative Gedankenmuster entwickelt, die es dem Menschen immer wieder schwer machen, sich einer neuen Gemeinschaft anzuschließen – sei es im Beruf, einer neuen Abteilung oder im Privatleben. Solche Gedanken können sein:

- Ich passe nicht dazu.
- Diese Leute sind mir zu oberflächlich/abgehoben/arrogant/bieder. – Mich will eh keiner dabeihaben.
- Am besten geht es mir, wenn ich für mich bin.
- Die anderen sind alle so gebildet, da kann ich gar nicht mithalten.
- Die kennen sich alle schon so lange, da ist ein Neuling nicht willkommen.
- Man wird mich nicht akzeptieren.
- Ich bin so uninteressant, ich kann sowieso nicht mitreden.

Mit solchen oder ähnlichen Gedanken verhindert man erfolgreich ein offenes Zugehen auf eine fremde Gruppe. Wie Sie wahrscheinlich bemerkt haben, sind auch diese negativen Gedanken mit zwei unterschiedlichen Vorzeichen versehen: Entweder man macht sich selbst ganz klein und die anderen ganz groß, oder man überhöht sich selbst und wertet die anderen ab. Beides verhindert eine freundliche Kontaktaufnahme auf Augenhöhe. Wenn man sich in einer Gruppe entweder unsichtbar macht oder die anderen durch tendenziell aggressives Verhalten vor den Kopf stößt, kann keine Integration stattfinden. So war es auch mit einem ehemaligen Teilnehmer einer Transaktionsanalyse-Ausbildungsgruppe:

Beispiel Dieser zog sich in jeder Pause zurück, um für sich allein etwas zu lesen. Alle anderen Teilnehmer nutzten die Pausen, um miteinander in Kontakt zu kommen, sich auszutauschen oder sich für den Abend zu verabreden. Er wahrte seine Distanz, um sich anschließend jedoch bei der Feedbackrunde enttäuscht darüber zu zeigen, dass er nicht in die Gruppe integriert sei. Es war ihm nicht bewusst geworden, dass er dies durch sein eigenes Verhalten provoziert hatte. Erst als man ihn damit konfrontierte, dass er sich immer dann, wenn Gelegenheit zu privatem Kontakt gegeben war, absonderte, dämmerte ihm langsam, dass ihm die Erlaubnis fehlte, sich in einer Gruppe außerhalb seiner eigenen Familie wohl und zugehörig zu fühlen.

Werd nicht erwachsen

Kinder zu haben, ist etwas Wunderbares, vor allem kleine Kinder sind außerordentlich niedlich. Manche Eltern sind jedoch so verliebt in ihre Kleinkinder und identifizieren sich dermaßen mit ihrer Elternrolle, dass sie alles tun, um ein Selbstständigwerden ihrer Kinder zu verhindern. Die Babysprache ist entzückend, aber wenn ein Kind mit sieben Jahren immer noch Babysprache spricht, weil die Eltern und die älteren Geschwister sich ausschließlich so mit ihm verständigen, ist das bedenklich.

Um das Kind möglichst lange im Kleinkindstadium zu halten, reagieren viele Eltern ängstlich und ablehnend auf seine Unabhängigkeitsbestrebungen. Sie machen ihm zum Beispiel Geschenke, die nicht mehr seinem Alter entsprechen, und ignorieren seine eigenen Wünsche mit dem Hinweis, dafür sei es noch viel zu klein. Das Kind wird überbehütet und darf vieles nicht, was für seine Altersgenossen ganz selbstverständlich ist: allein Rad fahren zum Beispiel oder allein zur Schule oder ins Schwimmbad gehen. Oft sind es Einzelkinder oder die Jüngsten, die von den Eltern so am Erwachsenwerden gehindert werden. Dahinter steckt wohl häufig die elterliche Angst, nicht mehr gebraucht zu werden, wenn das Kind eigenständig wird.

Die Kinder zahlen für die Annehmlichkeit, so umhegt zu werden, einen ziemlich hohen Preis – sie bleiben von ihren Eltern abhängig. Da sie es nicht gelernt haben, das Leben selbstständig zu meistern, erhalten sie vom Leben meist die Quittung in Form von Enttäuschungen und Misserfolgserlebnissen. Die Unfähigkeit, das eigene Leben in den Griff zu bekommen, signalisiert den Eltern wiederum, dass man sich um dieses »Kind« wirklich kümmern muss. Also nehmen sie weiterhin massiv Einfluss und reden bei allem, was den mittlerweile Erwachsenen betrifft, kräftig mit. Auch wenn die Betroffenen darauf mit Rebellion reagieren, wirkt die Einschärfung »Werd nicht erwachsen« weiter. Und wenn eine rebellisch getroffene Entscheidung sich als unvernünftig erweist, beweist das den Eltern nur, wie sehr ihr Kind sie noch braucht.

Wer die Einschärfung »Werd nicht erwachsen« mitbekommen hat, für den ist es sehr schwer, für sein Leben und seine Entscheidungen die Verantwortung zu übernehmen. Manchmal führt das dazu, dass man sich einen Partner sucht, der die Elternrolle für einen übernimmt. So gerät man in neue Abhängigkeiten. Doch als Erwachsener wird man selten ganz darum herumkommen, eigene Entscheidungen zu treffen – schon allein deswegen, weil der Beruf das verlangt. Die ängstlichen Gedankenmuster, die den Betroffenen dabei begleiten, sehen etwa so aus:

- Wie soll ich das denn hinkriegen, ich weiß gar nicht, ob ich das kann.
- Wenn ich mich falsch entscheide, gibt es eine Katastrophe.
- Ich habe Angst davor, dass alles an mir hängt.
- Wieso muss ich die ganze Verantwortung tragen, ich will das nicht.
- Hoffentlich geht das gut (mit dem inneren Zusatz »wahrscheinlich nicht«).
- Ich habe Angst davor, was da alles passieren kann.
- Ich fühle mich völlig allein, hilft mir denn keiner?

Ein Beispiel für die Einschärfung »Werd nicht erwachsen« bot ein Diplom-Psychologe, der das sprichwörtliche »Nesthäkchen« seiner Eltern war:

Beispiel Als Berufsanfänger hatte er große Schwierigkeiten damit, Verantwortung für Patienten zu übernehmen und therapeutische Gruppen zu leiten. Die Erkenntnis, welche Anforderungen jetzt an ihn gestellt wurden, erschreckte ihn erheblich. Er hatte Angst, dass die Situation ihn überforderte, und wehrte sich innerlich gegen die Last, die die neue Verantwortung für ihn darstellte. Er hat jedoch gelernt, sich erfolgreich mit seinen negativen Gedanken – »Werden die Patienten mich überhaupt akzeptieren? Ich habe Angst, Fehler zu machen. Ich will diese Verantwortung nicht, was ist, wenn ich versage?« – auseinanderzusetzen und sich selbst dadurch die Erlaubnis gegeben, ein anderes inneres Bild von sich zu entwickeln: nicht mehr klein, verzagt und unsicher, sondern fähig und selbstverantwortlich.

Zeig keine Gefühle

Ein kleines Kind rennt, fällt hin, schlägt sich das Knie auf und weint. Es läuft zur Mutter, die sieht sich den Schaden kurz an und meint dann: »Hör auf zu weinen, das tut doch schon gar nicht mehr weh!« So macht das Kind die erste Erfahrung, dass seine Gefühle nicht anerkannt werden – sie werden einfach geleugnet. Wenn es traurig ist, weil ein Lieblingsspielzeug zerbrochen ist, sagt man ihm kühl, dass es eben hätte besser aufpassen müssen. Wenn es ärgerlich ist, weil es ins Bett muss, obwohl es so gern noch ein bisschen gespielt hätte, wird ihm erklärt, dass es gar keinen Grund gibt, ärgerlich zu sein – schließlich müsse es jeden Abend um diese Zeit ins Bett. Ein ritueller Gute-Nacht-Kuss ist das Maximum an Körperkontakt; gesprochen wird über Gefühle schon gar nicht.

Von Eltern, die selbst keine Erlaubnis besitzen, ihre Gefühle zu zeigen, weil sie sie als schwierig oder gar bedrohlich erleben, lernt ein Kind, dass seine Emotionen nicht erwünscht sind. Es macht immer wieder die Erfahrung, dass es ihm besser geht, wenn es keine zeigt. Es lernt daher, seine eigenen emotionalen Reaktionen zu unterdrücken und sich rational und sachlich zu verhalten. Das kann man am besten erreichen, wenn man bereits die Wahrnehmung der Emotionen blockiert. Menschen mit der Einschärfung »Zeig keine Gefühle« nehmen deshalb ihre Gefühle erst dann wahr, wenn sie mit großer Heftigkeit auftreten. Das löst meist die Angst aus, vom Gefühl überflutet zu werden, und bestätigt sie noch darin, dass Gefühle etwas Bedrohliches sind.

Weil jemand mit dieser Einschärfung es sein Leben lang vermieden hat, mit seinen Gefühlen in Kontakt zu kommen, kann er sie meistens auch sprachlich nicht fassen. Er ist nur daran gewöhnt, sie durch seine Gedanken stark abzuwerten. Fragt man ihn, wie er sich in einer bestimmten Situation fühlt, kommt selten mehr als ein allgemeines »gut«, »schlecht« oder »komisch«, dafür aber eine logische Analyse, weshalb die Situation so ist, oder ein Statement, was zu tun ist.

Der Versuch, das Leben mit Logik in den Griff zu kriegen, bereitet spätestens in der Partnerschaft große Schwierigkeiten. Wenn der Partner emotionale Probleme hat und Verständnis sucht, hilft Logik nicht weiter, sondern führt eher zu Konflikten. Die Aufforderung »Nun sei doch nicht so hysterisch«, gerichtet an jemanden, der sich ausweinen will oder Ärger rauslassen muss, mag ja aufbauend gemeint sein – gut ankommen wird sie nicht. Sie ist der Situation auch nicht angemessen.

Auch wenn der Partner sich wünscht, mehr Ausdruck von Liebe und Zuneigung zu erhalten, wird es schwierig. Diese Gefühle und alle anderen sind sicherlich vorhanden, aber es fehlt eben die Erlaubnis, sie auch zu äußern. Dazu kommen oft große Befürchtungen, was passiert, wenn man seine Gefühle offen zeigt. Geprägt durch die Einschärfung hat man Angst, nicht mehr akzeptiert zu werden, so wie die Eltern das Zeigen von Gefühlen nicht akzeptiert haben, als man klein war. Und manchmal ist auch die Angst da, dass die anderen mit so viel Gefühl gar nicht umgehen können und man ihnen das auch gar nicht zumuten darf. Automatisierte negative Gedanken können bei dieser Einschärfung etwa so lauten:

- Ich muss sachlich bleiben.
- Sei nicht hysterisch!
- Ein Indianer kennt keinen Schmerz.
- Verhalte dich nicht wie ein heulendes Kleinkind.
- Wenn ich meine Gefühle zeige, mache ich mich lächerlich.
- Ich ertrage so viel Gefühl nicht.
- Ich darf das anderen nicht zumuten.
- Ich bin stark und kein Schlappschwanz.
- Wer Gefühle zeigt, wird nur fertiggemacht.

Sei kein Kind

Das Kind möchte so gern noch spielen, aber es hat keine Zeit, denn es muss auf die kleinen Geschwister aufpassen. Statt einfach nur zu tun, wonach ihm der Sinn steht, trägt es schon Verantwortung. Es hat sehr früh gelernt, dass es gescholten wird, wenn es sich wie ein sorgloses Kind verhält, dass es aber Anerkennung bekommt, wenn es die Pflichten eines Erwachsenen übernimmt. Vielleicht geht es ja auch gar nicht anders, weil niemand sonst Zeit hat, die Kleineren zu beaufsichtigen – für das Kind heißt es aber auf jeden Fall, dass es nicht viele Möglichkeiten hat, seine kindgerechten Bedürfnisse auszuleben, sich im Spiel gänzlich zu verlieren, herumzutrödeln oder seinen Tagträumen nachzuhängen.

Ein anderes Kind möchte auch gern spielen, aber es muss sich dabei gut benehmen: Es darf seine Hände nicht schmutzig machen, seine Kleider selbstverständlich auch nicht, es darf keine Unordnung machen und auf gar keinen Fall Mama und Papa belästigen. Es darf eigentlich nur eins: nämlich Ruhe geben und sich wie ein kleiner Erwachsener verhalten. Dann sind die Eltern zufrieden, und das Kind wird dafür gelobt, dass es so vernünftig ist. Ausgelassen sein, herumtoben, einmal ganz unbändig sein – all das, was auch zum Kind sein gehört, lässt diese Dressur nicht zu.

Wer auf die eine oder andere Weise die Botschaft »Sei kein Kind« mitbekommen hat, tut sich auch als Erwachsener schwer, Zeit ganz allein für sich zu beanspruchen, bei Festen ausgelassen zu feiern oder die eigenen Bedürfnisse einmal in den Vordergrund zu stellen. Mit dieser Einschärfung übernimmt man auch als Erwachsener viel Verantwortung für andere Menschen. Manchmal übertrieben viel, denn man fühlt sich immer noch für die eigenen »Kinder« verantwortlich, obwohl die seit zwanzig Jahren erwachsen sind; oder man traut aus Überfürsorglichkeit den Mitarbeitern nichts zu und macht deshalb viel zu viel selbst. Dass man selbst die Verantwortung tragen muss, hat sich so tief eingeprägt, dass man dabei leicht übersieht, dass man auf diese Weise die anderen zwar unterstützt, aber auch klein macht. Die automatisierten Gedanken, die diese Haltung festigen, könnten unter anderem so lauten:

- Ich muss die Verantwortung übernehmen.
- Die anderen brauchen mich.
- Ich darf nicht egoistisch sein.
- Ich darf mich nicht gehen lassen.
- So albern zu sein gehört sich nicht.
- So ein Benehmen ist ja kindisch.
- Wenn ich nur nach meinen Bedürfnissen lebe, will keiner mehr etwas mit mir zu tun haben.
- Wenn ich das tue, was ich wirklich will, akzeptiert mich meine Familie nicht mehr.

Sei nicht gesund

Die Einschärfung »Sei nicht gesund« wird Kindern wahrscheinlich nicht besonders häufig mitgegeben, aber es kommt vor. Wenn ein Elternteil aufgrund des eigenen Lebensskripts das Gefühl benötigt, gebraucht zu werden, wird es das Kind geradezu überfürsorglich betreuen. Aus jeder kleinen Beule wird eine große Angelegenheit gemacht, und jedes Niesen wird zu einer Grippe hochstilisiert. Möglicherweise reden die Eltern dem Kind auch ein, dass es eine schwache Gesundheit habe und gut auf sich Acht geben müsse. Das Kind spürt schnell, mit welcher Begeisterung Mutter oder Vater auf jedes Symptom reagieren. So lernt auch das Kind, alle möglichen Anzeichen einer Krankheit immer gut im Auge zu haben. Und wenn man sich gut darauf konzentriert, dann zwickt und zwackt es einen immer irgendwo.

Vielleicht hat das Kind aber auch einfach gelernt, dass es besonders interessant zu sein scheint, wenn es krank ist, denn dann kümmern sich die Eltern besonders liebevoll um es. Wenn Kranksein hauptsächlich Vorteile bringt, nimmt man jede Krankheit dankbar an. Und wenn man in dauernder Angst vor Krankheiten lebt, produziert man vielleicht genügend inneren Stress, dass die Abwehr davon tatsächlich so geschwächt ist, dass man sich jeden Krankheitserreger einfängt.

Menschen mit der Einschärfung »Sei nicht gesund« schränken sich unter Hinweis auf ihre schwache Gesundheit mit folgenden hinderlichen Gedanken ein:

- Das kann ich nicht, dazu bin ich zu empfindlich.
- Das traue ich mir nicht zu, mit meiner Gesundheit.
- Ich kriege bestimmt wieder eine Erkältung/Grippe/Kopfschmerzen/Magenschmerzen.
- Was passiert, wenn es mir dort (im Urlaub/in einem fremden Land) ganz schlecht geht?
- Ich kann nirgendwo hingehen, wo kein Arzt in der Nähe ist.
- Es ist schrecklich, wenn man nie ganz gesund ist.
- Ich fühle mich scheußlich.

Sei nicht du

Die Einschärfung »Sei nicht du« kann in zwei Varianten erscheinen. Zum einen kann sie sich auf das Geschlecht beziehen, also »Sei kein Mädchen« oder »Sei kein Junge«. Das kann passieren, wenn die Eltern sich sehnlichst eine Tochter beziehungsweise einen Sohn gewünscht und das andere bekommen haben. Zum anderen kann sie sich aus der Zuschreibung der Persönlichkeit eines anderen ergeben: »Du bist genau wie dein Vater/deine Mutter/Onkel Max.« Diese Zuschreibung kann positiv gemeint sein, häufiger jedoch ist es eine negative Charakterisierung.

Auch wenn die Zuschreibung positiv gemeint ist, stellt sie für das Kind natürlich eine Einschränkung dar: Es muss sich immerzu an einem Idealbild messen lassen. Wenn die Zuschreibung negativ gemeint ist, bezieht das Kind quasi die Prügel für die realen oder vermeintlichen Untaten eines anderen. Die Eltern kolportieren sehr genau, wie der Vergleichsmensch sich verhält und was er alles auf dem Kerbholz hat, und sie vermitteln dem Kind immer wieder, es sei ganz genauso und werde auch ebenso enden. Da das Kind sich noch nicht selbst definieren kann, übernimmt es irgendwann diesen Vergleich und verhält sich ähnlich wie sein »Vorbild«. Das kann so weit gehen, dass es tatsächlich zu Übereinstimmungen im Lebenslauf kommt.

Wer ein solches Skript lebt, muss erst einmal klären, wer er selbst eigentlich ist – denn er hat ja nie die Freiheit gehabt, sich eigenständig zu entwickeln. Er muss lernen, sich selbst auf die Spur zu kommen, um sich von der Identifikation mit einem anderen zu befreien. Er kann zwar die eine oder andere gleiche Vorliebe haben wie der »Vergleichsmensch«, aber er muss eben trotzdem er selbst sein.

Die hinderlichen Gedanken, die Menschen mit dieser Einschärfung begleiten, sind sehr unterschiedlich. Einerseits hängt es davon ab, ob sich die Einschärfung auf das Geschlecht oder auf eine Zuschreibung bezieht, und andererseits, ob jemand die Einschärfung einfach übernommen hat oder ob er sein Leben lang dagegen ankämpft. So könnte zum Beispiel ein Mann, der als kleiner Junge von seiner Mutter immer herausgeputzt wurde, da sie lieber eine Tochter gehabt hätte, ständig unter dem Zwang stehen, beweisen zu müssen, was für ein Kerl er ist. Dabei würden vermutlich folgende Gedanken eine Rolle spielen:

- Ich darf nicht verzärtelt erscheinen.
- Ich will nicht, dass mich jemand für einen Jammerlappen hält.
- Ein richtiger Mann tut das nicht.

Eine Frau hingegen, deren Eltern sich einen Sohn gewünscht haben und die stolz darauf waren, dass sie »wilder als jeder Junge ist«, hat diese Einschärfung übernommen und schränkt sich deshalb in ihrer Weiblichkeit vielleicht folgendermaßen ein:

- Diese Klamotten sind doch viel zu aufgerüscht, das passt doch gar nicht zu mir.
- Ich will dieses weibliche Getue nicht, damit kann ich nichts anfangen.
- Ich bin doch keine Tussi.

Wenn »Sei nicht du« sich auf eine andere Person, mit der man verglichen wird, bezieht, sind die einschränkenden Gedanken meist sehr konkret mit dieser Person verbunden:

- Papa hätte das niemals gemacht, das darf ich auf keinen Fall tun.
- Nein, das kann ich nicht machen, das passt doch eigentlich gar nicht zu mir (wenn man zum Beispiel etwas tun will, was der Vergleichsmensch bestimmt nicht getan hätte).
- Ich bin nun mal so wie Onkel Otto, das ist mein Schicksal, und der hat auch nie großes Glück bei Frauen gehabt.

Komm mir nicht zu nahe

Ein kleines Kind sucht auf vielfältige Weise Körperkontakt: Es will kuscheln, schmusen, zu Mutter oder Vater auf den Arm. Wenn Eltern diese körperliche Nähe nicht ertragen – vielleicht weil sie sie selbst nie erhalten haben –, reagieren sie unwillig, gereizt und ablehnend auf die Annäherungen. Für ein Kind ist das eine schmerzhafte Zurückweisung. Sie ist so schmerzhaft, dass das Kind dazu übergeht, sein Bedürfnis nach Nähe und Zärtlichkeit einzufrieren. Denn auf Dauer ist es nicht auszuhalten, dieses Bedürfnis zwar zu verspüren, aber nie erfüllt zu bekommen.

Wer als Kind mit der Einschärfung »Komm mir nicht zu nahe« aufgewachsen ist, wird als Erwachsener meist mit einer großen Ambivalenz im Umgang mit Nähe leben: Das, wonach man sich am meisten sehnt, ist das, was man am meisten fürchtet. Da man immer zu wenig Nähe hatte, trägt man ein großes unerfülltes Verlangen in sich. Wenn man die Nähe dann aber bekommt, löst sie Panik aus, weil man insgeheim befürchtet, von all den eingefrorenen Bedürfnissen überrollt zu werden. Man lässt also lieber niemanden richtig an sich heran.

Da sich Bedürfnisse nach Nähe aber selten komplett verleugnen lassen, geht man natürlich trotzdem Beziehungen ein, oft mit Menschen mit der gleichen Einschärfung. Dabei entstehen manchmal Beziehungen, bei denen die Partner ein paar Hundert Kilometer Entfernung zwischen sich brauchen, um gut miteinander auszukommen. Aber nicht immer lässt sich räumliche Distanz herstellen, denn an Wochenenden oder in Urlauben lässt sich die Nähe kaum verhindern. Menschen mit der Einschärfung »Komm mir nicht zu nahe« können deshalb auch auf andere Art sehr gut Distanz herstellen – zum Beispiel, indem auf Teufel komm raus ein Streit vom Zaun gebrochen wird, denn so kann man sehr intensiv zusammen sein, ohne wirklich Nähe zu haben. Wenn es überraschend doch einmal zu wirklicher Nähe kommt, ist es für jemanden mit dieser Einschärfung meist eine überwältigende Erfahrung.

Die einschränkenden Gedanken, die diese Einschärfung begleiten, lauten etwa:

- Ich brauche diese Schmuserei nicht.
- Ich finde dieses ewige Aneinanderkleben albern.
- Diese extreme Nähe brauche ich gar nicht, das liegt mir nicht.
- Wenn dir jemand zu nahe kommt, wirst du nur verletzt.
- Ich bin am stärksten allein.
- Ich bin eben ein totaler Einzelgänger, da kann man nichts machen.
- Am liebsten habe ich sowieso meine Ruhe.
- So viel Gefühl kann ich mir nicht erlauben.

11. Innere »Antreiber« – die Gebote zum Lebensskript

Eltern oder andere Bezugspersonen geben ihren Kindern jedoch nicht nur Verbote in Form von Einschärfungen mit auf den Lebensweg, sondern auch Gebote. Diese Gebote nennt die Transaktionsanalyse »Antreiber«. Antreiber sind sozusagen die Handlungsanweisungen, mit denen Eltern auf bestimmte Schwierigkeiten, die die Kinder ihnen machen, oder auf die negativen Folgen der Verbote reagieren. Antreiber erhalten die Kinder deshalb für gewöhnlich zu einem späteren Zeitpunkt als Einschärfungen. Meist beginnen Eltern erst im Schulalter damit, und sehr häufig geben sie einfach ihre eigenen Antreiber an die Kinder weiter. Genau wie Einschärfungen können auch die Antreiber unterschiedlich intensiv ausfallen.

Ein Antreiber meldet sich in auslösenden Schlüsselsituationen ebenfalls mit negativen Gedanken und erhöht massiv den inneren Stress. Wenn das Verhalten von jemandem gerade von seinem Antreiber bestimmt wird, neigt er außerdem dazu, seinen Antreiber an die unmittelbare Umgebung weiterzugeben und sie ebenfalls anzutreiben. Das kann den Stress noch weiter verschärfen.

Die fünf Antreiber

Im Folgenden werden wir diese Antreiber mit einigen der dazugehörigen hinderlichen Gedanken darstellen. Die Transaktionsanalyse kennt insgesamt fünf Antreiber:

- Sei perfekt
- Mach es anderen recht/Sei gefällig
- Streng dich an

- Sei stark
- Beeil dich

Jeder dieser Antreiber wird sicherlich von einer Unzahl anderer, aber ähnlicher Gedanken begleitet. Wir wollen Ihnen mit unseren Beispielen lediglich Anhaltspunkte dafür geben, wie sich der jeweilige Antreiber auf der Ebene der Gedanken äußern kann.

Sei perfekt

Einer der Antreiber, die man bei uns am häufigsten findet, ist das Gebot »Sei perfekt«. Er wird einem Kind am eindringlichsten im Zusammenhang mit schulischen Leistungen vermittelt. Stellen Sie sich ein Kind vor, das normal gut in der Schule ist, also kein Überflieger, aber auch nicht schlecht ist. Nun kommt dieses Kind mit einer Zwei in irgendeiner Arbeit nach Hause. Statt es zu loben, ist die erste Reaktion der Eltern die Frage: »Wie viele Einsen gab es denn?« Als eigentliche Botschaft hinter dieser Frage kommt beim Kind an: »Wir sind enttäuscht, dass du keine Eins hast!« Und so lernt es: »Alles, was schlechter als Eins ist, zählt eigentlich gar nicht.«

Wenn die Eltern sich dann noch die Arbeit zeigen lassen und an den (wenigen) »blöden Fehlern« herummäkeln, die die Eins vermasselt haben, hat das Kind endgültig begriffen, dass seine gute Leistung niemanden interessiert, weil nur Perfektion zählt. Außerdem lernt es, dass es absolut nicht in Ordnung ist, Fehler zu machen. So etabliert sich eine Art Schwarz-Weiß-Denken: Etwas war entweder perfekt, oder es war schlecht. Dazwischen gibt es nichts. Wenn man 100 Prozent haben will, sind 99 Prozent eben inakzeptabel.

Wer mit einem »Sei perfekt«-Antreiber zu kämpfen hat, hat keine innere Erlaubnis, Fehler zu machen. Die ständige Angst vor dem Fehlermachen kostet enorm viel Energie, denn sie führt dazu, dass der Betreffende sehr viel Aufwand betreibt, um Fehler zu vermeiden. Dieser Aufwand steht meist in keinem Verhältnis zum Ergebnis.

Wie viel Aufwand jemand betreibt, zeigt sich oft schon darin, wie Menschen etwas erzählen. Wahrscheinlich sind Ihnen auch schon Menschen begegnet, die eine nervenaufreibend umständliche Art besitzen, ein Ereignis zu schildern – dahinter steckt ein Perfekt-Antreiber. Um nur ja keine Details zu vergessen, holt jemand mit diesem Antreiber sehr weit aus, um alle vermeintlich relevanten Fakten zu erfassen. Er kommt vom Hölzchen aufs Stöckchen, bis er seine Zuhörer entweder absolut langweilt oder so gründlich verwirrt hat, dass sie gar nichts mehr verstehen – oder beides. Die Zuhörer haben meist keine Chance mehr zu unterscheiden, was vom Gesagten nun wichtig ist und was man als Beiwerk getrost vernachlässigen darf. Der Erzähler jedoch steht unter dem Druck seines Antreibers, ein vollständiges, perfektes Bild der Situation zu liefern. Damit erreicht er jedoch vielmehr, dass die Zuhörer unter dieser nicht zu bewältigenden Flut an Worten abschalten.

Es ist die Tragik des Perfekt-Antreibers, dass Menschen, gerade weil sie unbedingt so perfekt sein müssen, letzten Endes meist schlechtere Leistungen erbringen und schlechtere Ergebnisse erzielen als Menschen, die gelassen und locker an ihre Aufgaben herangehen. Oder sie bringen zwar gute Ergebnisse, müssen dafür aber unverhältnismäßig viel Energie aufwenden: Einerseits, weil sie häufig mehr Zeit für die Bewältigung von Aufgaben benötigen, und andererseits, weil der Antrieb für das gute Ergebnis aus der Angst vor Versagen kommt und sich nicht aus der Freude am Tun speist – und Angst verbraucht Unmengen an Energie.

Der Perfekt-Antreiber darf nicht verwechselt werden mit einem hohen Anspruch an die eigene Tätigkeit. Wer gern gute Arbeit leistet, Freude daran hat, ein gutes Ergebnis zu erreichen und konzentriert zu arbeiten, steht nicht unbedingt unter dem Zwang »Sei perfekt!«. Der Unterschied zeigt sich spätestens dann, wenn es eine Panne gibt: Denn jemand, der auch gelassen reagieren kann, wenn etwas anders kommt, als geplant, oder wenn gar etwas schiefgeht, kann eine Situation mit Improvisationstalent retten. Jemand mit Perfekt-Antreiber hat jedoch kein Improvisationstalent, er macht sich vielmehr die Hölle heiß, dass er jetzt ja nichts falsch machen darf.

Bei der Arbeit drückt sich der Perfekt-Antreiber oft dadurch aus, dass alles bis ins kleinste Detail vorbereitet wird. Die Angst vor Fehlern sorgt für inneren Stress und für immerwährende Angespanntheit. Wenn irgendetwas anders läuft als geplant, erzeugt das pure Panik, denn mit einem Perfekt-Antreiber lässt sich schlecht improvisieren.

Man ist viel mehr damit beschäftigt, darüber nachzugrübeln, was da schiefgelaufen ist, warum das so gekommen ist und was die anderen darüber denken. Selbst kleine Fehler werden nicht auf die leichte Schulter genommen, wie das folgende Beispiel zeigt.

Beispiel Bei einem Führungstraining unterlief dem Seminarleiter ein Rechtschreibfehler auf dem Flipchart. Ein Teilnehmer machte ihn sehr freundlich darauf aufmerksam – das genügte, um den Seminarleiter für eine halbe Stunde völlig aus der Spur zu bringen! Jemand ohne Perfekt-Antreiber hätte sich beim Teilnehmer bedankt, den Fehler korrigiert und ohne großes Aufheben weitergemacht. Aber wer sich selbst partout keine Fehler erlauben darf, gerät natürlich in größte Not, wenn die Fehler auch noch offenbar werden.

Negative Gedanken, die sofort anspringen, wenn man etwas falsch gemacht hat, lauten zum Beispiel:

- Jetzt ist die ganze Arbeit beim Teufel.
- Das hätte ich doch wissen müssen.
- Das hätte mir niemals passieren dürfen.
- Ich bin in Grund und Boden blamiert.
- Ich hasse mich, weil ich immer wieder so blöde Fehler mache.

Im Berufsleben zeigt sich ein Perfekt-Antreiber oft auch dadurch, dass jemand sehr viel länger arbeitet als die anderen, ohne jedoch mehr zu schaffen. Aus Angst vor Fehlern wird alles viele Male kontrolliert, sodass man mit der Arbeit fast gar nicht mehr fertig wird. Außerdem kommt es durch die immense innere Anspannung leicht zu einem Nachlassen der Konzentrationsfähigkeit, sodass der Befehl »Sei perfekt« tatsächlich oft genug nach hinten losgeht: Man macht viel mehr Fehler, als wenn man einer Aufgabe entspannt nachginge. Die automatisierten negativen Gedanken, die den inneren Stress auslösen, könnten etwa so klingen:

- Das muss jetzt aber optimal laufen.
- Mir darf da kein Fehler passieren.
- Wenn ich jetzt etwas falsch mache, ist das eine Katastrophe.
- Du bist ein Idiot, nun streng dich doch mal ein bisschen an.
- Das ist doch Mist, was du da machst, mach es endlich besser.

- Ich muss viel besser werden.
- Habe ich auch wirklich alles berücksichtigt?
- Ich darf nichts verkehrt machen.

Einem Perfekt-Antreiber begegnet man jedoch nicht nur im beruflichen Umfeld, sondern auch im Privatleben. Eine Frau, die sich aufreibt, um als berufstätige Mutter auch noch einen erstklassigen Haushalt hinzulegen und ihrem Mann die perfekte Gattin zu sein, steht sicherlich unter der Fuchtel des Antreibers – jedenfalls dann, wenn sie sich mit Selbstvorwürfen quält, sobald sie merkt, dass es eben nicht so perfekt läuft, wie ihr Anspruch es fordert.

»Sei perfekt« findet sich aber auch im Sport oder bei Hobbys, dann bringt man den Stress bis in die Freizeit. Was eigentlich zur Erholung dienen sollte, wird dann durch Verbissenheit eine zusätzliche Quelle der Anspannung.

Mach es anderen recht oder sei gefällig

Erinnern Sie sich an die Einschärfung »Sei nicht wichtig«? Diese Einschärfung stellt das Verbot dar, eigene Interessen wahrzunehmen. Der Antreiber »Mach es anderen recht« gibt diesem Verbot eine Richtung. Während die Einschärfung die Botschaft gibt »Du bist nicht wichtig«, sagt der Antreiber: »Aber die anderen sind es, also streng dich an, es den anderen recht zu machen!« Wahrscheinlich schwingt daneben noch die leise Hoffnung mit »Und wenn du Glück hast, kümmert sich jemand auch mal um dich«. Der Antreiber »Mach es anderen recht« ist deshalb ganz eng mit der Einschärfung »Sei nicht wichtig« verbunden und ergänzt sie auf ideale Weise.

Solche Menschen haben als Kind zwar gelernt, dass alle anderen vorgehen, aber dass sie doch etwas vom Kuchen abgekriegt haben, wenn sie ganz lieb und brav waren und sich genau den Erwartungen der Eltern gemäß verhalten haben. Man hat den Tisch gedeckt und abgeräumt und den Müll runtergebracht und den Rasen gemäht und einen langen Brief an Omi geschrieben – und dann war man Mamis liebes Mädchen und durfte am Wochenende mit der Freundin ins Kino. Auch Dinge wie der Nachbarin zu helfen, für die Tante Besorgungen zu machen, die kleinen Geschwister zu hüten, etwas für die Kirchengemeinde zu erledigen oder das Taschengeld den armen Kindern in Afrika zu spenden standen ganz hoch im Kurs.

In Verbindung mit der »Du bist nicht wichtig«-Einschärfung lernt das Kind durch den »Sei gefällig«-Antreiber jedoch nicht, löblichen Gemeinsinn zu entwickeln, sondern folgende Regel: »Ich zähle zwar nicht, aber wenn ich mich abstrample, damit es allen anderen gut geht, dann sind sie wenigstens mit mir zufrieden.« Etwas für andere zu tun wird dadurch nicht zu einem Wert an sich, sondern nur zu einer Überlebensstrategie. Um dem Antreiber zu folgen, wird ein überangepasstes Verhalten entwickelt, beherrscht von der Frage »Was wollen die anderen?« beziehungsweise »Was könnten sie wollen?«.

Etwas für sich selber zu wünschen oder zu fordern, stellt jemanden mit diesem Antreiber vor die größten Schwierigkeiten. Er blockiert sich dabei selbst bei harmlosen Anliegen mit Gedanken wie:

- Das steht mir doch gar nicht zu.
- Ich belästige die anderen nur mit meinen Wünschen.
- Das ist doch zu viel verlangt.

Gleichzeitig setzt ihn sein Gedankenmuster permanent unter Druck, etwas für andere zu tun, auch wenn er das eigentlich gar nicht will:

- Was ich will, ist jetzt gar nicht wichtig, ich kann den anderen nicht im Stich lassen, der Arme braucht mich doch!
- Ich muss helfen.
- Ich habe Angst, abgelehnt zu werden, wenn ich Nein sage.

Um Missverständnissen vorzubeugen: Wir wollen hier keinen hemmungslosen Egoismus predigen! Aber in unseren Augen sollte jemand die Wahl haben, ob er in einer bestimmten Situation die eigenen Interessen in den Vordergrund stellen will oder nicht. Wer unter dem Zwang dieses Antreibers steht, hat diese Wahl nicht. Meist nimmt er die eigenen Bedürfnisse schon gar nicht mehr wahr, da er so daran gewöhnt ist, sich auf die Bedürfnisse der anderen einzustellen. In unserem christlich geprägten Umfeld sagen Menschen mit dem »Sei gefällig«-Antreiber häufig, sie seien eben nach dem Motto »Liebe deinen Nächsten wie dich selbst« erzogen worden, und daran sei ja nichts Schlechtes. Wir geben ihnen darin völlig Recht, weisen nur darauf hin, dass wir in dem Fall ungern ihr Nächster wären – wenn wir dann genauso schlecht behandelt würden, wie sie sich selbst behandeln.

Manchmal löst das schon genug Nachdenken aus, um sich wenigstens nicht mehr ganz so schamlos ausnutzen zu lassen, wie es manchen mit diesem Antreiber ergeht. Denn natürlich trifft jemand, der es allen anderen recht machen will, ganz schnell auf Menschen, die überhaupt kein Problem damit haben, die eigenen Lasten auf andere abzuwälzen – Menschen, die ihre eigenen Forderungen sehr klar artikulieren können und auf ein zaghaft oder indirekt vorgebrachtes »Eigentlich passt es mir gerade nicht so besonders gut« gar nicht reagieren.

Solche Menschen sind dann auch die ersten, die mit Kritik auf die betroffene Person reagieren, wenn diese versucht, sich aus der Umklammerung des Antreibers zu lösen. Dann kommen zum Beispiel Rückmeldung wie: »Du hast dich in letzter Zeit aber sehr zu deinem Nachteil verändert! Früher warst du viel netter!« Klar, früher haben sie ja auch enorm von dieser »Nettigkeit« profitiert. Solche Kommentare erschweren es den Überangepassten natürlich, ihre eigenen Belange als gleichberechtigt anzuerkennen und sie standhaft zu verteidigen, denn dadurch wird die Angst geschürt, nicht mehr akzeptiert zu werden, wenn man nicht bedingungslos für die anderen da ist.

Wirkliche Freunde jedoch werden erleichtert sein, denn es macht jede Beziehung einfacher, wenn man klar sagen kann, was man will beziehungsweise nicht will. Einem Menschen mit dem »Sei gefällig«-Antreiber nützt es gar nichts, wenn er mit einem »Gleichgesinnten« zusammentrifft: Wenn sie Pech haben, will jeder so sehr die Wünsche des anderen erfüllen, dass sie beide leer ausgehen. So erging es zwei Freundinnen, die gemeinsam nach Italien in Urlaub fuhren.

Beispiel Da sie beide sehr kulturbeflissen waren, vermutete jede von der anderen, dass die gar keine Lust darauf hätte, einfach nur am Strand zu faulenzen. Also überboten sie sich gegenseitig an Vorschlägen, welche Museen, Kirchen oder Ausstellungen man besuchen könnte – und jede bestätigte so der anderen, dass sie wohl Recht habe mit ihrer Vermutung. Es wurde ein ziemlich anstrengender Urlaub, den beide viel lieber mit Lesen am Strand und entspanntem Herumtrödeln verbracht hätten. Aber das wollte keine der beiden der anderen zumuten! Da macht man sich das Leben doch bedeutend einfacher, wenn man seine Bedürfnisse klar zum Ausdruck bringen kann. Und wenn man noch akzeptiert, dass andere das auch tun, braucht keiner für seine Wünsche und Bedürfnisse ein schlechtes Gewissen zu haben.

Streng dich an

Wenn ein Kind lieber liest und spielt, statt sich mit seinen Hausaufgaben zu beschäftigen, fragen die Eltern in den seltensten Fällen, was die Schule eigentlich verkehrt macht, um dem Kind so gründlich die natürliche Freude am Lernen auszutreiben. Stattdessen hagelt es eher Sanktionen – besonders dann, wenn aufgrund des mangelnden Lerneifers die Schulnoten nur durchschnittlich ausfallen. Es gibt ein großes Drama zu Hause, und bei den Eltern wächst die Angst, dass das Kind zum Schulversager werden könnte.

Um das zu verhindern, wird dem Kind also zum Beispiel befohlen: »Von jetzt ab wirst du jeden Nachmittag von drei bis sechs an deinem Schreibtisch sitzen und lernen!« Das Kind ist gewitzt genug, sich seinen *Spiderman* oder *Harry Potter* unter die Schulhefte zu legen und verbringt die Nachmittage zur allseitigen Zufriedenheit: Es hat etwas Spannendes zu lesen, und die Eltern sehen, dass das Kind sich anstrengt. Zwar werden die Schulnoten nicht besser, aber die Eltern machen nicht mehr so ein Theater, denn immerhin hat sich das Kind ja Mühe gegeben!

So ähnlich könnte in vielen Fällen der Antreiber »Streng dich an« zustande kommen. Es geht nicht um das Ergebnis, sondern nur um die Mühe, die man sich gibt. Auf diese Art und Weise wird die Anstrengung an sich zum Wert, völlig unabhängig davon, was man erreicht. Wenn man sich tüchtig anstrengt, dann darf man auch versagen. Umgekehrt zählt auch kein Erfolg etwas, den man mit Leichtigkeit erzielt hat, und was man mit Leidenschaft, Freude und Lust tut, gilt auch nicht als Arbeit. Menschen mit dem »Streng dich an«-Antreiber erzählen sehr viel von ihrer Mühsal, schildern gern, wie oft sie halbe Nächte durcharbeiten müssen und wie viele Wochenenden sie opfern – und merken meist nicht, dass jemand anderer mit der Hälfte des Aufwands genauso weit kommt wie sie.

Der »Streng dich an«-Antreiber kann sich aber auch in der Haltung äußern, dass das Leben in erster Linie ein Kampf ist, dass einem nichts in den Schoß fällt. Meist haben einem die Eltern zu Hause schon vermittelt, dass das Leben keine Geschenke macht. Also rackert man sich ab – denn so ist schließlich das Leben!

Wahrscheinlich sind weltweit viele Büros bevölkert mit Angestellten, die zwar »schuften« wie die Verrückten und Überstunden anhäufen, deren Output sich aber doch in bescheidenen Grenzen hält. Sollte Sie dieses Phänomen schon immer gewundert haben: Jetzt kennen Sie den Grund! Es geht nicht darum, effizient zu sein, sondern darum, dem Antreiber »Streng dich an« zu genügen. Oft genug wird jemand, der in acht Stunden effizient seinen Job erledigt, deshalb schief von der Seite angesehen: »Ob der sich wirklich Mühe gibt?« Schließlich versichert man sich unter Kollegen immer wieder gern, welche Berge von Arbeit noch vor einem liegen und mit welchen enormen Schwierigkeiten man noch zu kämpfen hat.

Dieses Verhalten führt übrigens auch dazu, dass das subjektive Empfinden von Erschöpfung verstärkt wird. Menschen, die sich immer wieder suggerieren, welches gewaltige Pensum sie noch zu bewältigen haben, fühlen sich von dem erschöpft, was noch vor ihnen liegt – und nicht vom tatsächlich Erledigten. Außerdem setzen sie sich mit der permanenten Angst unter Druck, sich nicht genug anzustrengen. Sie erschrecken sich selbst mit folgenden Gedanken:

- Oh Gott, wie soll ich das bloß alles schaffen?
- Das wird heute wieder ein wahnsinnig anstrengender Tag.
- Was, das ist auch noch zu erledigen, das macht mich völlig fertig.
- Wenn ich sehe, was ich noch alles zu tun habe, wird mir ganz schlecht.
- Was war das heute wieder für ein furchtbarer Tag!
- Ich muss noch dieses ..., ich muss noch jenes ...
- Jetzt reiß dich halt mal zusammen und streng dich richtig an.
- Konzentriere dich, deine Oma könnte das ja besser.
- Wieso bist du nur so ein Versager – kannst du dir nicht einmal wirklich Mühe geben!

Andererseits lassen sie nichts gelten, was nicht mit sehr viel Mühe erreicht wurde: »Ach, das war ja jetzt nichts, das war einfach!« »Nein, das kann man nun wirklich nicht zählen, das habe ich ja im Handumdrehen gemacht!« Damit etwas in ihren Augen eine Leistung ist, müssen sie wirklich viel dafür leisten. Das gilt übrigens nicht nur für den Beruf, auch beim Hobby oder im Sport lässt sich das beobachten. Entweder man kommt auf dem Zahnfleisch nach Hause gekrochen, oder es war nichts: »Ich will richtig Sport treiben und nicht nur ein bisschen rumhampeln!« Man macht schließlich nicht zum Vergnügen Sport!

Sei stark

»Sei stark!« Das ist eine Anforderung, mit der die männliche Bevölkerung vermutlich häufiger konfrontiert wird als die weibliche, denn sie passt zu einem Männlichkeitsideal, bei dem das Zeigen von Schwäche verpönt ist. Wobei zu »Schwäche« auch alles gehört, was mit Gefühlen zu tun hat. Das Kind wurde also nicht nur frühzeitig darin trainiert, möglichst viel auszuhalten und nicht aufzugeben, sondern auch darin, keine Gefühle zu zeigen. Das hat zur Folge, dass Menschen mit dem »Sei stark«-Antreiber oft große Schwierigkeiten mit ihrer Körperwahrnehmung haben. Sie haben sich systematisch abgewöhnt, auf ihren Körper zu hören. Denn wenn man seine körperlichen Reaktionen wahrnimmt, hat man auch sehr schnell Zugang zu den Emotionen – und das kann sich jemand mit diesem Antreiber gar nicht leisten.

Wer dem »Sei stark«-Antreiber genügen will, hat den Anspruch an sich, alles allein zu schaffen und keine Hilfe zu benötigen oder gar zu erbitten. Man beißt die Zähne zusammen und hält durch – so lange, bis der Körper, dessen Signale man unentwegt missachtet hat, nicht mehr mitmacht. Und selbst dann versuchen manche Menschen noch, sich und anderen zu beweisen, wie stark sie sind. So wollte einer unserer Klienten zwei Tage nach einem Herzinfarkt wieder arbeiten gehen, weil er meinte, es ginge ihm schließlich schon wieder ganz gut. Ein anderer hat sein Leben unnötig in Gefahr gebracht, weil er gar nicht auf die Idee kam, um Hilfe zu bitten:

Beispiel Er war an seinem ersten Urlaubstag ins Meer hinausgeschwommen und schwamm, weil es so schön war, viel zu weit – wie er merkte, als er umdrehte. Er hatte sehr zu kämpfen, um das Land wieder zu erreichen. Tatsächlich schaffte er es nur mit knapper Not, er hatte seine letzten Kraftreserven aufgebraucht. Erst als er wieder am Ufer war, dämmerte ihm, dass er die ganze Zeit an kleinen Booten vorbeigeschwommen war – er hätte nur einen Ton sagen müssen, um von jemandem aufgenommen zu werden. Sich Hilfe von anderen zu holen war jedoch nicht Bestandteil seines Verhaltensrepertoires.

Diese Unfähigkeit, Hilfe von außen zu akzeptieren oder gar anzufordern, kann auch im Beruf negative Konsequenzen haben. Ein Servicetechniker verlor fast seinen Job, weil er immer wieder verbissen Probleme allein beheben wollte, die im Team in der halben Zeit hätten gelöst werden können. Sein »Stolz« ließ einfach nicht zu, einen Kollegen um Rat zu fragen. Ein solcher Stolz äußert sich in automatisierten negativen Gedankenmustern wie folgenden:

- Das kriege ich alleine hin, das wäre ja gelacht.
- Ich mache mich doch nicht lächerlich und frage wegen einer solchen Lappalie nach.
- Wenn ich das jetzt nicht allein schaffe, kann ich meinen Job ja gleich an den Nagel hängen.
- Du musst das hinkriegen, sonst bist du ein kompletter Versager.

Auch der Schwimmer und der Mann mit dem Herzinfarkt hatten charakteristische Gedankenmuster:

- Wegen dem bisschen Schwächegefühl mache ich doch jetzt nicht gleich schlapp.
- Ein richtiger Mann muss auch etwas aushalten können.
- Reiß dich zusammen, schlappmachen gilt nicht.
- Du Weichei, stell dich nicht so an.
- Die lachen mich doch glatt aus, wenn ich zugebe, dass ich keine Kraft mehr habe.
- Nur ein Schwächling gibt auf.

Da man so stark ist und sehr viel aushalten kann (man hat schließlich ein langes Training darin), lässt man sich auch von anderen noch einiges aufbürden. Jemand mit diesem Antreiber scheint nach dem Motto zu leben »Solange ich nicht zusammenbreche, ist es noch nicht zu viel«. Man hat kein Augenmaß mehr für die Grenzen der eigenen Belastbarkeit. Weil sie keinerlei Anzeichen von Schwäche erkennen lassen, sind die Zusammenbrüche von Menschen mit dem »Sei stark«-Antreiber sowohl für die Betroffenen selbst als auch für ihre Mitmenschen besonders dramatisch, sie kommen scheinbar aus heiterem Himmel. Und für die Betroffenen ist es meist besonders schwer, sich damit abzufinden, dass sie plötzlich außer Gefecht gesetzt sind. Sie fühlen sich dadurch wertlos, verachten sich selbst und hadern mit ihrem Schicksal.

Beeil dich

Dieser Antreiber bringt sehr viel Hektik ins Leben – aber genauso wenig, wie man durch den »Sei perfekt«-Antreiber bessere Ergebnisse erzielt, erreicht man durch »Beeil dich«, dass irgendetwas schneller geht. Wahrscheinlich hat jeder schon einmal die Bekanntschaft eines solchen Hektikers gemacht, der alle Welt um sich herum verrückt macht mit seinem »schnell, schnell« und dabei die Dinge meist noch verlangsamt. Denn das wussten schon die alten Chinesen: »In der Eile liegen Fehler.« Deshalb ihr Rat: »Wer es eilig hat, soll einen Umweg machen!« Davon will so ein Hektiker aber natürlich nichts wissen. Er wurde schon als Kind zu höherem Tempo angetrieben und steht immerzu unter dem Druck, ganz entsetzlich viel in ganz entsetzlich kurzer Zeit erledigen zu müssen.

Für diesen Druck sorgt er zum größten Teil selbst, denn er ist ein Meister darin, seine Zeit so zu (des-)organisieren, dass er erstens wirklich unter Termindruck ist und zweitens mehrere Dinge gleichzeitig tun muss. Deshalb reagiert er gereizt auf jede Störung und ruht nicht eher, bis er seine gesamte Umgebung mit seiner Nervosität angesteckt hat. Ein Hektiker ist nicht zufrieden damit, selbst hektisch zu sein, nein, alle anderen müssen es auch sein!

Unsere sogenannte schnelllebige Zeit kommt dem natürlich entgegen. Trotz unzähliger brillanter Feuilleton-Artikel über den Wert der Ruhe und des Müßiggangs findet der Vielbeschäftigte, der immer unter Zeitdruck steht, mehr soziale Akzeptanz als der Gemächliche (wahrscheinlich weil die Leute es alle viel zu eilig haben, um brillante Feuilleton-Artikel zu lesen).

Das Paradoxe daran ist, dass man eigentlich alles sehr viel schneller geregelt bekommt, wenn man es mit Ruhe angeht. Diese Erfahrung haben Sie bestimmt schon gemacht: Wenn Sie sich einer Sache ruhig widmen können, watscheln Sie nicht als lahme Ente durchs Leben, sondern kommen konzentriert und zügig vorwärts! Das schafft der Hektiker jedoch nicht, denn seine automatisierten negativen Gedanken drängeln ihn, noch mehr Gas zu geben:

- Wenn ich mich jetzt nicht wahnsinnig beeile, schaffe ich das nie im Leben.
- Das muss schneller gehen, ich habe keine Zeit mehr.
- Wenn ich jetzt nicht aufs Tempo drücke, kriege ich ein Riesenproblem.

Dazu malt er sich in lebhaften Farben aus, welche Katastrophen ihn erwarten, wenn er wegen der knappen Zeit nicht fertig wird. Er erhöht dadurch seinen inneren Stress und damit auch seine Fehlerquote, was ihn zusätzlich unter Druck bringt. Das legt die Vermutung nahe, dass der »Beeil dich«-Antreiber meist einhergeht mit der Einschärfung »Schaff's nicht«: Durch erhöhtes Tempo will man dem »Schaff's nicht« entgegenwirken und trägt so gerade zu seiner Erfüllung bei.

Vielleicht trägt der »Beeil dich«-Antreiber ja auch eine Mitschuld an der mitunter rücksichtslosen Drängelei auf deutschen Straßen und Autobahnen. Inzwischen gibt es reichlich Zahlenmaterial darüber, dass es eine Illusion ist zu glauben, man käme durch Raserei schneller ans Ziel, da sich die zeitlichen Einsparungen selbst auf längeren Strecken nur im Minutenbereich bewegen. Trotzdem wird weiterhin riskant überholt, ungeduldig die Lichthupe betätigt und viel zu nah aufgefahren. Statt sich über einen Drängler zu ärgern, sollte man ihm wahrscheinlich Mitleid entgegenbringen – er wird schließlich von seinem Antreiber vorwärts gepeitscht:

- Geht das denn nicht schneller! Was sind das denn für lahme Krücken, die hier herumschleichen!

- Jetzt mach doch mal vorwärts da vorne, sonst schaffe ich meinen Termin nicht!
- Ich bin schon wieder so spät dran, und die trödeln da so herum.

Gib dir selbst die Erlaubnis

In den vorangegangenen beiden Kapiteln haben Sie eine Menge über Einschärfungen und über Antreiber gelernt und sich wahrscheinlich auch in einigen der beispielhaften Schilderungen wiedergefunden. Sie fragen sich jetzt möglicherweise, ob man eine Einschärfung oder einen Antreiber nicht ganz direkt mit der Check-your-Mind-Methode angehen kann. Doch da sich Einschärfungen und Antreiber immer nur in ganz konkreten Situationen zeigen, ist das schlecht möglich. Das heißt, Sie werden Ihre Einschärfungen oder Antreiber immer anhand eines Ereignisses, das Ihnen zustößt oder zugestoßen ist, bearbeiten. Wenn jemand unter dem Einfluss einer Einschärfung oder eines Antreibers handelt, so kann man ganz generell sagen, dass ihm die entsprechende innere Erlaubnis fehlt. Bei den Einschärfungen, die ja eigentlich Verbote sind, liegt auf der Hand, welche Erlaubnis jeweils fehlt.

Doch auch bei den Antreibern spielt der Mangel an Erlaubnis eine entscheidende Rolle. Wer einen »Sei perfekt«-Antreiber hat, dem fehlt die Erlaubnis, Fehler zu machen. Jemand mit dem »Sei gefällig«-Antreiber hat keine Erlaubnis, sich selbst wichtig zu nehmen. Wer vom »Streng dich an«-Antreiber beherrscht wird, dem fehlt die Erlaubnis, Dinge mit Leichtigkeit zu machen und das, was ihm leichtgefallen ist, als Erfolg anzuerkennen. Wer einen »Sei stark«-Antreiber hat, darf keine Schwäche zeigen und sich keine Hilfe holen. Und jemandem mit dem »Beeil dich«-Antreiber fehlt die Erlaubnis, Dinge gelassen und entspannt zu tun.

Antreiber auflösen mit mentalem Training

Nach allem, was wir bisher gesagt haben, ist wohl deutlich geworden: Antreiber sind für den größten Teil des Stresses, den wir erleben, ver-

antwortlich. Oder anders herum gesagt, wann immer wir Stress erleben, der nicht durch eine ganz reale Bedrohung ausgelöst ist, ist auch ein Antreiber im Spiel. Wenn Sie in Ihrem Leben viel Stress erleben, so stehen Sie also häufig unter dem Druck von Antreibern. Sie können Ihren Stress reduzieren, wenn Sie lernen, anders auf die Antreiber zu reagieren, die Sie beherrschen. Neigen Sie zum »Beeil dich«-Antreiber und machen sich und Ihre Umgebung verrückt mit Ihrer Hektik? Lassen Sie sich viel zu viel gefallen, weil Sie Disharmonie nicht ertragen? Oder sind Sie dauernd in Sorge, Sie könnten einen Fehler machen, kontrollieren deshalb alles hundertfach und werden nie rechtzeitig mit der Arbeit fertig?
Wählen Sie sich den Antreiber aus, der Sie am meisten behindert, den Sie am schnellsten loswerden wollen. Überlegen Sie sich, in welchen Situationen dieser Antreiber am häufigsten anspringt. Was sind klassische Situationen, in denen Sie hektisch werden? Wann sind Sie »freundlich und entgegenkommend«, obwohl Sie eigentlich lieber laut und deutlich »Nein« sagen würden? In welchen Situationen macht sich Ihr »Perfektionismus«, der jedoch nicht zu einem hervorragenden Ergebnis, sondern zum Gegenteil führt, besonders bemerkbar?

Stress beginnt immer auch mit einer körperlichen Reaktion. Wenn Sie eine Erinnerung an eine solche Stress-Situation aufgespürt haben, so richten Sie Ihren Fokus auf die erste körperliche Reaktion, die Sie wahrnehmen können. Das kann ein Spannungsgefühl oder ein Kribbeln im Bauch sein, eine Verspannung in den Schultern oder im Nacken, Zusammenballen der Hände oder was auch immer. Solche körperlichen Reaktionen sind Stress-Signale, die sehr viel schneller zur Stelle sind als der langsamere bewusste Verstand. Bevor Sie wissen, dass Sie im Stress sind, hat Ihr Körper es schon gemerkt und sendet seine Signal aus. Das ist quasi ein Frühwarnsystem, das uns schützen kann – sofern es uns gelingt, es wahrzunehmen und darauf zu reagieren. Dass wir dieses Frühwarnsystem besitzen, liegt daran, dass unser Gehirn in verschiedenen »Abteilungen« arbeitet. Die körperlichen Stress-Reaktionen werden von einem älteren Gehirnteil aus gesteuert als der Teil, den wir als unseren bewussten Verstand kennen, der im Großhirn sitzt. Dieser ältere Gehirnteil arbeitet um ein Vielfaches schneller, als unser Großhirn das kann.

Wenn Sie beobachtet haben, welche körperliche Reaktion Ihnen anzeigt, dass Sie in Stress geraten, das heißt, dass ein Antreiber anspringt, so schauen Sie sich genau an, wie Sie sich in dieser Situation verhalten. Was tun Sie? Oder was sagen Sie? Und was hat das für Auswirkungen auf Sie und auf Ihr Umfeld? Manchmal besteht die Auswirkung ja einfach nur darin, dass Sie eben etwas unter hohem Stress tun, manchmal ist die Auswirkung aber auch, dass die Situation eskaliert, sich von schlecht zu katastrophal steigert oder Sie sich hinterher Ihr Verhalten übelnehmen.

Und nun können Sie sich überlegen, wie eine innere Erlaubnis formuliert sein müsste, die sich für Sie gut anfühlt und die Ihnen gestattet, diesen Antreiber loszulassen. Solche inneren Erlaubnisse können ganz unterschiedliche Gestalt annehmen, das ist individuell verschieden. Der eine kann mit einer Formulierung, die für den anderen sehr hilfreich ist, überhaupt nichts anfangen. Ob jemand zum Beispiel seinem Perfekt-Antreiber die Wirkung nimmt, indem er sich sagt »Jeder hat das Recht, auch einmal etwas in den Sand zu setzen« oder »Fehler sind in Ordnung, aus Fehlern kann ich lernen« oder etwas anderes, das in die gleiche Richtung weist, muss jeder für sich selbst ausprobieren. Wichtig ist, dass die Formulierung sich für Sie gut anfühlt und Ihnen wirklich die Erlaubnis gibt loszulassen. Manchmal können diese inneren Erlaubnisse auch die Form von »Handlungsanweisungen« annehmen. Also kann jemand, der es mit einem »Beeil dich«-Antreiber zu tun hat, zum Beispiel davon profitieren, dass er sich im richtigen Moment sagt: »Jetzt erst mal tief durchatmen und dann in aller Ruhe arbeiten.«

Wenn Sie eine passende Formulierung gefunden haben, können Sie mit dem mentalen Training zur Auflösung des Antreibers beginnen. Begeben Sie sich in eine bequeme Position im Sitzen oder im Liegen, schließen Sie, wenn es Ihnen angenehm ist, die Augen, kommen Sie innerlich zur Ruhe, indem Sie sich auf Ihren Atem fokussieren. Vielleicht haben Sie ja schon Erfahrung mit irgendeiner Methode, um sich in einen angenehm entspannten Zustand zu versetzen, dann wenden Sie diese Methode an. Dabei ist es überhaupt nicht wichtig, dass Sie besonders tief entspannen, im Gegenteil, Sie sollten ganz bewusst bleiben. Ziel dieser Übung ist, dass Sie sich eine ganz spezifische Situation aus der Vergangenheit noch einmal erleben lassen. Gehen Sie dazu im ersten Schritt ganz an den Anfang der Situation, die Sie sich ausgewählt haben, zurück zu einem Zeitpunkt, als Sie noch keinen Stress erlebt haben. Und nun beobachten Sie möglichst genau, wie sich die Situation dahin entwickelt hat, dass Ihr Antreiber ins Spiel kam. In dem Moment, in dem Sie auch in der Vorstellung spüren, dass Ihr Antreiber anspringt, weil Sie Ihre Körpersignale wahrnehmen können, sollten Sie sich ganz bewusst und eindringlich die innere Erlaubnis geben, die Sie als für sich hilfreich und stimmig herausgefunden haben. Und nun achten Sie darauf, was sich in Ihrem Denken, Handeln und Fühlen verändert, während Sie sich die innere Erlaubnis geben.

Es mag gut sein, dass auch in Ihrer Vorstellung das Ereignis genauso stattfindet, wie es sich in der Realität abgespielt hat – doch wie fühlen Sie sich dabei? Hat sich in Ihrem Gefühl etwas verändert, oder denken Sie jetzt anders über die Situation? Können Sie das, was passiert ist, jetzt vielleicht anders einordnen? Geht es Ihnen damit besser oder schlechter? Es kann aber auch sein, dass sich in Ihrer Vorstellung durch die Erlaubnis die Situation ganz anders entwickelt, als sie das in der Realität getan hat. Und wie geht es Ihnen damit?

Wenn Sie in der Vorstellung mit dem Ergebnis Ihrer Erlaubnis zufrieden sind, ist es zur Festigung des inneren Erlebens hilfreich, wenn Sie diese Übung ein paar Mal wiederholen. Um den Transfer in den Alltag zu erleichtern, sollten Sie die Übung anschließend etwas variieren: Stellen Sie sich ein ganz ähnliches zukünftiges Ereignis vor, vielleicht mit denselben Beteiligten. Malen Sie sich die Situation wieder aus, bis Sie zu dem Moment kommen, in dem Ihr Antreiber anspringen will. Geben Sie sich stattdessen wieder die Erlaubnis und lassen Sie sich spüren, was sich verändert, in Ihrer Wahrnehmung, Ihrem Denken, Ihrem Handeln.

Diese kurze Übung – Sie brauchen dafür nicht mehr als ein paar Minuten – wird Sie darin unterstützen, Ihren Antreiber mehr und mehr loszulassen, besonders wenn Sie sie eine Zeit lang regelmäßig durchführen, vielleicht abends kurz vor dem Einschlafen oder zu jedem anderen Zeitpunkt, der Ihnen gestattet, sich ein paar Minuten lang nur mit sich selbst zu beschäftigen. Geben Sie sich selbst eine kleine Hilfestellung, um dieses mentale Training nicht zu vergessen: Legen Sie sich einen Zettel ans Bett, der Sie abends daran erinnert, oder schaffen Sie sich irgendeine andere Gedächtnisstütze, wenn Sie die Übung tagsüber durchführen wollen. Eine gewisse Regelmäßigkeit ist nämlich durchaus sinnvoll und nützlich, weil das Gehirn auf diese Weise darin trainiert wird, sogenanntes Coping-Verhalten zu zeigen. Das Gehirn kann dieses Coping- oder Bewältigungsverhalten, das Sie sich mental erarbeitet haben, auch in der Realität zur Verfügung stellen, wenn die Situation es erfordert.

Sie sollten sich jedoch nicht überfordern und versuchen, auf einen Schlag gleich mehrere Antreiber zu bearbeiten. Besser ist es, sich zunächst auf einen zu beschränken und mit diesem zwei, drei oder nötigenfalls auch mehrere Wochen lang mental zu trainieren, bevor Sie den nächsten in Angriff nehmen.

Antreiber auflösen mit Check-your-Mind

Wie man mit der Check-your-Mind-Methode dahin gelangen kann, sich die fehlende innere Erlaubnis immer mehr selbst zu geben, wollen wir mit dem nächsten Beispiel veranschaulichen:

Beispiel Herr Gefällig ist ein Mann, auf den stets Verlass ist: Wann immer Not am Mann ist – er springt ein. Das wissen seine Kollegen auch, und aus diesem Grund fühlt er sich auch manchmal ein bisschen ausgenutzt. Aber seine sprichwörtliche Hilfsbereitschaft verbietet ihm, sich gegen Bitten abzugrenzen. An diesem Nachmittag freut sich Herr Gefällig schon auf den nahen Feierabend, denn er hat sich mit alten Freunden zu einem gemütlichen Essen verabredet. Da kommt ein Kollege und bittet ihn dringend, ihm eine wichtige Arbeit abzunehmen, die heute noch fertig werden muss und die er allein nicht mehr schafft.

Insgeheim ärgert sich Herr Gefällig, denn er hat am Vormittag ganz genau mitbekommen, dass der Kollege zuerst sehr lange privat mit einem Freund telefoniert hat und anschließend noch viel Zeit damit vertrödelt hat, im Internet nach genau dem Wagentyp zu suchen, den dieser Freund sich offenbar neu zugelegt hat. Trotzdem fühlt sich Herr Gefällig verpflichtet, der Bitte Folge zu leisten. Er bringt es einfach nicht über sich abzulehnen, sondern ruft stattdessen seine Freunde an, um zu sagen, dass er, wenn überhaupt, erst sehr viel später kommen wird.

Herr Gefällig macht sich also an die Arbeit, doch er hat keine innere Ruhe dabei, denn der Ärger, den er empfindet, lässt ihn nicht los. Er spürt ganz deutlich, dass er zwar am liebsten Nein gesagt hätte, doch dass ihm die innere Erlaubnis fehlt, das auch zu tun. Schließlich geht er frustriert nach Hause, schon längst nicht mehr in der Stimmung auf einen gemütlichen Abend mit Freunden. Nehmen wir an, er hat von der Check-your-Mind-Methode gehört und hält das jetzt für genau den richtigen Zeitpunkt, um sie auszuprobieren. Also macht er Folgendes:

Er überlegt sich zunächst sehr gründlich, mit welchen negativen Gedanken er verhindert, dass er die ungerechtfertigte Bitte ablehnt. Auf ein Blatt Papier schreibt er:

- Es wäre gemein, den Kollegen hängen zu lassen.
- Kollegen sollten sich immer gegenseitig unterstützen.
- Er wäre stinksauer auf mich, wenn ich Nein gesagt hätte.
- Er hätte wahrscheinlich nie mehr ein Wort mit mir geredet.
- Was denken die Kollegen über mich, wenn ich plötzlich so unfreundlich bin?
- Es wäre egoistisch von mir, auf meinem Vergnügen zu bestehen, die Arbeit geht vor.

Schon während er diese Gedanken niederschreibt, dämmert ihm, dass das »Unglück« des Kollegen ein selbst verschuldetes ist, für das aber er den Preis bezahlt. Es fällt ihm nicht schwer, hieb- und stichfeste Gegenargumente zu seinen negativen Gedanken zu entwickeln. Einige davon lauten:

- Ich lasse ihn nicht hängen, sondern Fakt ist, dass er sich am Morgen entschieden hat, jetzt mit seinem Freund zu telefonieren und die wesentliche Arbeit am Abend zu machen.
- Ich habe ein Recht auf Feierabend, genau wie jeder andere auch.
- Ich muss nicht jedes Mal einspringen, wenn jemand lieber seine Zeit verbummelt.
- Vielleicht ist er ein paar Tage sauer auf mich, aber das vergeht auch wieder, damit kann ich leben.
- Die Wahrscheinlichkeit, dass er nie mehr mit mir spricht, ist äußerst gering.
- Ich bin nicht der einzige Kollege, den er hat.
- Ich bin nicht auf der Welt, um es jedem recht zu machen.
- Ich tue ihm im Grunde genommen keinen wirklichen Gefallen, wenn ich diesen Arbeitsstil unterstütze.

Herr Gefällig bittet seine Frau, mit ihm in den Disput einzusteigen, und argumentiert so lange gegen seine negativen Gedanken, bis er ganz deutlich spürt, wie sich seine Einschätzung der Situation und damit seine Gefühle verändern. Nun ist ihm völlig klar, dass er selbstverständlich die Erlaubnis besitzt, auch einmal Nein zu sagen, wenn man versucht, seine Gutmütigkeit auszunutzen. Bei den nächsten Gelegenheiten braucht er noch nicht einmal mehr die Mitwirkung seiner Frau, sondern schafft es, mit mentalem Training wirksam gegen seine negativen Gedanken vorzugehen und sich so die nötige innere Erlaubnis zu verschaffen, das zu tun, was er wirklich will.

Wie gesagt, ganz direkt können Sie mit der Check-your-Mind-Methode nicht an Einschärfungen und Antreibern arbeiten. Sich einfach quasi eine »Generalerlaubnis« auszustellen, hält die negativen Gedanken nicht in Schach. Die Erfahrung hat jedoch gezeigt, dass die Kenntnis der obigen Konzepte aus der Transaktionsanalyse von Eric Berne trotzdem sehr hilfreich ist. Denn wenn man das Konzept kennt, wird einem schneller klar, dass sich da mal wieder die Einschärfung »Schaff's nicht« oder der »Sei perfekt«-Antreiber äußert, und dann hat man die passenden Gegenargumente aus früheren Bearbeitungen des gleichen Themas schon zur Hand. Man weiß bereits, welche innere Erlaubnis man braucht und wie man sich darin unterstützen kann, sie sich selbst zu geben. Wenn man es zum Beispiel in das mentale Training einbaut, dass man sich sehr bewusst die fehlende Erlaubnis gibt, verstärkt das den positiven Effekt des inneren Disputs.

Das macht es möglich, in der belastenden Situation selbst mit einem schnellen inneren Dialog den gefühlsmäßigen Zustand zu verändern, denn Sie brauchen schließlich keinen Gesprächspartner mehr. Das funktioniert jedoch nur, wenn Sie nicht jede einzelne Situation wieder neu analysieren müssen, sondern das zugrunde liegende Muster kennen. Deshalb haben wir Ihnen die Einschärfungen und Antreiber samt möglicher negativer Gedanken so ausführlich dargestellt. Wenn Sie Ihre eigenen Muster erst einmal erkannt haben und Übung darin besitzen, damit umzugehen, weil Sie ganz konkrete Situationen mit der Check-your-Mind-Methode mehrfach bearbeitet haben, können Sie den positiven Dialog genauso blitzschnell durchführen wie früher den negativen – und an die Stelle des Verbots tritt immer schneller die Erlaubnis.

12. Die Check-your-Mind-Methode und Introvision-Coaching ergänzen sich

Politische Freiheit ist uns gegeben, Gedankenfreiheit ist uns gewährt, wir können heiraten, wen wir wollen, wir können ein Geschäft eröffnen, wenn es uns beliebt, wir können uns entscheiden –, tja, und da hakt es manchmal schon.

Wir könnten uns entscheiden, müsste es eigentlich oftmals heißen. Denn die ganz persönliche Entscheidungsfreiheit – die erleben wir manchmal nicht, wie wir das schon im vorangegangenen Teil des Buches dargestellt haben. Nicht weil irgendein Außen uns das verbietet: Das Verbot kommt von innen. Damit ist es mindestens so wirkungsvoll wie ein von außen kommendes Verbot, wenn nicht sogar wirkungsvoller. Dieses Defizit in der persönlichen Entscheidungsfreiheit hat mannigfache Auswirkungen, aber die gravierendste ist wohl, dass es unsere ganz persönliche Handlungsfreiheit stark einschränkt.

Wenn ich mich nicht frei entscheiden kann, was ich zum Beispiel studiere, weil ich es meinen Eltern recht machen will, dann besitze ich eben nicht die Freiheit, so zu handeln, wie es meinen Wünschen und vielleicht auch meinen Begabungen entspricht.

Wenn ich mich nicht entscheiden kann, mit dem Rauchen aufzuhören, obwohl die krankmachenden Anzeichen meines Zigarettenkonsums schon nicht mehr zu übersehen sind, dann habe ich unter Umständen nicht die Handlungsfreiheit, mein Leben weiterzuleben.

Wenn ich mich nicht entscheiden kann, dauerhaft meine Ess- und Lebensgewohnheiten zu ändern, obwohl ich unter meinem Zuviel (oder manchmal Zuwenig) an Gewicht in mehr als einer Hinsicht leide, dann habe ich nicht die Handlungsfreiheit, meine Lebensumstände selbst zu bestimmen. Wenn ich mich nicht entscheiden kann, Menschen, die mich ausnutzen, ein entschiedenes Nein entgegenzusetzen, dann habe ich nicht die Handlungsfreiheit, über die Verwendung meiner Kraft und meiner Zeit selbst zu bestimmen.

An Beispielen, wann innere Blockaden uns daran hindern, etwas zu ändern, obwohl unser Leben davon abhängt, mangelt es nicht. Man sollte nicht vor den wuchtigen Worten zurückschrecken: Unser Leben hängt davon ab, welche Entscheidungen wir treffen. Ob wir erfüllt und zufrieden das tun, was uns begeistert, ob wir stolz auf uns sind, ob wir umsetzen, was wir planen. Und manchmal hängt auch unser Über-Leben von unseren Entscheidungen ab. Wie gesagt, an Beispielen fehlt es nicht.

Sind Sie vielleicht auch »veränderungsresistent«, wenn es um ganz bestimmte Themen geht?

Weshalb, so fragen sich viele Menschen mehr oder weniger verzweifelt, kann ich mich in diesem Punkt, der mir so wichtig ist, nicht ändern, obwohl es mir doch in anderen durchaus gelingt? Die Antwort, die die Betroffenen sich sehr häufig selbst geben, ist falsch!

Denn meistens wird mangelnde Willenskraft dafür verantwortlich gemacht oder entschuldigend gesagt: »Ich kann einfach nicht aus meiner Haut.« Doch das stimmt so nicht! Denn an der Willenskraft liegt es eher selten, wenn jemand seine Pfunde nicht los wird. Und es liegt auch nicht an der Willenskraft, wenn jemand die sorgfältig zurechtgelegten Worte, mit denen er seinen übergriffigen Kollegen in die Schranken weisen will, zum x-ten Male eben nicht ausspricht. Genauso wenig wie es an der zu engen Haut liegt, wenn jemand die Grenzen dessen, was er sich zutraut, nicht sprengen kann, weshalb er immer unter seinen Möglichkeiten bleibt.

Die Kluft zwischen dem, was man wirklich will, und dem, was man an tatsächlichem Verhalten zeigt, lässt sich jedoch erklären. Die Erklärung ist sogar sehr simpel: Dieses Verhalten ergibt einen Sinn!

Es ergibt einen Sinn, weil man sich auf irgendeine Weise, die einem zunächst überhaupt nicht bewusst ist, selbst beschützt. Wenn man sich nichts zutraut zum Beispiel und deshalb nicht wagt, ein Projekt anzupacken, von dem jeder andere außer einem selbst weiß, dass man es locker bewältigen kann, dann liegt das vielleicht daran, dass man aus irgendeinem Grund verinnerlicht hat, dass man niemals einen Fehler machen darf. Ein Fehler, das weiß man im tiefsten Innern ganz genau, hätte tödliche Konsequenzen. Die Ratio spielt dabei überhaupt keine Rolle: Ein solches »Wissen« spielt sich auf einer viel tieferen Ebene ab. Dieses gefühlsmäßige »Wissen« ist das, was das Verhalten bestimmt. Wenn ein Fehler fatale Folgen hätte, ist es doch absolut vernünftig, sich gar nicht erst in die Gefahr zu bringen, einen zu begehen. Also lässt man das Projekt bleiben – obwohl man sich »eigentlich« nichts sehnlicher wünscht, als es anzupacken! Und schier verzweifelt bei dem Gedanken, weshalb man sich die Chance zu zeigen, was man kann, mal wieder entgehen lässt – wie vorher vielleicht schon etliche Male.

Was wir mit diesen Worten nachdrücklich sagen wollen: Verhalten, das resistent gegen Veränderung zu sein scheint, ist auf einer Ebene, die unserem Alltagsbewusstsein nicht unmittelbar zugänglich ist, durchaus sinnvoll, weil es uns vor einer Gefahr beschützt, die wir in der Vergangenheit einmal gefühlt haben, auch wenn wir uns jetzt vielleicht nicht einmal mehr bewusst daran erinnern. Dass dieses Verhalten inzwischen völlig kontraproduktiv ist, erleben wir jedoch meistens sehr bewusst – als Kluft zwischen Anspruch und Wirklichkeit.

Mit Introvision-Coaching lässt sich aufdecken, warum wir handeln, wie wir handeln – damit entwickeln wir ein tieferes Verständnis für uns selbst, was für sich allein schon hilfreich ist: Wir sind keineswegs »blöd«, oder »unfähig« oder »irrational« oder »willensschwach« oder was sonst immer wir uns unterstellen. Das kontraproduktive Verhalten lässt sich aber nicht nur verstehen, sondern auch verändern – hin zu dem, was wir eigentlich wollen. Damit gewinnen wir die Souveränität über unsere Entscheidungen und Handlungen und haben die Handlungsfreiheit, die uns zusteht.

Mit der im ersten Teil des Buches beschriebenen Check-your-Mind-Methode haben Sie ein leicht zu handhabendes Werkzeug erworben, um blockierende Gedanken relativ schnell und einfach in konstruktive Gedankenmuster zu wandeln. Damit können Sie einen größeren Handlungsspielraum gewinnen, um Ihre Vorhaben in die Tat umzusetzen. Das funktioniert gut in Fällen, bei denen es sich wirklich nur um blockierende Gedanken handelt. Geht es jedoch darum, Situationen zu bewältigen, die mit einem regelrechten inneren Aufruhr, mit Stress und mit unangenehmen Gefühlen verknüpft sind, sprechen wir von »inneren Alarmen«, die sich nicht einfach auf der rein mentalen Ebene zum Verschwinden bringen lassen. Innere Alarme können sich durch beängstigende Gedanken und Vorstellungen äußern, sind aber oft auch auf der körperlichen Ebene als Beklemmung, Anspannung, Herzklopfen, Übelkeit oder anderen Erscheinungsformen spürbar. Auf der emotionalen Ebene erlebt man sie als Gefühle von Mutlosigkeit, Angst oder gar Panik. Innere Alarme sind zwar ausgesprochen unangenehm und behindern uns in vielfältiger Weise, sie waren jedoch ursprünglich von großem Nutzen. Weil sie erlaubten, schnell und instinktiv zu handeln, dienten sie in grauer Vorzeit unserer Überlebensfähigkeit.

Weil innere Alarme allerdings sehr unangenehm sind, wollen wir sie möglichst schnell wieder loswerden, und das Gehirn, das ohnehin ständig nach »Lösungen« sucht, bietet eine Reihe von Strategien an, wie man sich den Alarm vom Leib halten kann. Da diese Vermeidungsmechanismen jedoch immer nur kurzfristig wirken, haben wir ihnen den Namen »dysfunktionale Bewältigungsstrategien« gegeben. Vielleicht kennen Sie selbst den einen oder anderen dieser Versuche, sich all die unangenehmen Gefühle und Gedanken vom Hals zu schaffen:

1. Schneller Themenwechsel, also unangenehme Gedanken konsequent beiseiteschieben.
2. Sich ablenken, durch »dringende« andere Arbeiten zum Beispiel.
3. »Positiv denken«, also sich zur inneren Beruhigung Sprüche vorbeten wie »Wird schon gutgehen« oder Ähnliches.
4. Theoretisieren, sehr beliebt ist dabei die »Selbstanalyse«: »Ich bin so und so, weil ...«
5. Selbstmitleid: »Immer trifft es mich! Warum muss auch ich immer die gesamte Verantwortung tragen!«
6. Eine andere Realität herbeiwünschen: »Hätte ich mich doch nie darauf eingelassen! Ich könnte so gemütlich im Garten sitzen und Däumchen drehen.«
7. Sich der Situation durch Flucht entziehen, sich also zum Beispiel vor einem unangenehmen Ereignis krankmelden.
8. Alle Gedanken auf eine möglichst abstrakte Ebene heben und sich dabei von den eigenen Gefühlen abschneiden.

Dysfunktional sind diese Bewältigungsstrategien, weil sie zwar kurzfristig dafür sorgen, dass man sich besser fühlt. Doch langfristig sind sie verantwortlich dafür, dass sich das Problem manifestiert, denn es wird ja nicht gelöst. Und selbst wenn man es geschafft hat, sich in einfacheren Situationen durch eine der oben genannten Maßnahmen im Griff zu haben, wird das alte Muster wieder wirksam, womöglich bis hin zu Panikattacken, wenn der Reiz, der das Alarmsystem auslöst, nur stark genug wieder auftritt.

In Situationen, in denen die Check-your-Mind-Methode allein nicht ausreicht, um eine schwierige Situation zu bewältigen oder ein Problem zu lösen, ist Introvision-Coaching eine gute Ergänzung, denn damit wird nicht nur die mentale, also gedankliche Ebene bearbeitet, auch die emotionale und die körperliche Ebene werden in die Arbeit miteinbezogen. Bevor wir dazukommen, die einzelnen Schritte der Methodik darzustellen, sollen Sie zunächst etwas über das Wesen der Alarme erfahren, denn damit wird auch nachvollziehbarer, weshalb Introvision-Coaching so gut funktioniert.

Was sind innere Alarme?

Beheimatet sind die Alarme in der Amygdala – ein Teil des sogenannten limbischen Systems im Gehirn. Das limbische System umfasst die entwicklungsgeschichtlich alten Teile des Hirns und ist maßgeblich an der Steuerung von emotionalen Verhaltensweisen, Orientierungs- und Aufmerksamkeitsreaktionen sowie Lernprozessen beteiligt. Das limbische System mit je einer Amygdala in der rechten und in der linken Gehirnhälfte reagiert bis zu zweihundert Mal schneller als unser bewusstes Denken, das sich im Großhirn abspielt, einem entwicklungsgeschichtlich jüngeren Teil unseres Gehirns. Obwohl es zwei davon gibt, in jeder Hirnhälfte eine, verwenden wir im Folgenden »Amygdala« der Einfachheit halber immer in der Einzahl.

Die Amygdala ist unter anderem dafür verantwortlich, dass in Gefahrensituationen Stresshormone wie Adrenalin und Kortisol ausgeschüttet werden. In den Hunderttausenden Jahren, in denen wir uns allmählich zum Homo sapiens entwickelt haben, war jedes Individuum einer Vielzahl von Gefahren ausgesetzt, die ohne sofortige Reaktion leicht zum Tod führen konnten. Das heißt, für sein Überleben war der Mensch darauf angewiesen, blitzschnell zu reagieren, ohne erst lang über eine geeignete Verhaltensstrategie nachzudenken. Wenn der Urmensch die Erfahrung einer gerade entronnenen Gefahr machte, hinterließ dieses Erlebnis eine Spur in seinem Gehirn als Alarm, der sich in der Amygdala festsetzte – er hatte etwas gelernt. Wenn sich in Zukunft eine ähnliche Gefahr auch nur andeutete, schrillte der Alarm los, die Amygdala überschwemmte den Körper mit Adrenalin und Kortisol, mit deren Hilfe er verflixt schnell rennen konnte, und sein Überleben war ein weiteres Mal gesichert. Hörte der Urmensch also ein verdächtiges Geräusch oder sah eine schlangenähnliche Kontur, schaltete er nicht erst sein Großhirn ein, um zu analysieren, ob das Geräusch tatsächlich auf einen Säbelzahntiger zurückging oder ob die verdächtige Form nicht doch eher auf einen Stock hindeutete, sondern er brachte sich schnellstmöglich in Sicherheit.

Dass die Evolution dafür gesorgt hat, dass wir mit der Amygdala die Fähigkeit besitzen, auf einen Alarm hin blitzschnell zu reagieren, ist auch für uns moderne Menschen in wirklichen Gefahrensituationen immer noch ein Segen, denn durch die ausgeschütteten Stresshormone sind wir augenblicklich und ohne langes Nachdenken handlungsfähig. Fast jeder wird schon Situationen in seinem Alltag erlebt haben, zum Beispiel im Straßenverkehr, in denen er »instinktiv« und blitzschnell das Richtige getan und damit gerade noch das Schlimmste verhindert hat. Und jeder, der das schon einmal erlebt hat, wird sich vielleicht auch daran erinnern, dass er hinterher eine ganze Weile brauchte, um all das Adrenalin, das durch seinen Körper pulsierte, wieder loszuwerden.

Nun ist es allerdings so, dass unser Gehirn nicht immer korrekt unterscheidet, was wirklich lebensbedrohlich oder zumindest gefährlich ist und was nicht. Deshalb reagiert die Amygdala auch auf Situationen, die wir als psychologisch bedrohlich erleben, wie auf einen tatsächlichen Angriff. Da hat ein Verkäufer zum Beispiel eine Begegnung mit einem unangenehmen Kunden, der plötzlich laut wird und damit droht, seinen Chef darüber zu informieren, welch ein Trottel der Verkäufer sei, und schon reagiert das Gefahrenzentrum im Hirn genauso, als wenn da ein Angreifer die Keule schwingen würde. Das heißt, alle Alarmglocken schrillen, es werden Stresshormone ausgeschüttet, und man spürt augenblicklich alle dazugehörigen körperlichen Auswirkungen: Das Herz rast, der Atem geht rascher, der Magen zieht sich zusammen, die Wahrnehmung verengt sich. Das Schwierige dabei ist: Wenn ein angriffslustiger Feind vor einem steht, ist es sinnvoll, sofort zu reagieren, entweder mit Flucht, mit Verteidigung oder Gegenangriff – all das hat aber gar keinen Sinn, wenn man es lediglich mit einem aufgebrachten Kunden zu tun hat. Man darf weder dem Kunden einen gezielten Schlag versetzen, noch kann man davonlaufen und sich in den Toilettenräumen verstecken. Beides wäre ein Äquivalent für die kurzfristigen Lösungen, wie sie in der Steinzeit hilfreich waren, denn hätte man damals einen Angreifer entweder mittels einer Keule ausgeschaltet oder wäre ihm durch Flucht entkommen, hätte man das Problem, zumindest fürs Erste, erfolgreich gelöst.

Als moderne Menschen haben wir alle möglichen Formen entwickelt, wie wir mit solchen subjektiven Bedrohungen und den dazugehörigen Alarmen umgehen können. Der arme Verkäufer unterdrückt zum Beispiel seine Gefühle so gut es geht, zwingt sich in die Anpassung und beißt die Zähne zusammen. So übersteht er die Begegnung mit diesem Kunden – es löst jedoch nicht sein Problem, dass er sich von Leuten, die so massiv auftreten, ins Bockshorn jagen lässt. Im Gegenteil, unter Umständen verschärft sich im Laufe der Zeit die Situation für ihn so, dass irgendwann schon der Alarm losgeht, sobald ein Kunde sehr kritisch und streng auftritt und er massiven Stress erlebt.

Auch das haben Sie vielleicht schon selbst erlebt: Wenn etwas auch nur entfernt einem sehr unangenehmen Erlebnis ähnelt, dass Sie in der Vergangenheit einmal hatten, so reicht diese Ähnlichkeit schon, um Ihren inneren Alarm zu triggern, was die sofortige Ausschüttung von Stresshormonen zur Folge hat. Sie geraten wieder in Stress und Aufregung und fühlen sich quasi gezwungen, irgendetwas zu tun, um diese Bedrohung zu vermeiden. Dem mit »vernünftigem Denken« beikommen zu wollen, ist so gut wie unmöglich. Der innere Alarm, der ja zum Schutz unseres »Überlebens« da ist, ist so unglaublich schnell, dass vernünftige Argumente immer zu spät kommen. Wir können uns hundert Mal vornehmen, beim nächsten Mal aber nicht so »dämlich« zu reagieren: Kommt die alarmauslösende Situation wieder, ist auch der Stress wieder da, mit all seinen unangemessenen Reaktionen unsererseits.

Um mit solchen Situationen fertigzuwerden, das heißt dahinzukommen, dass sie ihre Wirkung verlieren und keinen Stress mehr verursachen, ist die Check-your-Mind-Methode als überwiegend mentales Verfahren nicht geeignet, denn nur auf der Ebene der Gedanken ist das einmal installierte Muster in der Amygdala nicht aufzulösen.

Der Weg, wie man den inneren Alarm löschen kann, ist Introvision-Coaching. Die Introvision wurde am Institut für Pädagogische Psychologie der Universität Hamburg unter der Federführung von Professor Angelika Wagner ursprünglich als Verfahren entwickelt, um Lehrern, die oft extrem viel Stress erleben, zu helfen, ihn zu reduzieren. Das dort praktizierte Verfahren erfordert allerdings wochenlange Vorbereitung und Übung – Zeit, die Menschen, die zu uns ins Coaching kommen, meist nicht haben. Wir haben deshalb in Verbindung mit Techniken aus der Transaktionsanalyse und dem Mindfulness-Based-Stress-Reduction-Programm (MBSR) nach Jon Kabat-Zinn das Format Introvision-Coaching entwickelt, das sich hervorragend im Coaching einsetzen lässt und innerhalb kürzester Zeit erstaunliche Ergebnisse zeitigt. Wie schnell das gehen kann, zeigt das folgende Beispiel eines Projektleiters:

Als er ins Coaching kam, wirkte er sehr verzweifelt. Sein Ziel: Die Arbeit sollte ihm wieder Spaß machen, und er wollte sich selbst »neu sortieren«. Als Projektmanager in der Software-Entwicklungs-Branche hatte er ein für seine Firma äußerst wichtiges und umfangreiches Projekt zu verantworten. Doch er fürchtete zunehmend, damit grandios zu scheitern. Der Druck, den er erlebte, setzte ihm so sehr zu, dass er eine Magenentzündung bekam und auch in seiner wenigen Freizeit keine wirkliche Entspannung fand, denn er war zu keiner Lebensfreude mehr fähig. Er konnte sich zu nichts mehr aufraffen, was ihm früher Spaß gemacht hatte, es bereitete ihm am Wochenende Mühe, überhaupt das Bett zu verlassen – und in letzter Zeit blieb er sonntags einfach liegen. Das half ihm aber auch nicht, sondern trug noch dazu bei, seine gereizte Stimmung zu verstärken.

Im Projekt selbst lief in seinen Augen gerade alles schief, nichts in der Arbeit erfüllte seine Erwartungen, sein Kunde kam mit immer neuen Änderungswünschen, und ihm lief die Zeit davon.

Mit dieser Zustandsbeschreibung bot der Klient das Bild eines Menschen, der gerade dabei war, total den Überblick zu verlieren, oder der ihn sogar schon verloren hatte. Außerdem war klar, dass er in einem permanenten Alarmzustand lebte, hervorgerufen durch die Angst, mit diesem so wichtigen Projekt zu scheitern. Auch dieses Erleben bereitete ihm große Sorgen: »Ich weiß überhaupt nicht, was mit mir los ist, ich kenne das überhaupt nicht! Ich bin immer sehr gern zur Arbeit gegangen, aber im Moment muss ich mich zwingen.«

In der ersten Coachingsitzung wurde deutlich, dass es bei ihm mit der Arbeitsstrukturierung haperte, aber auch, wie schwer es dem Klienten fiel, sich dem Kunden gegenüber abzugrenzen. Er gab selbst solchen Kundenwünschen nach, die aus Projektsicht unsinnig oder unvernünftig waren. Durch dieses Bestreben, es dem Kunden in allem recht zu machen, kam es zu den permanenten Änderungen, die die ganze Projektgruppe belasteten.

Wir arbeiteten in der ersten Sitzung zunächst Wege und Möglichkeiten heraus, das Projekt besser zu strukturieren und sein Selbstmanagement zu verbessern. Es wurde aber auch klar, dass, wenn wir seinen Alarmzustand nicht beendeten, der Klient immer wieder zwischen allen Tätigkeiten hin und her springen würde. Der innere Alarm, die Angst vor dem Scheitern, würde immer aufs Neue verhindern, dass er strukturiert arbeitete. Wir boten dem Klienten deshalb ein Introvision-Coaching an.

Ein Kernstück der Arbeit mit Introvision-Coaching ist, gemeinsam den Alarm auslösenden Satz (siehe Seite 186 ff. »Der magische Satz«) zu finden. Um Veränderungen während der Arbeit mit Introvision-Coaching feststellen und einordnen zu können, bewertet der Klient auf einer Skala von 1 bis 10 den Grad seines Alarmzustands, den der Satz bewirkt.

Wichtig für die Arbeit mit Introvision-Coaching ist, dass der Klient auch zu Hause die Übung weiter durchführt, entweder bis sein Alarm bei null angekommen ist oder bis zur nächsten Sitzung. Für das eigene Üben erhält der Klient eine Aufnahme, die während der Coachingsitzung gemacht wurde. Bei dieser Aufnahme hört der Klient immer wieder sowohl den Alarm auslösenden Satz als auch die Anleitung zum richtigen Üben. Die Übungen (siehe Seite 203 ff.) müssen auf jeden Fall weitergeführt werden, bis der Alarm gänzlich bei null ist, denn jeder noch vorhandene Restalarm kann sich wieder aufschaukeln, wenn der Reiz nur hoch genug ist oder sich das äußere Stresslevel erhöht. Das passiert jedoch nicht, wenn der Alarm gelöscht ist – dann bleibt er ein für alle Mal verschwunden.

Um den inneren Alarm des Klienten zu aktivieren, wurde in der ersten Sitzung mit dem Satz gearbeitet »Es kann sein, dass ich mit meinem Projekt total scheitere und dann abgelehnt werde.«

In der zweiten Sitzung wurde mit Introvision-Coaching ein zweiter Alarm bearbeitet, der sich durch den Satz auslösen ließ »Es kann sein, dass ich mich abgrenze und dann total abgelehnt werde.« Welch revolutionäre Wende das für den Klienten gebracht hat, zeigen seine E-Mails, die wir mit seiner Erlaubnis veröffentlichen dürfen.

Mails nach der ersten Sitzung:

Freitag, 25.05.

Stimmung sehr optimistisch. Viel über das Thema »Was sind meine Prioritäten, was muss ich selber machen, was muss ich delegieren?« nachgedacht.

Samstag, 26.05.

Morgens zweimal hintereinander die Introvision-Übung gemacht. Weiß nicht, ob ich es richtig gemacht oder dabei zu viel gedacht habe. Viele Personen aus dem Projekt sind mir durch den Kopf gegangen. Der Gedanke »Was kann mir eigentlich wirklich passieren?« kommt mir immer wieder in den Sinn. Ich glaube, ich habe meine Prioritäten für die nächsten Tage gefunden. Der Satz »Will ich es dem Kunden oder dem Projekt recht machen?« geht mir immer wieder durch den Kopf. Vielleicht muss ich öfter mal riskieren, den Kunden kurzfristig notfalls auch zu verärgern, damit das Projekt am Ende zu einem guten Ende kommt.

Sonntag, 27.05.

Übung am Vormittag zweimal hintereinander gemacht. Es fällt mir schwer, mich in die Situation »das Projekt scheitert total« hineinzudenken. Ich denke immer wieder »Wie würde sich das anfühlen?«. Viel darüber nachgedacht, wo meine Verantwortung aufhört und die meiner Kollegen, insbesondere der Entwickler, anfängt.
Meine Frau hat den Eindruck, dass ich weniger gestresst aussehe (Augen). Heute schon?

Montag, 28.05.

Übung in der Früh zweimal hintereinander gemacht. Kurzer Frust, dann aber optimistisch ins Büro.

Teilprojektleitermeeting war ok. Eigentlich war der Tag relativ entspannt.

Abends jetzt (18:40) die Übung nochmals wiederholt. Das »beklemmende« Gefühl wie beim ersten Mal in Konstanz hatte ich bisher nicht mehr.

Dienstag, 29.05.

Nach dem Aufwachen etwas angespannt/nervös, Blutdruck erstmals seit vielen Tagen bei zwei Messungen zu hoch. Heute ist um 8:30 Projektleiter-Telefonkonferenz.

Morgens zweimal die Übung gemacht. Gedanken: Es gibt in unserer Firma so viel zu tun. Gefühle während der Übung: Die Nervosität legt sich.

PL-TelKo ist sehr konstruktiv verlaufen. Ab und zu ist ein leichtes Gefühl der Unsicherheit aufgekommen, war aber nicht schlimm.

Mir fällt auf, dass ich immer öfter den Gedanken »Was kann denn eigentlich wirklich passieren?« habe – und dass mich dieser Gedanke beruhigt.

Die Übung am Vormittag nochmals wiederholt. Es kamen Gedanken wie »der Kunde akzeptiert mich in Zukunft in keinem Meeting mehr, egal welches Thema ich bearbeite« auf. Aber eigentlich keine Gefühle dabei. Ich bin während der Übung sehr entspannt.

Mittwoch, 30.05.

Übung gleich nach dem Aufstehen zweimal durchgeführt. Bin mit den Gedanken recht viel hin und her gesprungen. Kurz kam ein Bild hoch, dass ich an einem Schreibtisch sitze und es absolut nichts für mich zu tun gibt. Da wurde mein Herzschlag kurz schneller. Aber dann kam irgendwie der Gedanke »schön, so viel Geld zu verdienen und nichts mehr dafür tun zu müssen«.

Eigentlich bin ich bei der Arbeit recht entspannt. Es sind heute zwei Fehler aufgetreten, die gegebenenfalls zum Problem werden. Ich möchte zwar möglichst genau den Status kennen, aber Stress erzeugen die Punkte nicht.

15:45 – Telefonat mit einem externen Berater. Er: »Wie geht es Ihnen?« Ich: »Danke, gut.« Er: »Das erkennt man an Ihrer Stimme. Was war los?« Ich erkläre ihm, dass ich ein Coaching absolviert habe, um mit meiner Situation besser umgehen zu können. Er: »Ihrem Coach müssen Sie ein Essen extra zahlen – der hat viel verändert!«

Donnerstag, 31.05.

Übung gleich in der Früh zweimal durchgeführt. Ist irgendwie entspannend?!?! Rückblickend war die Woche bisher durchaus gut und produktiv: Projektreport erstellt, Controlling durchgeführt, Projektplan aktualisiert, eine Tabelle aktualisiert, die schon ewig veraltet rumlag.

Gestern gab es eigentlich eine ganze Menge positiver Rückmeldungen zu meiner Arbeit und zur Arbeit des Teams. Gestern war ein guter Tag!

Freitag, 01.06.

Heute erstmals die Übung vor dem Aufstehen und nur einmal durchgeführt. Keine so gute Idee – eingeschlafen.

Der Tag war sehr gut. Hab mit einem Kollegen, der viel Erfahrung mit großen Projekten hat, die aktuelle Projektsituation besprochen und ein paar gute Anregungen bekommen.

Mails nach der zweiten Sitzung:

Mittwoch, 06.06

Anbei die Notizen der letzten Tage. Ich bin sehr zufrieden mit meiner Situation. Ich tue mich etwas schwer mit der Bewertung, ob der Alarm jetzt auf 0 oder 1 ist. Manchmal denk ich mir dann, vielleicht hört man sein Herz immer lauter klopfen, wenn man sich darauf konzentriert… Aktuell mach ich jeden Tag die Übung (abgrenzen) nach dem Aufstehen und die Übung (scheitern) vor dem Schlafengehen. So richtig auffällig war dabei nur der Tag direkt nach dem zweiten Coaching. Danach war die Reaktion auf beide Übungen immer sehr überschaubar.

Donnerstag, 07.06.

Nach dem Aufstehen Übung 2 gemacht. Ich habe zu Beginn der Übung gemerkt, dass ich nervös bin. Etwas Herzklopfen. Bilder von Personen, bei denen es mir schwerfällt, mich abzugrenzen. Das Herzklopfen wird beim Satz etwas mehr – nur ganz wenig. Dann, beim letzten oder vorletzten Mal, als der Satz gesagt wird, sehe ich mich, wie ich als Schulkind ein Zeugnis oder einen Zettel mit einem Test meiner Mama zeige. Und das Kind sagt zu mir »mach das ja nicht mit deinen Kindern«. Ich bekomme einen Weinkrampf. Die Übung ist aus. Wie kann ein Satz das auslösen? Wert auf einer Skala von 1 bis 10 --> 15.

Hätte ich die Übung jetzt ein zweites Mal machen sollen? Befreiend war das Er-

lebnis jetzt nicht gerade, das Bild geht mir etwa eine Stunde lang nicht aus dem Kopf. Geht es mir jetzt wieder so wie vor dem ersten Coaching? Ist das Positive jetzt mit einem Mal wieder weg?
Danach ist Gott sei Dank ein Telefonat mit einem externen Berater angesagt – da merke ich dann aber, dass es mir nach wie vor gutgeht.
Derzeit sieht alles positiv aus. Mit einem Kollegen Ideen für die nächste Projektphase besprochen. Viel Energie meinerseits. Sein Kommentar: »Komm von deinem Coachinghoch wieder in deine normale Projektdepression runter!«

Freitag, 08.06.
Nach dem Aufstehen die Übung 2 (abgrenzen) durchgeführt. Im Gegensatz zu gestern war heute wenig Reaktion. Skala: 2 bis 3. Der Tag war gut. Damit begonnen, die Strukturen für die nächste Projektphase zu planen. Und es gab heute einen neuen Projektreport – zurzeit geht's einfach in allen Belangen bergauf – faszinierend.
Am Abend dann die Übung 1 (scheitern) durchgeführt. Keine Reaktion.

Samstag, 09.06.
Nach dem Aufstehen die Übung (abgrenzen) einmal durchgeführt.
Skala: 1 bis 2.
Seit langem habe ich heute zum ersten Mal wieder das Gefühl, dass ich mich darauf freue zu arbeiten. Es geht mir wirklich gut.
Am Abend vor dem Einschlafen noch die Übung (scheitern) einmal gemacht. Skala: 1.

Sonntag, 10.06.
Am Morgen die Übung (abgrenzen) einmal durchgeführt. Skala: 1. Diesmal hatte ich auch kein nervöses Gefühl mehr. Keine besonderen Gedanken.

Montag, 11.06.
Nach dem Aufstehen die Übung (abgrenzen) durchgeführt. Skala: 2.
Am Abend die Übung (scheitern) einmal gemacht. Skala: 1.

Dienstag, 12.06.
In der Früh die Übung (abgrenzen) einmal durchgeführt. Skala: 2. Die Übung löst nur mehr ganz wenig aus. Aber ein klein wenig mehr Herzklopfen spüre ich immer noch.

Meine Produktivität steigt. In einem Meeting und dann beim Abendessen mit dem Kunden habe ich bemerkt, dass es mir leichter fällt, »unangenehme« Themen anzusprechen. Es ist nicht perfekt, aber es ist besser. Ich bin bewusster in der Diskussion.
Am Abend dann noch Übung (scheitern) durchgeführt. Skala 1.

Mittwoch, 13.06.
Übung (abgrenzen) nach dem Aufstehen einmal durchgeführt. Skala: 1
Das Arbeiten nach To-do-Liste hat heute nicht so gut geklappt. Aber auch in dieser Situation gibt mir meine Liste die Sicherheit, dass ich mich nicht verlaufe. Der Stress kommt offenbar weniger vom Wissen, dass etwas unerledigt geblieben ist, sondern von der Unsicherheit, ob was Wichtiges übersehen wird.
Übung (scheitern) am Abend ausgeführt. Skala: 1.

Donnerstag, 14.06.
Übung (abgrenzen) am Morgen durchgeführt. Skala: 2. Schön langsam glaube ich daran, dass mein »Hoch« auch die nächste Projektkrise überdauern kann.

Freitag, 15.06.
Vor Arbeitsbeginn die Übung (abgrenzen) durchgeführt. Skala 1. Die Übung hat heute nichts ausgelöst. Freue mich auf diesen Tag. Sehr ergiebiger Tag. Kundenmeetings trotz schwieriger Situation gut verlaufen.
Am Abend die Übung (scheitern) einmal durchgeführt. Skala 1.

Samstag, 16.06.
Übung (abgrenzen) nach dem Aufstehen einmal durchgeführt. Skala 2.
Am Abend Übung (scheitern). Skala 1.
Die mögliche Optimierung im Projekt lässt mich gedanklich kaum los – positiv. Die Arbeit macht wieder Spaß. Und ich habe auch wieder mehr Spaß an Freizeitaktivitäten und an Gesprächen mit Freunden und Bekannten.

Sonntag,17.06.
Übung (abgrenzen) nach dem Aufstehen durchgeführt. Skala 1.
Voller Tatendrang – werde mich aber zu einem freien Tag »zwingen«.
Vor dem Einschlafen die Übung (scheitern) durchgeführt. Skala 0. Keine besonderen Gedanken. Keine körperlichen Reaktionen.

Montag, 18.06.
Übung (abgrenzen) nach dem Aufstehen durchgeführt. Skala 1. Es gibt keine großen Reaktionen, Gefühle, Gedanken – aber dass diese Übung absolut gar nichts in Gang setzt, kann ich auch nicht behaupten.
Heute gibt es viele spannende Besprechungen, viel Überzeugungsarbeit. Mal sehen, wie ruhig, kontrolliert, überlegt ich bleiben kann und ob/wann die Hormone übernehmen.
Erfolgreicher Tag!
Am Abend Übung (scheitern) durchgeführt. Skala 0.

Dienstag, 19.06.
Übung (abgrenzen) nach dem Aufstehen durchgeführt. Skala 1.

Mittwoch, 20.6.
Übung (abgrenzen) durchgeführt. Skala 0.
Das Statusmeeting heute hat für mich gut geklappt. Ich bin relativ ruhig geblieben, und meine eigene Wahrnehmung war, dass die Stresshormone nie die Kontrolle übernommen haben. Ich bin sehr zufrieden.

In nur knapp vier Wochen eine so komplette Veränderung seines Gefühlslebens, seiner ganzen Lebenshaltung zu erleben, hätte sich der Klient zu Beginn des Coachings noch nicht einmal im Traum vorstellen können. Da es ihm gelungen war, zwei schwerwiegende Alarme zu löschen, entfiel nicht nur die Hauptursache für seinen Stress, sondern er hatte auch wieder Zugriff auf all seine inneren Ressourcen, um seine Probleme mit dem Projekt konstruktiv zu lösen.

Wie lassen sich Alarme löschen?

Die Antwort ist verblüffend einfach: Indem man sie leerlaufen lässt! Dass das so ist, liegt im Alarm selbst begründet. Ein Alarm (frz. á l'arme = zur Waffe) ruft immer dazu auf, unverzüglich und entschlossen zu handeln. Um der tatsächlichen oder vermeintlichen Gefahr zu begegnen, soll der Mensch sofort etwas tun und nicht lange überlegen. Deshalb sind alle im Vorhinein getroffenen Überlegungen relativ wertlos, und mögen sie noch so richtig und berechtigt sein. Im Alarmzustand reagieren und regieren die Stresshormone, weshalb man auf Verhaltensmuster zurückgreift, die sich irgendwann eingeschliffen haben, vielleicht zu einer Zeit, als man gar keine anderen Verhaltensoptionen hatte. Wenn man als Kind gelernt hat, dass man einem drohenden Liebesentzug seitens der Eltern am besten dadurch entging, dass man extrem brav und gehorsam war, dann folgt man eben vielleicht auch als Erwachsener dem Zwang, es allen recht machen zu müssen – und ein Gesprächspartner, der entsprechend auftritt (oder bei dem man unbewusst fürchtet, er könnte entsprechend auftreten), löst einen inneren Alarm aus. Damit sind alle guten Vorsätze, »diesmal aber wirklich standhaft zu bleiben und nicht nachzugeben«, wie weggeblasen. Man handelt, aber nicht so, wie man will, sondern wie der Alarm es befiehlt.

Doch solch ein innerer Alarm kostet viel Energie – und unser Gehirn verschwendet keine Energie. Das heißt, wenn man gelernt hat, den Alarm leerlaufen zu lassen, indem man ihn zunächst auslöst, ihn anschließend aber nur beobachtet, dann erschöpft er sich. Ein Alarm, auf den keiner reagiert, ist sinnlos – und wird deshalb früher oder später ganz abgestellt.

An diesem Punkt setzt Introvision-Coaching an: Mit dieser Methode wird der Alarm in der Amygdala gelöscht, sodass jene Reize, die ihn bislang triggerten, keine Reaktion mehr auslösen. Diese Methode, die an der Universität Hamburg entwickelt wurde, ist bahnbrechend, denn ein Alarm, auf den keiner reagiert, ist ganz offenbar sinnlos.

Wie man in einer neutralen Situation den inneren Alarm auslösen kann, um ihn anschließend zu stoppen, schildern wir ausführlich im nächsten Kapitel.

Der »magische Satz«

Wie beim Beispiel des verzweifelten Projektmanagers schon gesagt wurde, ist ein wesentlicher Aspekt beim Introvision-Coaching, den richtigen Satz herauszufinden, auf den die Arbeit aufbauen kann. Wobei »richtig« in diesem Zusammenhang bedeutet, dass der Satz geeignet ist, zu Beginn der Arbeit den Alarm in genau der gleichen Höhe – oder doch wenigstens der annähernd gleichen Höhe – auszulösen, wie er in der realen Situation ebenfalls vorhanden ist. Alarme stehen in der Regel in Verbindung mit inneren Glaubenssätzen, die einen stark fordernden, um nicht zu sagen zwingenden Charakter besitzen. Da diese Glaubenssätze im Wesentlichen darauf hinauslaufen, dass etwas »unter allen Umständen geschehen muss«, also etwa »Ich muss unter allen Umständen diese Prüfung bestehen«, »Ich muss erfolgreich sein« oder dass etwas »auf gar keinen Fall passieren darf«, zum Beispiel »Ich darf auf gar keinen Fall Fehler machen« oder »Ich darf auf keinen Fall abgelehnt werden«, werden diese Glaubenssätze in der Introvision als »Imperative« bezeichnet. Imperative zwingen den Menschen zu bestimmten Handlungsmustern, selbst wenn man rational erkennt, dass sie kontraproduktiv sind.

Hier schließt sich ein Kreis zur Transaktionsanalyse. Denn diese zwingenden Glaubenssätze kennen Sie bereits aus der Skripttheorie, wie sie von Eric Berne entwickelt wurde und die wir im Kapitel »Das Lebensskript und automatisierte negative Gedanken« dargestellt haben. Auch die Antreiber spielen hier eine wesentliche Rolle, Sie erinnern sich, was wir über sie im Kapitel »Innere Antreiber – die Gebote zum Lebensskript« geschrieben haben. Einschärfungen und Antreiber sind oft schon als Imperative formuliert. Der Mechanismus ist immer der gleiche: Eine Situation wurde als extrem unangenehm, schmerzhaft, bedrohlich oder gar traumatisch erlebt. Das hat sich tief in das Erfahrungsgedächtnis eingegraben, der Alarm in der Amygdala wurde installiert. In der Folge springt jedes Mal, wenn es den Anschein hat oder die reale Möglichkeit besteht, dass sich eine Situation in gleicher Weise entwickelt wie die Ursprungssituation, der Alarm an, der damit verbundene Imperativ sagt entweder »Das darf auf gar keinen Fall passieren« – was auch immer das sein mag – oder »Du musst auf jeden Fall dieses oder jenes tun«. Das setzt zwingend jene Verhaltenskette in Gang, mit der man damals mehr oder weniger erfolgreich versucht hat, diese schwierige Situation, diese Bedrohung zu bewältigen.

Den Imperativ ermitteln

Einer der Schlüssel zu einer erfolgreichen Arbeit mit Introvision-Coaching ist, den Imperativ zu ermitteln, der später das notwendige Auslösen des Alarms erst möglich macht. Ein guter Weg, den richtigen Imperativ zu identifizieren, besteht darin, von der Situation auszugehen, die Angst macht oder in der man sich blockiert fühlt. Am besten beginnt man damit, sich die entsprechende Situation genau vor Augen zu führen, sie innerlich zu durchleben.

Nehmen wir eine schwierige Situation, die einem bevorsteht, oder ein Vorhaben, das man anpacken will. Wenn der Gedanke an eine Situation oder ein Vorhaben für innere Unruhe sorgt, ist das ein ziemlich sicheres Indiz dafür, dass irgendein Imperativ dadurch aktiviert wird, sonst würde man keinen Alarm verspüren.

Um den Imperativ herauszufinden, der den Alarm auslöst, ist es hilfreich, sich zunächst eine Reihe Fragen zu stellen:

- Was beunruhigt mich angesichts dieser Situation, dieses Vorhabens im Moment gerade?
- Was fürchte ich dabei?
- Was darf dabei auf gar keinen Fall passieren?
- Was ist das eigentlich Schwierige oder Schlimme für mich an dieser Situation, an diesem Vorhaben?
- Was will ich auf jeden Fall vermeiden?

Wenn man sich diese Fragen ehrlich beantwortet, kann es sehr gut sein, dass man nicht nur einen einzelnen Imperativ findet, sondern dass sich offenbart, dass mehrere Imperative miteinander verknüpft sind. Imperative können zum Beispiel in Form einer »Wenn-dann«-Verknüpfung auftreten, also zum Beispiel könnte der erste Imperativ, der einem angesichts einer schwierigen Situation wie etwa einer Prüfung in den Sinn kommt, lauten: »Ich darf auf gar keinen Fall durchfallen.« Wenn man sich dann weiterfragt: »Was ist das eigentlich Schlimme daran, wenn ich durchfalle?«, kommt vielleicht als Antwort: »Dann will meine Freundin nichts mehr von mir wissen, und das darf auf keinen Fall passieren.«

So ähnlich erging es einem Dozenten, der Angst hatte, bei der Präsentation seines Projektes vor einer Kommission zu versagen. Nach der Arbeit mit dem Imperativ »Ich darf auf keinen Fall scheitern« stellte sich bald heraus, dass er sich anschließend zwar bei dem Gedanken an die bevorstehende Präsentation besser fühlte, aber noch nicht hundertprozentig gut. Weiteres Nachfragen brachte zutage, dass es, verbunden mit »Ich darf auf keinen Fall scheitern«, einen zweiten Imperativ gab. Denn der erste Imperativ lautete eigentlich komplett »Ich darf auf keinen Fall scheitern, denn wenn das passiert, werde ich von meiner Familie abgelehnt«. Also arbeiteten wir weiter an dem Imperativ »Ich darf auf keinen Fall die Zuwendung und die Achtung meiner Familie verlieren«. Die beiden Imperative bestanden nicht nur nebeneinander, sondern haben sich gegenseitig verstärkt. Deshalb reicht es in einem solchen Fall nicht aus, nur mit einem zu arbeiten, denn die Angst, abgelehnt zu werden, triggert immer wieder aufs Neue die Angst zu versagen und umgekehrt.

Wenn man merkt, dass man sich noch nicht wirklich befreit fühlt, obwohl die Arbeit mit einem Imperativ erfolgreich war, sollte man sich davon nicht irritieren lassen, sondern mit der eigenen Problemanalyse fortfahren und sich noch einmal intensiv mit den oben genannten Fragen beschäftigen.

Gelegentlich kann es auch vorkommen, dass drei Imperative durch eine solche »Wenn-dann«-Folge miteinander verknüpft sind. So geschehen in einem Fall, wo der erste Imperativ lautete »Ich muss immer perfekt arbeiten« beziehungsweise »Mir dürfen keine Fehler passieren«, denn wenn mir Fehler passieren, führt das zum Versagen, was den zweiten Imperativ »Ich darf nicht versagen« mit einschloss, gefolgt von »Denn wenn ich versage, bin ich nicht liebenswert« mit dem dritten Imperativ »Es darf auf keinen Fall geschehen, dass ich abgelehnt werde«.

Solche sehr tiefgehenden Imperative bezeichnen wir auch als »Kern-Imperative«. Kern-Imperative erkennt man immer daran, dass sie eine besonders starke Erregung verursachen und begleitet werden von Gedanken wie »Das geht wirklich überhaupt gar nicht!« oder »Das ist ein absolutes No-Go, da kann ich mich gleich vor einen Zug werfen!«

Ein Äquivalent zu Kern-Imperativen kennt man auch in der kognitiven Verhaltenstherapie, da werden sie »loveless«, »helpless« oder »worthless« genannt. Etwas darf auf keinen Fall passieren, oder ich bin hilflos, wertlos, werde nicht geliebt oder könnte sogar sterben. Wie alle Imperative haben auch diese ihren Ursprung in der persönlichen Lebensgeschichte. Um die Schwierigkeiten zu bewältigen, die man durchleben musste, wurden als Überlebensstrategie die Imperative entwickelt. Wenn jemand in der Kindheit vernachlässigt wurde, entwickelt er vielleicht den Imperativ »Ich muss alles dafür tun, um nicht abgelehnt zu werden«. Oder er hat den Imperativ verinnerlicht »Ich darf mir niemals eine Blöße geben«, wenn er zum Beispiel die demütigende Erfahrung gemacht hat, dass er in der Schule vom Lehrer und der ganzen Klasse verlacht wurde und daraufhin total beschämt war. Hier ist vielleicht der richtige Ort, um noch einmal darauf hinzuweisen, dass jedes Verhalten, das aufgrund von Imperativen gezeigt wird, irgendwann einmal sinnvoll war – auch wenn man sich als Erwachsener vielleicht verzweifelt fragt: »Warum reagiere ich immer wieder so dämlich/so irrational/so unverständlich?« Es gab eine Zeit, in der genau dieses Handlungsmuster das Einzige schien, was half, also hat es sich tief eingegraben. Deshalb ist es ungerecht sich selbst gegenüber, sich etwas vorzuwerfen, das man eben nicht so einfach per Willensbeschluss ändern kann. Doch man kann sich willentlich entschließen, mit den Imperativen zu arbeiten, um sie aufzulösen.

Bei den Imperativen aus den »Wenn-dann«-Verknüpfungen ist es sinnvoll, mit dem am wenigsten »schwerwiegenden« Imperativ zu beginnen, der für gewöhnlich auch als erstes erkannt wird. Das ist deshalb besser, weil die Arbeit mit dem Alarm-auslösenden Satz, den wir aufgrund der Imperative formulieren, sehr heftige emotionale oder auch körperliche Reaktionen auslösen kann – und auch soll. Je tiefer der Imperativ geht, desto heftiger sind die Reaktionen. Hat man mit einem Imperativ, der einem nicht so sehr die Eingeweide aufrüttelt, diese Arbeit schon geübt und gute Erfahrungen damit gemacht, so fällt es bedeutend leichter, sich auch auf etwas einzulassen, das wirklich ans Eingemachte geht, also auf einen Kern-Imperativ. Man hat dann schon erfahren, dass man den Alarm tatsächlich aus der Welt schaffen kann, das mindert die Angst, sich mit etwas zu konfrontieren, vor dem man eigentlich zurückschreckt.

Den »magischen Satz« formulieren

Aus den Antworten auf die oben aufgeführten Fragen ergibt sich der nächste Schritt: Den »magischen Satz« zu formulieren, nämlich jenen

Satz, der bei Ihnen einen gleich oder zumindest ähnlich starken Alarm auslöst, wie er sich sonst auch in der realen Situation einstellt. Dieser Aufgabe sollten Sie auf jeden Fall die nötige Sorgfalt und Aufmerksamkeit widmen, denn die Formulierung ist nicht beliebig, sondern entscheidend für den Erfolg der weiteren Arbeit.

Bei der richtigen Formulierung geht es darum, den Imperativ als Ausgangspunkt für einen Satz zu nehmen, indem die Möglichkeit eingeräumt wird, dass genau das, was nicht passieren darf, eintritt. Deshalb beginnt der »magische Satz« üblicherweise immer mit »Es kann sein, dass...«, also zum Beispiel »Es kann sein, dass ich Fehler mache« / »Es kann sein, dass ich abgelehnt werde« / »Es kann sein, dass ich den Faden verliere« / »Es kann sein, dass ich andere enttäusche« / «Es kann sein, dass ich im Mittelpunkt stehe«.

Man könnte auch eine Formulierung mit »Vielleicht...« wählen, also zum Beispiel »Vielleicht falle ich durch die Prüfung«, die Erfahrung bisher hat aber gezeigt, dass eine solche Formulierung von den meisten Klienten als schwächer empfunden wird. »Es kann sein, dass...« macht offenbar am deutlichsten, dass wirklich eintreten kann, was der Imperativ zu verhindern versucht.

Achten Sie darauf, dass Sie immer Sätze formulieren, die sich auf ein Ereignis beziehen, denn Sie sollten unbedingt Sätze vermeiden, die sich auf das »Sein« beziehen. Das heißt konkret, wenn es zum Beispiel um die Angst geht, abgelehnt zu werden, weil man auch mal Nein sagt oder seine Interessen vertritt, dann könnte ein möglicher Alarm auslösender Satz lauten »Es kann sein, dass andere mich für nicht liebenswert halten«, denn das kann als Ereignis ja tatsächlich eintreten, aber er sollte auf gar keinen Fall formuliert werden als »Es kann sein, dass ich nicht liebenswert bin« – das würde die völlig falsche Botschaft vermitteln. Um es ganz überspitzt zu formulieren: »Es kann sein, dass andere mich für einen Idioten halten, wenn ich durch die Prüfung falle« ist in Ordnung, »Es kann sein, dass ich ein Idiot bin...« ist es nicht!

Die exakte Formulierung zu wählen ist in allen Details wichtig. Wir haben in der Arbeit mit Introvision-Coaching immer wieder festgestellt, dass es einen großen Unterschied machen kann, ob jemand, der das entsprechende Problem bearbeiten will, mit dem Satz »Es kann sein, dass ich bei ... scheitere« arbeitet oder mit dem Satz »Es kann sein, dass ich bei ... versage«. Inhaltlich sind diese beiden Sätze praktisch identisch – und doch löst der eine bei dem einen Betreffenden einen hohen Alarm aus, während der andere ihn kalt lässt – und bei dem nächsten Klienten ist es genau umgekehrt. Spüren Sie also gut in sich hinein, welche Formulierung bei Ihnen wirklich all die Gedanken, Gefühle und körperlichen Reaktionen, die Sie aus der realen Situation kennen, in Gang setzt, wenn Sie sich im nächsten Schritt mit diesem »magischen Satz« konfrontieren. Geben Sie schließlich der Höhe des Alarms, den Sie empfinden, einen Wert auf einer Skala von 1 bis 10. Dabei würde 1 einen sehr leichten Alarm bedeuten und 10 einen sehr hohen. Diese Skalierung dient Ihrer eigenen Kontrolle, welche Fortschritte Sie im Umgang mit dem »magischen Satz« selbst wahrnehmen können.

Wenn man den Satz gefunden hat, der einen starken Alarm ausgelöst hatte, dieser Alarm durch mehrfaches Sitzen mit diesem Satz aber bereits schwächer geworden ist, kann es hilfreich sein, den Satz noch einmal zu verschärfen, zum Beispiel indem man aus »Es kann sein, dass ich abgelehnt werde!« ein »Es kann sein, dass ich total abgelehnt werde!« macht. Das steigert manchmal den Alarm noch einmal und eröffnet die Chance, auch diese Alarmreaktion aufzulösen.

Es gibt noch einen weiteren Aspekt, der bei der Formulierung des den Alarm auslösenden Satzes eine Rolle spielen kann. Gerade wenn es um Probleme geht, die sich um Erfolg haben oder um abgelehnt werden drehen, haben wir häufig die Erfahrung gemacht, dass es einen noch heftigeren Alarm auslöst, wenn man den Satz, um den es geht, auch einmal umdreht.

Eine Klientin, die große Angst davor hatte, sich durchzusetzen, weil sie befürchtete, dann von allen Leuten abgelehnt zu werden, berichtete im Vorfeld von ihrer sehr schwierigen Kindheit. Von der eigenen Mutter nicht gewollt, wuchs sie in mehreren Pflegefamilien auf, wo sie immer wieder die Erfahrung machte, zurückgestoßen und schlecht behandelt zu werden. Das hatte bei ihr zu dem Glaubenssatz »Ich bin nicht liebenswert« geführt. Um sich die Liebe und Zuwendung ihrer Mitmenschen doch noch zu »verdienen«, war sie extrem fleißig und überaus loyal selbst einem komplett unfähigen Chef gegenüber, dessen Fehler sie ständig ausbügelte. Als das aus diversen Gründen ihre eigene berufliche Existenz bedrohte, entschloss sie sich zu einem Coaching. Im Introvision-Coaching ging es ihr darum, sich zu ihren eigenen Fähigkeiten zu bekennen und sich nicht mehr vor den Karren ihres Chefs spannen zu lassen. Nachdem sie ihren Imperativ herausgearbeitet hatte, arbeitete zunächst mit dem Satz »Es kann sein, dass ich abgelehnt werde«. Das löste erwartungsgemäß einen hohen Alarm von 8 auf der Skala aus.

Nachdem sich dieser Alarm reduziert hatte, gab der Coach ihr den Satz vor »Es kann sein, dass ich total angenommen werde, so wie ich bin«. Bei diesem Satz, so berichtete sie, empfand sie einen inneren Alarm, der die Skala sprengte, sie hielt ihn kaum aus. Ihr Herz schlug zum Zerspringen, ihr Magen verkrampfte sich, und sie musste heftig schluchzen.

Wie kann so etwas geschehen? Denn angenommen zu werden war es doch wohl, was sie tatsächlich wollte! Warum erschreckte sie das so sehr?

Die Erklärung ist eigentlich ganz einfach: Jemand, der so viel Erfahrung damit gemacht hat, abgelehnt zu werden und nicht daran zugrunde gegangen ist, hat im Laufe seines Lebens eine reiche Auswahl von Mechanismen entwickelt, wie er mit diesen Erfahrungen umgehen kann und wie er die schmerzhaften Gefühle, die damit verbunden sind, unterdrücken kann. Wenn ihm nun plötzlich die Alternative eröffnet wird, er könnte liebenswert sein und bedingungslos akzeptiert werden, dann kommen all diese Schmerzen, die man so sorgfältig weggepackt hat, an die Oberfläche. Das Auftauen eingefrorener Gefühle ist eine Erfahrung, die einen umhauen kann. Diese Gefühle zuzulassen, wurde bislang von der Klientin peinlichst vermieden, das wäre zu schmerzhaft gewesen. Außerdem passte die Hoffnung, sie könnte doch so, wie sie ist, ohne Gegenleistung, angenommen werden, gar nicht zu ihrem Glaubenssatz, nicht liebenswert zu sein. Vor diesem Hintergrund ist es einleuchtend, dass der Satz »Es kann sein, dass ich total angenommen werde, so wie ich bin« sie deshalb innerlich fast zerriss.

Etwas ganz Ähnliches kann auch passieren, wenn es sich um Misserfolg beziehungsweise Erfolg dreht. Jemand, der fürchtet zu scheitern, erlebt möglicherweise einen noch viel intensiveren Alarm, wenn er seinen Satz »Es kann sein, dass ich bei xy scheitere« umwandelt in »Es kann sein, dass ich bei xy total erfolgreich bin«. Es kommt immer darauf an, welche inneren Glaubenssätze bei jemandem vorhanden sind. Wenn jemand zum Beispiel fürchtet, alle seine Freunde zu verlieren, wenn er im Beruf viel Erfolg hat, oder von seinen weniger erfolgreichen Eltern abgelehnt zu werden, wenn er sie überflügelt, oder wenn er Glaubenssätze verinnerlicht hat, die darauf hinauslaufen, dass Erfolg zwingend mit Arroganz oder sonstigen negativen Begleiterscheinungen verknüpft ist, dann ist die Vorstellung von großem Erfolg genauso alarmierend wie die Angst vor dem Scheitern. Man wünscht sich zwar ein bisschen Erfolg, aber nicht zu viel.

Auch wenn jemand zum Beispiel Angst hat, dass er eine Krankheit nie mehr los wird und man zunächst mit dem Satz »Es kann sein, dass die Krankheit nie mehr weggeht« gearbeitet hat, ist es im Anschluss unter Umständen wichtig, auch mit dem Satz »Es kann sein, dass ich vollkommen gesund bin« zu arbeiten, dann nämlich, wenn es bei ihm einen sekundären Krankheitsgewinn gibt, weshalb es für ihn tatsächlich schwierig ist, sich vorzustellen, dass er völlig gesund wird.

Ein weiteres Beispiel für eine wichtige Ergänzung der Arbeit auch mit einem positiven Satz war der Fall einer Klientin, die sich in ihrem Leben hauptsächlich unglücklich fühlte. Sie war ständig überverantwortlich um andere besorgt. Nachdem sie zuerst mit dem Satz »Es kann sein, dass ich nicht glücklich werde« gearbeitet hatte, wurde später ein sehr heftiger Alarm ausgelöst durch den Satz »Es kann sein, dass ich total zufrieden bin«. Die Vorstellung, dass es ihr gutgeht, während es ihren Eltern und der Schwester schlechtgeht, verursachte bei ihr ein schlechtes Gewissen, begleitet von Glaubenssätzen wie »Ich kann es mir doch nicht gutgehen lassen, wenn es anderen in meinem Umfeld schlechtgeht!«

Wenn Sie Ihre Imperative identifiziert haben und Ihren »magischen Satz« formulieren, sollten Sie also im Auge behalten, dass es möglicherweise ein Kontinuum gibt, also das eine Ende des Imperativs mit einem genauso hohen Alarm verbunden ist wie das andere, und dass vielleicht das »positive« Ende noch mehr unangenehme oder schmerzhafte Reaktionen oder Angst auslöst als das »negative«.

Wann Introvision-Coaching gut eingesetzt werden kann

Bevor wir zu den praktischen Übungen kommen, die Sie benötigen, um mit Introvision-Coaching zu arbeiten, schildern wir zunächst einige »klassische« Situationen mit den damit verbundenen Imperativen, die sich gut mit der Methode bearbeiten lassen.

Stress

Praktisch jeder Berufstätige kann ein Lied davon singen, dass mit immer weniger Personal immer anspruchsvollere Aufgaben zu erledigen sind, dass der Druck immens ist, aber trotzdem perfekte Ergebnisse erwartet werden. Wenn dieser Stress die körperlichen und psychischen Kräfte auslaugt, kommt es zu den Folgen, die von allen Krankenkassen seit Jahren beobachtet werden: Die Fehltage aufgrund psychischer Probleme steigen in hohem Maß an.

Stress ist jedoch nicht nur für den Einzelnen schädlich, er ist schädlich für eine unübersehbar große Anzahl von Menschen – Stress löst Kettenreaktionen aus. Denn unter Stress werden schlechtere Entscheidungen getroffen, das hat die Forschung eindeutig nachgewiesen. Und schlechtere Entscheidungen wirken sich auf alle unmittelbar und mittelbar Betroffenen aus. Viele Firmen legen daher begrüßenswerter Weise inzwischen Wert auf ein betriebliches Gesundheitsmanagement. Sehr häufig steht dabei jedoch der Umgang mit schon vorhandenem Stress im Vordergrund, während wenig oder gar kein Augenmerk darauf gelegt wird, wie man das Auftreten von Stress verhindern kann. Stress entsteht ja nicht nur durch äußere Belastungen, sondern zum Beispiel auch, wenn man bei der Begegnung mit bestimmten Personen seine Souveränität verliert. Das kann ein Auftraggeber oder ein wichtiger Kunde sein, vielleicht auch der eigene Chef oder eine Kollegin, mit der man nicht klarkommt. Sich einer Person nicht gewachsen zu fühlen, muss sich aber nicht auf das Arbeitsleben beschränken. Es kann sich dabei auch um eine oder mehrere Personen aus dem Familienkreis handeln – es ist gar nicht so selten, dass sich erwachsene Menschen nicht gegenüber den unangemessenen Anforderungen ihrer Mutter oder ihres Vaters abgrenzen können. Möglicherweise ist es aber auch ein Nachbar, der Sie regelmäßig dazu bringt, die Fassung zu verlieren, oder Sie lassen sich von einem alten »Freund« immer wieder unterbuttern. Man weiß genau, dass man sich dagegen energisch zur Wehr setzen sollte, doch weil bei jedem Versuch dazu der innere Alarm anspringt, wagt man es nicht.

Sehr viel inneren Stress erlebt man zum Beispiel auch, wenn man immer wieder die entmutigende Erfahrung macht, dass man etwas wirklich gern anpacken will, dieses Vorhaben aber regelmäßig auf die lange Bank schiebt – dann steht man sich wortwörtlich selbst im Weg. Alle anderen trauen es einem zu, nur man selbst nicht. Oft stellt auch das Wissen, dass die anderen eine »hohe Meinung« von einem haben, eine Quelle von innerem Stress dar, weil man Angst hat oder sogar davon überzeugt ist, dass man diese Erwartungen nicht erfüllen kann. Und nicht zuletzt kann eine unglückliche Beziehung oder eine bevorstehende Trennung die Ursache für großen inneren Stress sein.

Eine wichtige Einschränkung bei der Arbeit mit Stress gilt es zu beachten: Wenn jemand zum Beispiel beruhigende Medikamente oder Anti-Depressiva einnimmt, um mit seinem beruflichen oder privaten Dauerstress überhaupt klarzukommen, kann Introvision-Coaching nicht funktionieren. Diese Mittel unterdrücken genau die mentalen und körperlichen Reaktionen, denen man sich stellen muss, um den inneren Alarm leerlaufen zu lassen. Deshalb kann Introvision-Coaching erst dann sinnvoll durchgeführt werden, wenn die Psychopharmaka abgesetzt sind. Das ist letztlich ohnehin ratsam, denn Medikamente mit ihren vielen Nebenwirkungen können keine Dauerlösung für Stressbelastung sein. Sie mögen ratsam und nützlich sein, um vorübergehend Linderung zu verschaffen, doch auf längere Sicht sollte man im eigenen Interesse andere Wege beschreiten, um mit dem inneren Stress umzugehen.

Gerade bei starken Stressreaktionen kann das Introvision-Coaching gut helfen. Bei Menschen, die unter großem inneren Stress leiden, finden sich mit hoher Wahrscheinlichkeit gleich mehrere Imperative, die gründlich analysiert werden. Einige davon finden sich sicher auch in den nachfolgenden Beispielen, bei welchen Ängsten und Befürchtungen man die Methode gut einsetzen kann.

Perfektionismus

Der Abteilungsleiter eines Handelshauses wusste, dass seine Mitarbeiter sich immer wieder darüber beschwerten, dass er übermäßig pingelig sei und man es ihm nie recht machen könne. Doch er hatte keine Ahnung, wie er irgendetwas anders machen könnte. Schließlich wollte er einwandfreie Arbeit abliefern! Nachdem sich einige Mitarbeiter hatten versetzen lassen, weil sie seine übertriebenen Ansprüche – verbunden mit vielen Überstunden, aber wenig Anerkennung – nicht mehr ertragen wollten, erkannte die Personalabteilung einen dringenden Handlungsbedarf und empfahl ein Coaching.

Im Coaching trat sehr schnell zu Tage, dass der Klient ein Perfektionist par excellence war. In der Terminologie der Transaktionsanalyse gesprochen: Er besaß einen hundertprozentigen »Sei-perfekt-Antreiber«, der nicht nur für sein eigenes Handeln beherrschend war, sondern den er auch auf seine Mitarbeiter ausweitete. Sein Maßstab war einzig und allein die absolute Perfektion, nichts weniger als das erwartete er von allen. Dabei hatte er einen unbestechlichen Blick für Fehler entwickelt, die er gnadenlos rügte, und er handelte nach dem Glaubenssatz, dass nur vollkommene Fehlerfreiheit eines Lobes würdig sei – das heißt, viel Positives bekamen sein Mitarbeiter nicht von ihm zu hören.

In der weiteren Analyse wurde deutlich, dass er dieses Verhaltensmuster in der Kindheit gelernt hatte, denn damals hatte er ebenfalls nur Anerkennung erhalten, wenn seine Leistung perfekt war. Also bildete sich bei ihm der Glaubenssatz »Ich muss immer perfekt sein!« als alles beherrschender Imperativ heraus.

Der hohe Anspruch an sich selbst und seine Mitarbeiter war verknüpft mit der Angst, dass Fehler passieren könnten, dass seine Mitarbeiter etwas übersehen könnten oder von ihnen falsche Entscheidungen getroffen würden. Um das zu verhindern, beschnitt er die Entscheidungsfreiheit seiner Mitarbeiter auf ein Minimum und sorgte für doppelte und dreifache Kontrollen, was zu einer erheblichen Arbeitslast führte, und zwar für alle Beteiligten.

Die Ergebnisse seiner Anstrengungen waren zwar sehr gut, ihm wurde allenthalben bestätigt, dass seine Abteilung hervorragende Arbeit ablieferte, jedoch zu einem inakzeptablen Preis: mangelnde Work-Life-Balance bei ihm, Unzufriedenheit bei den Mitarbeitern, Schaden für die Firma, wenn gute Mitarbeiter das Unternehmen verließen. Im Coaching reifte bei dem Klienten die Erkenntnis, dass Perfektionismus nicht der richtige Weg zu Perfektion ist.

Oft spielt bei einem ausgeprägten Perfektionismus neben der Forderung an sich selbst »Ich muss immer perfekt sein« meist noch ein zweiter Imperativ eine wichtige Rolle, der lautet »Es dürfen keine Fehler passieren! Unter gar keinen Umständen!« Begleitet wird dieser Imperativ häufig von einem weiteren, der besagt, dass etwas nur zählt, wenn es perfekt ist. Es gibt, ganz dem Computerzeitalter angemessen, nur eins oder null und nichts dazwischen. Da kann es bei anspruchsvollen Aufgaben natürlich leicht passieren, dass der Eindruck entsteht »Es gibt nichts, was mir bisher geglückt ist.« Das nährt die Angst, man könnte die Aufgabe oder das Projekt am Ende überhaupt nicht schaffen, und das wäre für einen Perfektionisten vernichtend. Also betreibt er einen ungeheuer hohen Aufwand, um diesen GAU zu verhindern, und braucht deshalb für das Erzielen guter Ergebnisse sehr viel mehr Energie als ein Nicht-Perfektionist. Das verschärft wiederum die Angst vor dem Scheitern, denn derjenige spürt, wie sehr er sich erschöpft.

Um mit dieser Angst umzugehen, versuchen viele, sich abzulenken, zum Beispiel mit Fernsehen, Alkohol, Sport oder anderen Hobbys – alles nur, um sich nicht mit den eigenen Gedanken zu konfrontieren. Sport hat dabei noch den Vorteil, dass durch die körperliche Bewegung das Stresshormon Adrenalin abgebaut wird. Aber das ist nur ein kurzfristiger Vorteil, denn wenn nicht die Quelle der Adrenalinerzeugung abgedreht wird, kommt es zu immer neuen Adrenalinüberschwemmungen. Die Maßnahmen zur Ablenkung und Entspannung lösen nicht das Problem. Mitmenschen wie Familienmitglieder oder Mitarbeiter wünschen sich vom Perfektionisten meist einfach nur ein bisschen mehr Gelassenheit.

Angst zu versagen

Die Angst, zu versagen oder zu scheitern, kann auch Nicht-Perfektionisten treffen und ist häufig verknüpft mit dem Imperativ »Ich darf auf gar keinen Fall versagen« oder »Ich muss erfolgreich sein«.

Gerade erfolgreiche Menschen, die sich eigentlich gar keine Sorgen um ihre Kompetenz oder ihr Leistungsvermögen zu machen bräuchten, leiden häufig unter der Angst, etwas womöglich nicht zu schaffen, überfordert oder nicht gut genug zu sein. Viele der beruflich sehr Erfolgreichen werden nicht oder jedenfalls nicht nur von der Lust am Erfolg getrieben, sondern von ihrem Imperativ. Dafür spricht auch, dass sie ihre Erfolge für gewöhnlich nicht würdigen oder gar genießen können.

Selbst bei den beruflich Erfolgreichen findet man immer wieder die absurde Angst, sie könnten eines Tages als »Hochstapler« entlarvt werden, weil sie im Grunde ihres Herzens ihren eigenen Fähigkeiten nicht trauen. Um das zu vermeiden, begeben sie sich immer weiter unter das Diktat ihres Imperativs und hetzen mit ungeheurem Energieaufwand von Erfolg zu Erfolg.

Auf der rationalen Ebene ist den meisten Menschen mit Versagensängsten völlig klar, wie unbegründet ihre Sorgen und ihre inneren Horrorfilme sind. Doch die Ängste und quälenden Vorstellungen spielen sich eben nicht auf der rationalen Ebene ab, dafür ist nämlich das Großhirn zuständig. Angst oder Panik werden von ganz anderen Hirnteilen aktiviert, die, wie wir schon ausgeführt haben, so schnell agieren, dass bewusste Überlegungen nicht viel dagegen ausrichten können.

Mangelndes Durchsetzungsvermögen

Auch dieser Schwierigkeit kann ein Imperativ zugrunde liegen. Wenn man Angst davor hat, die eigenen Interessen zu vertreten, kann ein Imperativ dahinterstecken, der etwa lautet »Ich darf auf gar keinen Fall abgelehnt werden« oder »Ich muss immer dafür sorgen, dass ich gemocht werde«. Wenn man sich klar positioniert und es nicht nur allen anderen recht macht, kann es natürlich passieren, dass man auf Widerstand stößt oder auch mal jemandem auf die Füße tritt – und genau davor fürchtet man sich.

Wenn man es jedoch geschafft hat, diesen Imperativ in Luft aufzulösen, kann man sehr schnelle und verblüffende Veränderungen wahrnehmen. Klienten, die das erlebt haben, berichten immer wieder darüber, dass sie selbst verwundert sind, wie einfach es plötzlich für sie ist, klar Stellung zu beziehen – und zwar auch für sich selbst und nicht nur für andere (das gelingt nämlich häufig sehr gut). Durch die neugewonnene Selbstsicherheit verbessert sich auch ihr Verhalten in Konfliktsituationen, denn ohne die große Aufregung, die sie früher dabei verspürten, bleibt auch ihr Verstand eingeschaltet. Deshalb sind sie besser in der Lage, auf den anderen einzugehen und im Falle widerstreitender Interessen Lösungen zu finden.

Prüfungsängste aller Art / Lampenfieber

Prüfungsängste weisen eine nahe Verwandtschaft mit der Angst zu scheitern auf. Auch hier lautet der Imperativ »Ich darf auf gar keinen Fall versagen« oder »Ich muss diese Prüfung unter allen Umständen bestehen«. Eine Form von Prüfungsangst ist auch die Angst, auf einer wie immer gearteten Bühne stehen zu müssen: Das kann eine wichtige Präsentation sein, womöglich vor der Firmenleitung, ein Vortrag, den man bei einem Kongress zu halten hat, eine Rede, die anlässlich eines Ereignisses von einem erwartet wird. Dabei erleben viele die quälende Angst davor, sich zu blamieren, oft verbunden mit dem Glaubenssatz »Ich genüge nicht«. Dieser Glaubenssatz korrespondiert zum Beispiel mit dem Imperativ »Ich muss immer brillant sein«. Wer aber vielleicht schon die Erfahrung gemacht hat, bei der Rede auf der Geburtstagsfeier »versagt« zu haben, weil er verkrampft und befangen war, herumgestottert hat, die eigenen Witzchen gar nicht gut ankamen, der hat damit seinen Glaubenssatz »Ich bin eben nicht gut genug« eher verfestigt als seine Ängste abgebaut. Also meint man, sein Problem genau zu kennen: »Ich kann das nun mal nicht!« und traut sich in Zukunft erst recht nicht mehr ins Rampenlicht.

Die Furcht vor einem quasi öffentlichen Auftritt wird, ebenso wie alle anderen Prüfungsängste, häufig begleitet von der Angst, von anderen abgelehnt zu werden, sollte es zu einer tatsächlichen (oder vermeintlichen) Blamage kommen. Als am tiefsten sitzenden Imperativ findet sich deshalb in solchen Fällen »Ich darf auf gar keinen Fall von anderen abgelehnt werden!«

Eine weitere Form von Lampenfieber kann sich äußern als eine ausgeprägte Abneigung, sich im Zentrum des Interesses zu befinden. Man macht am liebsten im Hintergrund seine oft hervorragende Arbeit, versteckt sich aber selbst bei Erfolgen lieber hinter Kollegen, nur um nicht selbst zu viel Aufmerksamkeit zu erregen. Dann lautet das innere Verbot für gewöhnlich: »Ich darf mich nicht selbst in den Mittelpunkt stellen. Ich darf mich nicht so wichtig nehmen.«

Dieser Imperativ könnte schließlich auch verletzt werden, wenn alle anderen einen wichtig nehmen. Bei einem bevorstehenden öffentlichen Auftritt ist für die Betroffenen allein schon der Gedanke, von allen anderen angeschaut zu werden, beängstigend. Dahinter können unangenehme Erfahrungen aus der Kindheit stecken, entweder weil einem vielleicht intensiv eingebläut wurde, man habe immer bescheiden zu sein, sich zurückzunehmen, auf gar keinen Fall aufzufallen, oder weil man zu Hause oder in der Schule eine demütigende Erfahrung gemacht hat, sodass man für sich den eisernen Entschluss gefasst hat, nie wieder in eine solche Situation zu geraten.

Die Unfähigkeit, sich gegen andere abzugrenzen

Wer Angst vor dem Neinsagen hat, sich nicht traut, einem anderen etwas abzuschlagen, sich jede zusätzliche Arbeit aufs Auge drücken lässt, sich noch nicht einmal gegen regelrechte Übergriffe wehrt, der folgt unter Umständen dem Imperativ »Ich muss immer dafür sorgen, dass alle anderen sich wohlfühlen« oder auch dem Imperativ »Ich darf auf gar keinen Fall jemanden verletzen!« Allein die Vorstellung, einem anderen Menschen gegenüber eine Grenze zu ziehen, lässt alle Alarmglocken schrillen, weshalb rationale Argumente oder gutgemeinte Ratschläge von Freunden »Nun lass dich doch nicht ständig so ausnutzen, sag endlich mal, dass du das nicht mehr mitmachst!« überhaupt nichts nützen. Diesen Mut findet man erst, wenn man den Imperativ aufgelöst und den Alarm gelöscht hat.

Sich viel zu schnell persönlich getroffen fühlen

Wer unter der Schwierigkeit leidet, sich viel zu schnell getroffen zu fühlen, wenn es um kritische Feedbacks oder Bemerkungen geht, dessen Imperativ geht vermutlich in die Richtung von »Es darf auf gar keinen Fall passieren, dass ich abgelehnt werde« oder »Ich darf auf gar keinen Fall Fehler machen«. Dahinter steckt der Glaubenssatz, man müsse perfekt sein, um akzeptiert zu werden. Die überempfindlichen Reaktionen lassen darauf schließen, dass der Betroffene sich selbst ständig mit inneren Dialogen abwertet: »Ich Volltrottel!« oder »So etwas Blödes kann ja auch nur mir passieren!« oder »Kein Wunder, dass dich keiner leiden kann, so wie du dich aufführst!«

Wenn man mit solchen inneren Dialogen zu kämpfen hat, erträgt man es schlechterdings nicht, wenn dazu auch nur der Hauch einer Kritik – oder einer vermeintlichen Kritik – von außen kommt. Also geht man sofort in Verteidigungshaltung und »schießt zurück«, meistens in ganz unangemessener Form, was einem hinterher oft fürchterlich leidtut, weshalb man wieder einen Anlass hat, sich selbst niederzumachen. Auch diesen Mechanismus kann man nicht auf rein rationalem Weg stoppen, dazu kommt die ganze Kettenreaktion an Verhalten viel zu schnell in Gang.

Ausrasten

Auch das Ausrasten macht manchen Menschen zu schaffen. Meistens bereuen sie es hinterher und nehmen sich zum gefühlt tausendsten Mal vor, dass es »nie wieder vorkommt«, dass sie dermaßen die Fassung verlieren. Doch wenn der innere Stress in einer Situation überhandnimmt, geht die Souveränität verloren, und man verfügt über keine Verhaltensalternative, mit dem aufgestauten inneren Druck umzugehen – also lässt man Dampf ab. Seinem Ärger freien Lauf zu lassen, mag zwar ganz gelegentlich sinnvoll sein, doch wenn es immer wieder und ganz unkontrolliert passiert, leiden alle darunter, die Umgebung und ganz besonders der Betroffene selbst.

Woher kommt der ständige Ärger? Wohl meistens von dem Stress, dem äußeren und dem hausgemachten, den jemand erlebt. Bei starkem Stress haben die Betroffenen keinen »vernünftigen« Weg zur Verfügung, damit umzugehen, sondern fallen in kindliche Stressbewältigungsverfahren zurück: Sie schreien herum. Weshalb das so ist, hat bei jedem eine andere Ursache und liegt in der individuellen Geschichte begründet, deshalb gibt es hier keinen typischen Imperativ.

Den Alarm leerlaufen lassen

Die Vorbereitung

Der wichtige Arbeitsschritt, den Alarm zu löschen, indem man ihn leerlaufen lässt, erfordert eine gewisse Vorbereitung, denn um das tun zu können, müssen Sie gelernt haben, ihn einfach nur zu beobachten, ohne ihn zu bewerten und ohne sich von ihren Gedanken oder Ängsten forttragen zu lassen.

Um das zu erreichen, bedient sich Introvision-Coaching der Achtsamkeitstechnik der Mindfulness Based Stress Reduction nach Jon Kabat-Zinn. Diese weitgehend meditative Technik besteht darin, eine innere Haltung einzunehmen, bei der man, ohne zu bewerten, rein beobachtend wahrnimmt, welche Gedanken kommen und gehen, welche Gefühle sich einstellen und welche körperlichen Reaktionen auftreten. In der Meditation macht man das für gewöhnlich ohne irgendein Ziel. Im Introvision-Coaching nutzen wir diese Technik ganz zielgerichtet, indem wir Klienten beibringen, einfach beobachtend wahrnehmen, was passiert, wenn sie sich dem»magischen Satz (siehe Seite 186 ff.) mit »weiter Wahrnehmung« aussetzen.

Was genau mit weiter Wahrnehmung gemeint ist, illustrieren wir gern mit folgendem Beispiel: Stellen Sie sich an ein Fenster, von dem aus Sie den Verkehr beobachten können. Wenn Sie sich jetzt einen einzelnen Radfahrer aussuchen und dessen Weg verfolgen, sind Sie in einer fokussierten Wahrnehmung – alles andere, was auf der Straße passiert, tritt in den Hintergrund, sie sind nur am Radfahrer interessiert. Wenn Sie Ihr Augenmerk jedoch auf den gesamten Verkehr richten, werden Menschen und Fahrzeuge in Ihren Wahrnehmungsbereich eintreten und ihn auch wieder verlassen. Sie lassen sozusagen jeden Verkehrsteilnehmer kommen und gehen, ohne sich für einen einzelnen im Besonderen zu interessieren. Und wenn Sie einfach nur schauen, ohne innerlich zu bewerten, was das für ein seltsames Auto ist oder wie schlecht dieser oder jener gekleidet oder frisiert ist, ist genau das die weite Wahrnehmung. Weite Wahrnehmung bezieht sich aber nicht nur auf das Sehen, beim Hören funktioniert es ganz ähnlich: Der Versuch, ein einzelnes Motorrad herauszuhören, ist fokussierte Wahrnehmung, hören Sie jedoch einfach den gesamten Klangteppich, sind Sie in der weiten Wahrnehmung.

Weitere Übungen zur weiten Wahrnehmung finden Sie am Ende des Buches im Anhang, und wir empfehlen Ihnen sehr, auch diese Übungen wenigstens einmal sorgfältig durchzuführen , denn die innere Haltung des wertfreien Beobachtens einnehmen zu können, ist ein wesentlicher Bestandteil der Arbeit mit Introvision-Coaching.

Diese »weite Wahrnehmung« muss zunächst trainiert werden, denn es fällt den wenigsten Menschen auf Anhieb leicht, einfach nur zu beobachten, was mit ihnen geschieht, wenn sie sich mit einem Gedanken konfrontieren, der sie vorher in höchste Alarmbereitschaft versetzt hat. Doch unsere Erfahrung hat gezeigt, dass alle Menschen es mit Hilfe entsprechender Übungen mehr oder weniger schnell lernen können. Das nimmt meist keine halbe Stunde in Anspruch.

Im Coaching unterstützen wir die Klienten durch entsprechende Erinnerungen immer wieder, in der Haltung der weiten Wahrnehmung zu bleiben, das heißt, ohne jegliche Wertung zu konstatieren: »Aha, jetzt kommt diese Erinnerung. Jetzt folgt jener Gedanke. Jetzt spüre ich Herzklopfen. Jetzt fühle ich starken Druck im Magen. Jetzt wird meine Anspannung geringer ...« und so weiter. Diese Unterstützung fehlt Ihnen bei der Arbeit mit sich allein natürlich, denn da gibt es keine Stimme von außen. Doch mit der entsprechenden Übung der inneren Haltung gelingt Ihnen das auch allein. Diese Haltung der wertneutralen Beobachtung – das Zulassen von allem, was sich einstellt – ist von zentraler Bedeutung, um der Amygdala das Signal zu geben, dass sie den Alarm löschen kann. Das Gehirn macht, salopp gesagt, die Erfahrung »Oh, da ist ein Aufruhr, aber keiner kümmert sich darum. Wird also nicht so schlimm sein«. Wenn es diese Erfahrung wiederholt macht, stellt es den Alarm mit dem ganzen Aufwand an Stresshormonausschüttungen und so weiter ein – denn das Gehirn verschwendet wie gesagt keine Energie! Doch für diesen Effekt muss man wirklich in der Haltung der weiten Wahrnehmung bleiben: Wäre das nicht so, wäre jeder Grübler früher oder später von seinem Problem befreit, das ist jedoch bekanntermaßen eher selten der Fall. Denn Grübler beißen sich an etwas fest – sie folgen dem oben erwähnten Radfahrer sozusagen bis nach Hause. Während des Beobachtens versuchen Sie nicht, etwas zu ändern, etwas herauszufinden oder etwas zu erklären, und Sie fassen auch keine Beschlüsse. So wie Sie vom sicheren Fenster aus einen Gewittersturm beobachten würden, so beobachten Sie Ihr Gefühls- und Gedankengewitter – so lange, bis es vorbei ist.

Sich mit dem »magischen Satz« konfrontieren

Wenn Sie den Eindruck haben, die innere Haltung des achtsamen Beobachtens verstanden und ausreichend eingeübt zu haben, beginnt der schwierigste Teil der Arbeit. In dieser inneren Haltung sagen Sie sich selbst den Satz vor, der Ihren Alarm auslöst. Im Coaching macht das der Coach, das erleichtert dem Klienten die Sache, doch sie können es auch allein, wenn Sie es schaffen, in der richtigen inneren Haltung zu bleiben. Diese Haltung der reinen Beobachtung ist zwar nicht völlig passiv, unterscheidet sich aber stark vom aktiven Nachdenken, denn außer der Beobachtung dessen, was im Körper und im Geist passiert, wird nichts unternommen. Es ist wichtig, den »magischen Satz« einfach nur auf sich wirken zu lassen, wertfrei beobachtend, was er im Körper und im Geist auslöst – aber ohne sich in grüblerischer Weise davon forttragen und einvernehmen zu lassen. Man richtet seine Aufmerksamkeit so lange auf diesen Satz, wie man es schafft, die Haltung des wertfreien Beobachtens beizubehalten. Kann man es nicht mehr, so bricht man die Konfrontation damit ab. Denn die Gefühle und Gedanken sollen nicht die Regie übernehmen, das würde nur in eine unkontrollierte Panikreaktion münden oder – nicht ganz so schlimm – in ein nicht zielführendes Grübeln.

Wenn Sie also merken, dass Ihnen die Haltung der weiten Wahrnehmung verlorengeht, beenden Sie die Übung. Im Coaching wiederholt der Coach dieses Set, das meist höchstens zehn Minuten dauert, während einer Sitzung zwei oder drei Mal, wobei er hinterher den Klienten jedes Mal befragt, wie hoch er den erlebten Alarm einschätzt, was er empfunden hat und welche Veränderungen er zwischen den einzelnen Sets wahrnimmt. Für gewöhnlich lässt sich dabei schon eine Reduzierung des Alarms feststellen. Dann erhält der Klient die Aufgabe, zu Hause allein weiterzuüben – allerdings mit Hilfe der Aufnahme, die während der Sitzung gemacht wurde, sodass der Klient auch dann die Unterstützung durch den Coach erfährt – die Stimme, die ihm immer wieder den Satz vorgibt und die ihn immer wieder daran erinnert, in der weiten Wahrnehmung zu bleiben. Der Klient erhält die Aufgabe, so lange allein weiter zu üben, bis der Alarm entweder bei null angekommen ist, oder bis zur nächsten Coachingsitzung.

Denn um den alarmierenden Gedanken den Boden zu entziehen, muss man diese Art der aufmerksamen Beobachtung so lange durchführen, bis sie keine negativen Begleiterscheinungen mehr zur Folge haben. Das funktioniert manchmal recht schnell, manchmal dauert es länger. Unter Umständen muss jemand ein paar Wochen lang jeden Tag für zehn Minuten die weite Wahrnehmung mit seinem »magischen Satz« trainieren, bevor er ihn überwunden hat. Als Beobachter seiner selbst wird man also vielleicht wahrnehmen, dass das Herz anfängt zu rasen, dass sich der Magen zusammenkrampft, dass sich Schweißperlen auf der Stirn bilden, dass der Hals eng wird, dass sich Gedanken bilden wie »dann verliere ich meinen Job«, »dann sehen alle auf mich herab«, »was denken die anderen dann von mir«, »meine Karriere ist beim Teufel« und so weiter. Davon darf man sich nicht abschrecken lassen: Man betrachtet es wie ein aufregendes Schauspiel, aber von einer sicheren Warte aus.

Man schaut sich das alles an – nichts davon wird verdrängt –, aber man will es auch nicht verändern. Es wird einfach nur wahrgenommen, ein paar Minuten lang. Und schließlich wird man, früher oder später, die Erfahrung machen, dass die Alarmreaktionen des Körpers leerlaufen und – immer wieder überraschend für den Betroffenen – der entsetzliche Gedanke, der todbringende Säbelzahntiger, plötzlich nichts Unangenehmes mehr auslöst. Stattdessen kommt es zu einem rationalen »Ja, es könnte sein, dass das passiert, das weiß man ja nie, was habe ich denn in diesem Fall für Möglichkeiten ...« oder ähnlichen Überlegungen. Dadurch, dass das innere »Alarmsystem« zum Beispiel bei dem Gedanken »Es kann sein, dass ich bei dem Projekt scheitere«, nicht mehr anspringt, kommt es auch zu keinen körperlichen Reaktionen mehr, es werden keine Stresshormone mehr ausgeschüttet, dadurch öffnet sich die Wahrnehmung wieder, das führt dazu, dass man wieder bessere Entscheidungen treffen kann. Man ist wieder im Besitz seiner Handlungsfähigkeit. Man fühlt sich sicher, und das hilft, jene Gelassenheit zu entwickeln, die man vorher in diesem Zusammenhang nicht besaß. Man blendet Risiken und Schwierigkeiten keineswegs aus, sondern kann ihnen rational begegnen, indem man Wege sucht, damit umzugehen.

In wissenschaftlichen Untersuchungen konnte nachgewiesen werden, dass diese Art der weiten Wahrnehmung das Alarmsystem in der Amygdala tatsächlich zu beruhigen vermag, so dass beispielsweise der Gedanke »Es kann sein, dass ich scheitere« oder »Es kann sein, dass ich Fehler mache« keine Alarmreaktionen mehr auslöst. Er ist ab sofort als Gedanke nicht beängstigender als der Gedanke »Es kann sein, dass mir ein Blumentopf auf den Kopf fällt«.

Ein Beispiel

Um Ihnen anschaulich zu machen, wie Introvision-Coaching Schritt für Schritt vonstattengehen könnte, wenn Sie allein damit arbeiten wollen, spielen Sie das vielleicht am besten einmal in der Fantasie mit uns durch. Dabei gehen wir davon aus, dass Sie die Übungen zur weiten Wahrnehmung (siehe Seite 203 ff. und 217 ff.) bereits gemacht haben und wissen, wie Sie die Haltung der beobachtenden Achtsamkeit einnehmen können und auch schon geübt darin sind, nur wahrzunehmen, ohne zu werten und ohne irgendwie eingreifen zu wollen. Sie wollen nichts ändern, Sie nehmen einfach nur wahr.

Stellen wir uns einmal den Fall einer Frau vor, die, obwohl sie weiß, dass sie kompetent ist und gute Arbeit macht, sich nicht traut, sich gegen ihre sehr dominante Kollegin durchzusetzen. Die Kollegin kritisiert sie in meist ungerechtfertigter Art und Weise, schiebt ungeliebte Arbeiten an sie ab und rückt sich selbst immer wieder auf ihre Kosten in ein gutes Licht. Zwar nimmt sie sich immer wieder vor, sich gegen die Übergriffe der Kollegin abzugrenzen, doch jeder Ansatz dazu wird von ihrem inneren Alarm zunichte gemacht. Jedes Mal, wenn sie sich wehren oder eigene Vorstellungen durchsetzen will, wird sie so aufgeregt, dass der Mut sie verlässt. Ihr Alarm signalisiert ihr laut und deutlich: »Achtung, Gefahr, wenn du jetzt das Falsche sagst, passiert etwas Schreckliches!« Also gibt sie jedes Mal wieder klein bei – und fühlt sich dabei jedes Mal mieser.

Um mit Hilfe von Introvision-Coaching daran etwas zu ändern, ist der erste Schritt, sich hinzusetzen und zunächst einmal alles aufzuschreiben, was in dieser Situation schwierig ist und Stress bereitet. Wir empfehlen sehr, sich schriftliche Notizen zu machen und nicht zu versuchen, alles nur im Kopf zu behalten. Sie werden sehen, es fällt Ihnen leichter, sich zu konzentrieren, wenn Sie Ihre Gedanken aufgeschrieben haben.

- *Was vermeide ich damit, dass ich mich nicht zur Wehr setze und mich nicht abgrenze?*

  Ich vermeide einen Konflikt mit meiner Kollegin.

- *Was genau ist das Schwierige für mich an einem Konflikt mit meiner Kollegin?*

  Ich habe Angst davor, dass sie unfreundlich und laut und aggressiv wird und mir vielleicht alle möglichen Dinge vorwirft oder mich persönlich angreift.

Wenn Sie spüren, dass bei diesem Gedanken schon ein Alarm anspringt und sie unruhig werden, weil der innere Stress losgeht, dann nutzen Sie das, um erste Erfahrungen mit Introvision-Coaching zu machen. Es mag gut sein, dass Sie, wenn Sie jetzt noch tiefer bohren würden, auf eine grundlegendere Problematik kämen, doch für den Anfang ist es besser, mit dem Naheliegenden zu starten. Beginnen Sie mit der obersten Ebene, dann fällt Ihnen die Arbeit leichter, stürzen Sie sich nicht gleich »in den Abgrund« – der kommt Ihnen nämlich weniger tief vor, wenn Sie vorher schon ein paar Stufen bewältigt haben.

Der nächste Schritt besteht darin, Ihren Imperativ zu finden.

- *Was darf auf gar keinen Fall passieren?*

Es darf auf keinen Fall passieren, dass jemand mir gegenüber aggressiv wird.

Nun machen Sie weiter mit der Formulierung des »magischen Satzes« – jener Satz, der Ihren Alarm auslöst.

Es kann sein, dass sie aggressiv wird, wenn ich mich gegen sie abgrenze.

Diesen Satz sagen Sie sich selbst vor, während Sie in der Haltung der weiten Wahrnehmung sind. Das braucht nicht länger als ein paar Minuten zu dauern. Wie man einen Stein ins Wasser wirft und die wellenförmigen Kreise beobachtet, so lassen Sie diesen Gedanken in Ihr Inneres fallen. Sie lassen diesen Satz einfach auf sich wirken und beobachten, was er bei Ihnen auslöst. Zuallererst bewerten Sie auf einer Skala von 1 bis 10 den Ausschlag des Alarms, dann registrieren Sie alle Ihre Reaktionen.

Ich denke, das ist ein Alarm von 5 auf der Skala. Mein Herz fängt an zu klopfen. Ich bin aufgeregt. Mein Atem wird unruhig. Ich möchte am liebsten weglaufen. Meine Hände verkrampfen sich. Ich denke, ich kann mich nicht verteidigen. Ich fühle mich unterlegen.

Wenn Sie merken, dass Sie die Haltung der weiten Wahrnehmung nicht mehr aufrechthalten können, oder wenn Sie den Eindruck haben, lang genug geübt zu haben – also maximal zehn Minuten –, beenden Sie die Übung. Reflektieren Sie das Erlebte: Hat sich in den paar Minuten etwas an der Stärke des Alarms geändert? Haben sich die Gedanken und Gefühle verändert, während Sie sie beobachtet haben?

Nehmen wir an, Sie wiederholen die Übung noch zwei oder drei Mal, und jedes Mal wird der Alarm schwächer, bis der Gedanke »Es könnte sein, dass sie aggressiv wird« Ihnen nichts mehr ausmacht. Trotzdem verspüren Sie noch immer einen Alarm, wenn Sie daran denken, sich gegen Ihre Kollegin abzugrenzen. Dann gehen Sie weiter in Ihrer Analyse:

- *Was ist das eigentlich Schwierige daran, wenn ich mich gegen meine Kollegin abgrenze, es zu einem Konflikt kommt und sie mir gegenüber aggressiv wird?*

  Das Schlimme ist, dass ich mich dann total unterlegen fühle.

Sie könnten mit dem Satz »Es kann sein, dass ich mich total unterlegen fühle, wenn ich einen Konflikt mit meiner Kollegin habe« den ganzen Prozess ein weiteres Mal durchlaufen. Auch dieses Mal bewerten Sie die Stärke des Alarms und üben so lange weiter, bis er bei null angekommen ist. Vielleicht würden Sie anschließend aber wieder merken, dass Sie damit doch noch nicht an der Basis des Problems angekommen sind, denn Sie fühlen sich immer noch sehr unwohl bei der Vorstellung, sich gegen Ihre Kollegin zur Wehr zu setzen. Also nehmen Sie die dritte Stufe in Angriff, und fragen Sie sich weiter:

- *Was ist das eigentlich Schwierige daran, wenn ich mich unterlegen fühle?*

  Dann habe ich Angst, dass keiner etwas mit so einer Pfeife zu tun haben will, dass ich total allein dastehe, weil keiner mich akzeptiert.

An dieser Stelle wären Sie bei einem Kern-Imperativ angekommen: »Es darf auf gar keinen Fall passieren, dass ich nicht akzeptiert werde.« Der Satz »Es kann sein, dass ich mich abgrenze und dann von niemandem mehr akzeptiert werde« ist vermutlich geeignet, einen sehr hohen Alarm auszulösen. Doch ermutigt durch die vorherigen Erfahrungen, dass durch das Beobachten Ihrer inneren Reaktionen der Alarm schlicht und ergreifend leerläuft, trauen Sie sich jetzt auch an diesen Satz.

Persönliches Wachstum

Sie haben jetzt sehr viel über automatisierte negative Gedanken gelesen. Besonders zu Beginn des Buches haben wir stark betont, welche Chancen zur persönlichen Weiterentwicklung darin liegen, mit diesen Gedanken zu arbeiten und sich ihrer zu entledigen, wenn man sie als hemmend oder destruktiv erkannt hat. Wir sind aber nicht der Auffassung, dass dies die einzige Möglichkeit zur persönlichen Entwicklung wäre. Persönlichkeit entwickelt sich auf vielfältige Art und Weise – zum größten Teil sogar ohne gewolltes und aktives Zutun. Durch all die Ereignisse, denen man täglich ausgesetzt ist und die man bewältigen muss, entwickelt man Reife, Lebensklugheit oder sogar Weisheit. Außerdem darf man den Einfluss anderer Menschen auf die eigene Entwicklung nicht unterschätzen. Menschen, die uns nahestehen, uns wichtig sind und uns fördern, unterstützen uns darin, die eigene Persönlichkeit zu formen.

Neben dieser entwicklungsfördernden Arbeit, die das Leben uns gratis angedeihen lässt, gibt es jedoch auch die bewusste Entscheidung dafür, sich in seiner Persönlichkeit weiterzuentwickeln. Das kann damit beginnen, dass man bewusst auf bestimmte Verhaltensweisen achtet oder dass man sich bewusst etwas an- oder abgewöhnen will. Oder man nutzt eine Zeit lang eine der zahlreichen verschiedenen Therapieformen, die sehr viel an innerer Entwicklung in Gang bringen können. Immer mehr westliche Menschen entdecken auch den Wert östlicher Meditationslehren für sich. Es gibt also eine Menge, was man tun kann, wenn man sich positiv verändern möchte. Die Check-your-Mind-Methode oder das Introvision-Coaching sind nur ein möglicher Weg zur Veränderung. Für beide Wege spricht aus unserer Sicht, dass es Methoden sind, die man leicht und gefahrlos in Eigenverantwortung anwenden kann – was jedoch nicht bedeutet, dass Veränderung immer leicht ist.

So wie wir es sehen, entsteht persönliche Entwicklung, indem man immer mehr Seiten von sich selbst kennen lernt und annimmt – also im ganz konkreten Sinn des Wortes mehr Selbstbewusstsein bekommt.

Beim inneren Beobachten treten früher oder später auch Seiten der eigenen Persönlichkeit zutage, die abgelehnt und nicht gemocht werden. Der »übliche« Umgang mit Seiten, die man an sich selbst nicht mag, ist, sie zu unterdrücken, sie verschwinden lassen oder auf jeden Fall verändern zu wollen. Wenn man also spürt, dass da zum Beispiel ein ängstlicher, verzagter Teil ist, tut man für gewöhnlich alles Mögliche, um diesen Teil nicht wahrnehmen zu müssen.

So lernt man im Laufe seines Lebens etliche Wege, um mit seiner Angst umzugehen. Diese Wege sind für gewöhnlich jedoch Ausweichmanöver: Man schiebt die Angst einfach weg, man beruhigt sich mit Atemtechnik, man sagt sich »positive« Botschaften, oder man lenkt sich ab, so wie wir das bei den dysfunktionalen Bewältigungsstrategien beschrieben haben. Man will diesen ängstlichen Teil nicht haben, und in der Psychotherapie nennt man dieses Vorgehen einen Versuch der »Abspaltung«.

Genau dieses Vorgehen bewirkt jedoch, dass dieser Persönlichkeitsanteil, der vermutlich schon früh erworben wurde, sich nicht entwickeln kann, denn dafür bräuchte er Raum und Auseinandersetzung. Der ungeliebte Persönlichkeitsanteil bleibt auf dem ursprünglichen Entwicklungsniveau stehen, weshalb man Reaktionen und Ausbrüche dieses Teils meist selbst als kindisch oder unreif, als unangemessen oder neurotisch erlebt. In der Terminologie der Transaktionsanalyse ausgedrückt, würde man sagen, das sind Reaktionen aus dem Kind-Ich.

Doch was würde man als vernünftiger und mitfühlender Erwachsener mit einem realen Kind machen, das sich ängstigt? Man wüsste, dass ein solches Kind vor allen Dingen eines braucht: dass man es in den Arm nimmt und ihm Aufmerksamkeit schenkt. Also würde man es vermutlich auf den Schoß nehmen und mit ihm über die Angst sprechen. So lernt es, seine Angst zu bewältigen, und kann sich dann wieder anderen Dingen widmen.

In der Meditation kommt der Geist – auch wenn er sich nur auf etwa die Atmung fokussieren will – früher oder später auf solch abgelehnten Teile. Sie tauchen aus dem Unterbewussten auf und bekommen Raum. Denn der Übende hat gelernt, sie sich aus einer nicht-wertenden, rein beobachtenden Haltung anzusehen. So beginnt man, sie zum ersten Mal bewusst wahrzunehmen, ohne sie sogleich verändern zu wollen. Man gibt ihnen also nicht nur Raum, man gibt ihnen wohlwollenden Raum, so wie man es mit dem realen Kind machen würde. Genau diese nicht-wertende Aufmerksamkeit führt dazu, dass es zu einer Verarbeitung, quasi einer Nachreifung, kommen kann – ganz von allein, ohne jedwedes Eingreifen. Jeder Meditierende, der diese Erfahrung bereits gemacht hat, hat diesen Mechanismus als sehr positiv und bereichernd erlebt.

In der Meditation muss man jedoch darauf warten, bis solch ein Teil sich an der Oberfläche zeigt, und das kann unter Umständen lange dauern. Die Nachentwicklung findet damit mehr oder weniger zufällig statt – von »gezielter« Persönlichkeitsentwicklung kann daher keine Rede sein.

Ein großes Verdienst von Frau Professor Wagner, die an der Uni Hamburg die ursprüngliche Introvision entwickelt hat, bestand darin, erkannt zu haben, dass durch all die verschiedenen Eingreifversuche des Gehirns die inneren Blockaden nicht gelöst werden, dass man die Schwierigkeiten jedoch gezielt angehen kann, indem man mit dem entsprechenden Alarm auslösenden Gedanken nach innen geht und dann in der achtsamen Haltung des inneren Beobachters wahrnimmt, was passiert. So erhalten die Gedanken und Gefühle, die für die inneren Blockaden verantwortlich sind und die man bislang vermieden hat, nun auch ihren Raum und können sich entwickeln.

Was in der Meditation also im Laufe der Zeit passiert oder passieren kann, kann mit der Methode der Introvision gezielt in Gang gesetzt werden. Und so kann die Persönlichkeit immer »runder« werden.

Denn ins Bildhafte übertragen, kann man sich vielleicht vorstellen, dass ein Kreis die Gesamtheit unserer Person symbolisiert. In der Mitte dieses Kreises befindet sich ein kleines Viereck, das unser Bewusstsein von uns selbst symbolisiert beziehungsweise das, was wir für unsere Identität und unser Ich halten. Wann immer wir aus Bereichen agieren, die innerhalb dieses Vierecks liegen und uns bekannt sind, fühlen wir uns stimmig und einig mit uns selbst. So, wie wir da handeln, akzeptieren wir uns selbst, denn dann sind wir die liebevollen, verständnisvollen, friedliebenden Menschen, als die wir uns kennen und die wir auch sein wollen.

Zu unserem eigenen Ärger und manchmal auch Entsetzen gibt es jedoch auch Situationen, in denen wir ganz offensichtlich nicht aus diesem Viereck heraus handeln. Dann können wir plötzlich neidisch sein, aggressiv oder boshaft. In solchen Fällen geraten wir unversehens in Schwierigkeiten mit unserer Identität und sagen uns: »Das war nicht wirklich ich! So kenne ich mich sonst überhaupt nicht! Ich war völlig außer mir!« Allen Aussagen ist eines gemeinsam: So jemand wollen wir nicht sein, denn das passt absolut nicht in unser Selbstbild. Und da stellt sich natürlich die Frage: »Wer bin ich wirklich?«

Das ist bereits das erste Zeichen von Reife. Wir Menschen verleugnen gern die unangenehmen Seiten unserer Persönlichkeit. Wie gern wir das tun, zeigt schon ein Blick auf unseren Sprachgebrauch: Da werden Kriegsgräuel und Folter beispielsweise als »unmenschlich« gebrandmarkt – dabei sind Menschen die einzigen uns bekannten Wesen, die zu solchen Taten fähig sind. Natürlich soll damit zum Ausdruck gebracht werden, dass es eines Menschen unwürdig ist, sich so zu verhalten. Andererseits hat es jedoch auch den Effekt, dass man das, was als »unmenschlich« etikettiert wird, leichter beiseiteschieben kann. Es ist »unmenschlich«, also kann es nichts mit einem selbst zu tun haben, also braucht man sich nicht damit auseinanderzusetzen, dass es auch in einem selbst steckt. Und sollte es sich durch unglückliche Umstände so fügen, dass man zum Barbaren wird, dann denkt man: »Das war nicht mein wahres Selbst!«

Etwas, das man nicht kennt, entzieht sich der Kontrolle. Deshalb gilt: Nur wer sich selbst kennt, kann sich auch beherrschen und wird nicht beherrscht. Persönlichkeitsentwicklung bedeutet deshalb in unseren Augen, mehr und mehr Punkte, die außerhalb des kleinen Vierecks liegen, als zu sich selbst gehörig zu erkennen, zu akzeptieren und sich damit auseinanderzusetzen. Das sind übrigens keineswegs nur unsere negativen Seiten, oft sind wir auch blind gegenüber Stärken und liebenswerten Eigenschaften, die wir besitzen. Selbstbewusstsein in diesem Sinne bedeutet nicht Durchsetzungsfähigkeit und den Einsatz von Ellbogen. Selbstbewusst ist vielmehr ein in sich ruhender Mensch, der sich seiner Stärken und Schwächen bewusst ist, sich ihnen gestellt hat und damit umgehen kann.

Jede der beiden im Buch vorgestellten Methoden ist eine Möglichkeit, mehr Seiten an sich selbst zu entdecken und damit umzugehen. Das hat den weiteren Gewinn, dass ein negativer Aspekt der eigenen Persönlichkeit sich wandeln kann. Wenn man zum Beispiel den Neid, der in einem steckt, als Teil von sich annimmt und sich damit auseinandersetzt, wird klar, dass dahinter die Angst des Kindes verborgen liegt, nicht akzeptiert und geliebt zu werden. Dann kann man die negativen Gedanken, die mit dem Neid verbunden sind, durch konstruktive beantworten und spüren, dass man den Neid gar nicht mehr nötig hat.

Wir glauben, dass dieser Prozess, in sich immer neue Facetten zu entdecken und zu entwickeln, niemals aufhört, sondern bis ans Lebensende weitergehen kann. Als Kinder werden wir meist schon früh von den Eltern und sonstigen Bezugspersonen auf bestimmte Stärken und Schwächen festgelegt: »Sie ist ein richtiges Energiebündel.« – »Er ist so kreativ, er wird bestimmt mal ein Künstler.« – »Mathematik kann sie nicht, das hat sie von mir.« Endlos könnte man damit fortfahren. Indem Eltern und andere Erwachsene solche Zuschreibungen machen und sie dem Kind immer wieder zu Ohren bringen, legen sie den Grundstein für die spätere Autosuggestion. Was als fremdhypnotischer Prozess begann, wird irgendwann zur Selbsthypnose, weil das Kind die Festlegungen übernimmt. Wenn man etwas oft genug hört, beginnt man, daran zu glauben, besonders wenn es von Autoritäten wie den eigenen Eltern vorgebracht wird. Oder man rebelliert dagegen, ist dadurch aber mit umgekehrten Vorzeichen an die Festlegung gebunden. Zusätzlich macht man natürlich im Lauf seines Lebens noch jede Menge Erfahrungen, die man dazu nutzt, den eigenen Glauben an vorhandene Stärken, Schwächen oder sonstige Wesensmerkmale zu zementieren. Und all das hält man schließlich für seine Persönlichkeit.

Wenn man sich überlegt, was da passiert, muss man erkennen, dass »Persönlichkeit« nur in Form von Erinnerung existiert: Wenn man wissen will, wer man ist, muss man darauf zurückgreifen, wer man gestern, vorgestern, im vergangenen Jahr war. Diese Erinnerung ist in gewisser Hinsicht natürlich einschränkend, denn sie lässt wenig Raum für Entwicklung, schließlich hat man ein fest gefügtes Bild von sich. Solange ich mich aber nur frage »Wer bin ich?«, bin ich einfach, mit allem Potenzial, das in diesem »Ich bin« steckt. Sobald man sich eine Antwort gibt, also Aussagen macht, schränkt man sich dadurch ein.

Manchmal erleben Menschen, dass die Aussagen, die sie gewohnt waren zu machen, plötzlich nicht mehr stimmen. Irgendein Schicksalsschlag hat sie ereilt, der ihre Welt völlig auf den Kopf gestellt hat. Es gibt verblüffende Geschichten darüber, wie Menschen, denen so etwas passiert ist, einen ganz neuen Lebensweg einschlagen konnten, weil sämtliche Erinnerungen ihre Gültigkeit verloren hatten. Damit hatten sie die Chance, sich selbst ganz neu zu »er-finden«.

Theoretisch hat jeder von uns diese Chance jederzeit – aber praktisch ist es ungeheuer schwer, sich von allem zu lösen und sich nicht an vertraute Denkmuster, Gewohnheiten und Glaubenssätze zu binden. Gänzlich frei zu sein von allen gedanklichen Bindungen geht wohl nur nach einem schockartigen Erlebnis oder nach einem langen Weg der Meditation. Doch jeder kann sich Schritt für Schritt von hinderlichen Bindungen lösen.

Was östliche Weisheiten – aus denen viele Praktiken zur Meditation überliefert sind – schon lange beinhalteten, wird im Moment von der modernen Hirnforschung bestätigt: Man kann sich von dem Glauben an ein »Ich« als einer übergeordneten Instanz, die alles entscheidet, getrost verabschieden. Wir sind keine fest gefügte Form! Auch was Sie in der Kindheit erlebt haben und was die Transaktionsanalyse Lebensskript nennt, ist nichts, was Sie Ihr Leben lang mit sich herumtragen müssen. Sie können das allmählich nach und nach außer Kraft setzen. Wir möchten Sie ermutigen, nicht jede bisher geglaubte persönliche Einschränkung für absolut und unwiderruflich zu halten und Introvision-Coaching und die Check-your-Mind-Methode zu nutzen, um die automatisierten Gedanken, mit denen Sie Ihre Meinung über sich selbst festschreiben, infrage zu stellen. Wir wollen nicht behaupten, dass Sie damit morgen ein zweiter Mozart oder ein zweiter Einstein sein können, aber vermutlich steckt sehr viel mehr Potenzial in Ihnen, als das Bild hergibt, das Sie heute von sich haben. Dabei wünschen wir Ihnen viel Erfolg!

Übungen zur weiten Wahrnehmung

Auditive Übung

Ein gutes Training für eine weite Wahrnehmung sind zum Beispiel auditive Übungen. Wenn Sie sich an einer einigermaßen befahrenen Straße aufhalten, sei es zu Hause oder in einem Straßencafé, konzentrieren Sie sich einmal hauptsächlich auf das Hören. Im ersten Schritt stellen Sie Ihren Aufmerksamkeitsfokus eng, das heißt, Sie versuchen, jeweils ein einzelnes Fahrzeug herauszuhören, ein Moped oder einen Bus, und dieses einzelne Fahrzeug mit den Ohren zu verfolgen. Sie lauschen genau, wie es sich nähert, an Ihnen vorbeifährt und sich schließlich wieder entfernt. Wenn Sie das ein paar Mal gemacht haben, stellen Sie den Fokus Ihrer Wahrnehmung auf »weit« um. Das heißt, Sie nehmen die äußere Geräuschkulisse als Klangteppich wahr. Nicht das einzelne Geräusch steht im Vordergrund, sondern das Zusammenspiel aller unterschiedlichen Klänge. Achten Sie auf die Veränderungen, die sich in dieser Klangwolke ergeben. So können Sie ein paar Mal zwischen enger und weiter Wahrnehmung hin und her wechseln. Das ist ein gutes Training, um von unserer normalen Wahrnehmung, die für gewöhnlich eher fokussiert ist, in eine weite Wahrnehmung zu wechseln, so wie man sie für die Introvision braucht.

Eine ähnliche Übung lässt sich sehr gut mit Musik machen. Ein klassisches Konzert eignet sich hervorragend dafür, zwischen engem und weitem Fokus abzuwechseln. Man beginnt zum Beispiel mit eng gestelltem Fokus ein einzelnes Instrument herauszuhören, um anschließend wieder mit der weit gestellten Aufmerksamkeit das Zusammenspiel aller Instrumente wahrzunehmen, diesen Klangteppich, der sich ständig verändert, weil neue Instrumente hinzukommen, während andere schweigen. Achten Sie bei sich auch auf die Unterschiede:

Was passiert bei Ihnen, wenn Sie sich auf ein einzelnes Instrument konzentrieren, und was, wenn Sie dem Konzert als Ganzes lauschen? Am meisten haben Sie von dieser Übung, wenn Sie nicht nur die Musik, sondern auch alle Ihre inneren Reaktionen genau registrieren und sich am besten kurze Notizen dazu machen.

Körperliche Übung

Wenn Sie Achtsamkeit auf der Körperebene üben wollen, empfiehlt es sich, sich sehr gerade und aufrecht hinzusetzen, die Augen zu schließen und Stück für Stück jeden Körperteil fokussiert wahrzunehmen. Beginnen Sie mit den Füßen, konzentrieren Sie sich darauf, wie gut Sie Ihre Füße wahrnehmen können, wie sie sich genau anfühlen. Dabei geht es nicht darum, sich die Füße visuell vorzustellen, sondern zu spüren, ob sie warm oder kalt sind, ob irgendwo etwas weh tut, ob sich eine Spannung in ihnen bemerkbar macht. Auch wenn Spannungen oder Schmerzen da sein sollten, ist es nicht Ihr Ziel, jetzt dagegen etwas zu unternehmen. Sie nehmen sie nur wahr, ohne etwas daran ändern zu wollen. Schließlich wandern Sie mit Ihrer Aufmerksamkeit weiter, Sie gehen die Beine nach oben und spüren sie, so wie Sie es mit den Füßen gemacht haben, dann kommen Sie zu den Hüften, zum Bauch, zur Brustregion, zum Rücken, zum Nacken, den Händen und Armen und schließlich zum Kopf mit den einzelnen Teilen des Gesichts.

Wichtig bei dieser fokussierten Wahrnehmung der einzelnen Körperteile ist, sich immer wieder daran zu erinnern, dass es nicht Sinn der Übung ist, bei eventuell auftretenden Störungen wie Schmerzen oder Spannungen sofort zu reagieren, sondern sie sich einfach anzuschauen. Denn das ist eine wichtige Fähigkeit, die man zum Durchführen der Introvision braucht: etwas beobachten, ohne es verändern zu wollen. Man kann dabei auch die Erfahrung machen, dass Schmerzen oder Spannungen sich manchmal tatsächlich von allein auflösen, wenn man sie einfach nur wahrnimmt.

Kontemplative Übung

Nun können Sie Ihr »Trainingsprogramm« erweitern durch Kontemplationsübungen. Setzen Sie sich dazu wieder gerade und aufrecht hin, schließen Sie die Augen und stellen Sie sich innerlich zum Beispiel die Frage: »Was ist für mich Liebe?« Und dann lassen Sie die Antworten aus Ihrem Inneren aufsteigen. Der Sinn dieser Übung ist nicht, dass Sie darüber nachdenken, was Liebe ist, indem Sie analysieren, was alles für Sie dazu gehört oder was große Philosophen darüber gesagt haben – Sie sollen keinen Aufsatz über Liebe schreiben –, sondern dass Sie geschehen lassen, was immer an Bildern, Gefühlen, Erinnerungen oder Gedankenfetzen in Ihnen hochkommt. Sie betrachten alles, was kommt, und lassen es auch wieder gehen, um Platz zu machen für das Nächste, das an die Oberfläche drängt.

Anschaulich machen lässt sich diese Form der kontemplativen Wahrnehmung vielleicht mit folgendem Bild: Stellen Sie sich vor, Sie sitzen in einem Straßencafé gegenüber von einem großen Kaufhaus und Sie beobachten ganz entspannt, welche unterschiedlichen Menschen aus dem Eingangsportal kommen. Sie nehmen sie alle, einen nach dem anderen, wahr, aber Sie gehen mit keinem von ihnen nach Hause, die Menschen treten in Ihr Blickfeld und sie verschwinden wieder daraus. So wie die Menschen von ganz allein aus dem Kaufhaus herauskommen, so kommen Ihre Gedanken, Bilder, Empfindungen und Ideen von ganz allein aus Ihrem Inneren. Die Kunst bei der Kontemplation ist nicht nachzudenken, nicht zu analysieren, sondern alles nur zu beobachten – auch das, was man nicht versteht, zum Beispiel, wenn plötzlich eine Erinnerung aus der Kindheit auftaucht, die man spontan gar nicht mit dem Begriff »Liebe« in Verbindung bringen würde. Sie nutzen die Frage »Was ist Liebe für mich?« als Stimulus und dürfen gespannt sein, was Ihr Unbewusstes damit macht, ohne bewusst und aktiv in diesen Prozess einzugreifen.

Übung im Alltag

Eine weitere Möglichkeit des Achtsamkeitstrainings besteht darin, die weite Wahrnehmung im Alltag zu üben. Wenn Sie zum Beispiel einen

Weg zu Fuß vor sich haben, der nicht so gefährlich ist, dass es Ihre gesamte Aufmerksamkeit fordert, um nicht unter ein Auto zu geraten, ist es für die meisten eine interessante Erfahrung, vom Modus der fokussierten Wahrnehmung, die wir üblicherweise einnehmen, umzuschalten in den Modus der weiten Wahrnehmung. Dabei werden Sie feststellen, dass Sie sehr viel mehr sehen als sonst. Vielen Menschen ist bei dieser Übung mit Erschrecken klar geworden, wie blind sie häufig durch die Welt gehen. Zwar treten bei der weiten Wahrnehmung die Konturen der einzelnen Dinge nicht mehr so scharf hervor, dafür sieht man vieles, was bislang nie die Barriere, die der enge Fokus bildet, übersprungen hat.

Man kann die weite Wahrnehmung auch einmal bei einem Meeting ausprobieren, in dem man ohnehin eher als Beobachter herumsitzen würde statt als aktiver Teilnehmer. Statt sich innerlich mit dem nächsten Geschäftsvorgang zu beschäftigen oder den Feierabend zu planen, können Sie ja einmal auf weite Wahrnehmung umstellen. Menschen, die das schon ausprobiert haben, berichten, dass sie dadurch viel deutlicher die Stimmung im Raum erspüren konnten und viel mehr von den Zwischentönen mitbekamen, die ihnen sonst entgangen sind. Manchmal erkennt man auch Zusammenhänge und Muster schneller, wenn die Wahrnehmung weit gestellt ist, als wenn man nur eng auf das Inhaltliche fokussiert.

Für gewöhnlich erleben Menschen allein schon den Modus der weiten Wahrnehmung als entspannend. Vielleicht haben Sie die Erfahrung schon selbst gemacht: Sie sitzen an einem See und lassen Ihren Blick ohne ein bestimmtes Ziel über das Wasser gleiten. Meist stellt sich dadurch doch ein Gefühl von Ruhe ein. Oder man sitzt auf einer Anhöhe auf einer Bank und die Augen schweifen über die Landschaft, man nimmt alles auf, ohne etwas Bestimmtes ganz genau erkennen zu wollen, und fühlt sich schon allein dadurch ruhig und entspannt – das ist die Folge dieser spontanen weit gestellten Aufmerksamkeit.

Bewerten Sie nicht

Wenn man die Übungen zur weiten Wahrnehmung jedoch gezielt durchführt, um die Achtsamkeit zu trainieren, gibt es einen zweiten wichtigen Punkt, der ebenfalls trainiert werden muss. Trainieren Sie, nichts von dem, was Sie wahrnehmen oder was Ihnen an eigenen Gedanken und Gefühlen durch den Kopf geht, zu bewerten. Das ist ebenfalls eine Sache, die leichter klingt, als sie ist. In unserem Alltag bewerten wir eigentlich ständig, das ist normal, denn oft genug brauchen wir die Bewertungen, um all die nötigen kleinen und großen Entscheidungen zu treffen, aus denen unser Leben besteht.

Aber wenn man im Modus der weiten Wahrnehmung ist, auf den Verkehr einer Kreuzung schaut, um jeden, der kommt, wahrzunehmen und dann auch wieder gehen zu lassen, haben Bewertungen nichts verloren. Trotzdem wird es, besonders am Anfang, oft genug passieren, dass man denkt: »Das ist ja eine hässliche Autofarbe!« oder »Der Radfahrer sieht unmöglich aus!« oder »Wow, schönes Motorrad!«. Versuchen Sie, möglichst ganz ohne Wertungen auszukommen – und wenn Sie merken, dass da doch wieder ein wertender Gedanke war, dann nehmen Sie das – ohne es zu bewerten! – zur Kenntnis. Lassen Sie sich nicht dazu fortreißen, nun Ihre eigene Unfähigkeit, nicht zu bewerten, zu bewerten.

Wenn Sie die Übungen öfter durchführen und dann schon eine gewisse Routine darin haben, Ihre eigenen Gedanken ganz bewusst wahrzunehmen, werden Sie möglicherweise überrascht sein, wie außerordentlich häufig Sie im Alltag bewerten. So geht es jedenfalls den meisten Menschen. Es überhaupt zu merken, wie oft man es tut, ist jedoch bereits der erste Schritt beim Training, damit aufzuhören. Denn zur richtigen Achtsamkeit, wie wir sie im Introvision Coaching brauchen, gehört auch der Verzicht auf Bewertungen. Und es tut auch im Alltag gut, nur dann etwas zu bewerten, wenn es tatsächlich sinnvoll ist, und nicht alles und jedes – es trägt auf jeden Fall zur allgemeinen Entspannung und Stressreduzierung bei.

Beherrschen Sie den Wechsel zwischen weit gestellter und fokussierter Aufmerksamkeit schließlich gut, dann können Sie üben, Ihre Wahrnehmung noch dahingehend zu erweitern, dass Sie, während Sie im Modus der weiten Wahrnehmung sind, auch gleichzeitig noch Ihren Atem wahrnehmen. Und im letzten Schritt trainieren Sie wahrzunehmen, was draußen passiert, Ihren Atem zu spüren und Ihre Gedanken zu registrieren, ohne jedoch einzelne Gedanken weiter zu verfolgen, sondern sie genauso kommen und gehen zu lassen, wie die

Verkehrsteilnehmer, die auf der Kreuzung auftauchen und wieder verschwinden. Stellen Sie sich vor, Sie sitzen im Herbst an einem Fluss, auf dem die bunten Blätter treiben – so, wie die Blätter an Ihnen vorbeifließen, so fließen die einzelnen Gedanken vorbei. Sie nehmen sie zur Kenntnis, aber Sie halten sie nicht fest und schwimmen ihnen auch nicht hinterher. Sie beobachten Ihre Gedanken als geistige Aktivität, ohne sie zu bewerten und ohne sich davon mitziehen zu lassen.

Register

Eva Brandt, Miriam Fritsch-Kümpel
Stress? Du entscheidest, wie du lebst
Das Trainingsbuch nach der Lotus-Strategie

2018. 224 Seiten

Auch als E-Book erhältlich

Mit 100% Abperleffekt

Durch die ständige Erreichbarkeit, Mobilität und Flexibilität vermischen sich Privatleben und Beruf immer mehr. Gefährlicher Dauerstress ist die Folge. Doch wie gelingt es, Höchstleistung zu bringen und dennoch die eigene Gesundheit nicht zu gefährden? Die Autorinnen haben dafür eine praxiserprobte Methode zur Stressreduzierung von Führungskräften entwickelt: die Lotus-Strategie, mit der Stress abperlt wie das Wasser an einer Lotusblüte. Die Methode basiert auf neusten wissenschaftlichen Erkenntnissen und zeigt, wie man als Manager ein gesundes und trotzdem erfolgreiches Leben führt.

campus.de

Susanne Westphal
Die neue Lust an der Arbeit
Wie Sie mit Genuss
bessere Leistungen erzielen

2018. 196 Seiten

Auch als E-Book erhältlich

Thank God it´s Monday!

Wir verbringen etwa ein Drittel unserer Lebenszeit damit, unserem Beruf nachzugehen. Schade um jeden Tag, der nicht wirklich Spaß macht! Dabei müssen traumhafte Arbeitsbedingungen nicht länger ein Traum bleiben. Es liegt an uns selbst, sie herbeizuführen. Susanne Westphal zeigt in ihrem neuen Buch, wie genau das gelingt. Dabei ist wichtig, dass vier Komponenten zusammenkommen: Wir müssen tun, was wir 1. besonders gut können, was uns 2. begeistert, was 3. anderen nutzt und was 4. zu unserem Leben passt. Dank Westphals zahlreicher Tipps kann man sich den Arbeitsalltag erleichtern und verschönern – damit man nicht länger das Gefühl hat, im Büro wertvolle Lebenszeit zu verschwenden. So gestalten Sie sich selbst ein erfülltes Berufsleben!

campus.de

Frankfurt. New York